Horst Rickert

Segelschulschiff »Wilhelm Pieck«

Kapitäne erinnern sich

Das Neue Berlin

Ohne die Auskünfte, Erinnerungsberichte, Dokumente, Fotos und Hinweise vieler zumeist namenloser Zeitzeugen würde es dieses Buch nicht geben. Nicht alle Beiträge fanden Aufnahme, was ich bedauere. Aber dann wäre das Buch noch dicker und schwerer geworden. Mancher, der aktiv an seinem Zustandekommen beteiligt war, erlebte dessen Drucklegung nicht mehr. Auch ich gedenke dankbar des diplomierten Schifffahrtsökonoms Dietrich Hildebrandt und des Kapitäns auf Großer Fahrt Robert Uecker. Beide hatten sich leidenschaftlich für dieses Projekt engagiert.
Es wurden uns viele Bilddokumente zugestellt, ich selbst habe ein halbes Jahrhundert an Bord fotografiert und historische Aufnahmen gesammelt. Es war jedoch nicht möglich, alle Bildautoren zu ermitteln. Sofern die Namenlosen sich bzw. ihre Fotos entdecken, sollten sie sich im Verlag oder bei mir melden, damit wir dies bei der Nachauflage korrigieren können.
Ausdrücklich danken möchte ich zudem den ehemaligen Segelschulschiffkapitänen Gerhard Samuel, Karl-Heinz Schaefer, Helmut Stolle sowie Kapitän Gerd Peters in Rostock. Mein Dank geht auch an Korvettenkapitän d. R. Dr. Helmut Sieger, Strausberg, an Diplomjurist Manfred Tomuschat, Berlin, sowie an das Arztehepaar Beate und Jürgen Graff in Rothenburg a. d. Fulda.
Ohne die verständnisvolle Unterstützung meiner Frau Astrid und die technische Hilfe meiner Tochter Jördis wäre ich gewiss gescheitert: ihnen danke ich ganz besonders.

Horst Rickert,
Rostock im September 2009

Inhalt

Geleitwort

Als es nach dem Krieg auch im Osten Deutschlands mit der Seefahrt losgehen sollte, meinte man, dass der Neubau eines Segelschulschiffes[1] geeignet wäre, künftiges Seefahrtspersonal zu werben und heranzubilden. 1951 wurde eine Schonerbrigg auf der Rostocker Warnow-Werft gebaut und in Dienst gestellt. Über einen Zeitraum von 38 Jahren absolvierten an Bord schließlich etwa siebentausend junge Männer eine Seefahrtsgrundausbildung unter Segeln in Lehrgängen mit unterschiedlicher Zeitdauer.
Für die Führung des Seglers gewann man einen betagten Cap Hornier[2]. Der Rostocker Ernst Weitendorf war bereits 68 Jahre alt, als man ihn bat, noch einmal an Bord zu gehen.
Dieser Kapitän einstiger Tiefwassersegler stand für einen straffen, traditionsgerechten Segelschulschiffsbetrieb. Als seine Nachfolger führten fünf weitere Kapitäne das DDR-Segelschulschiff, dessen Reeder zunächst die Jugendorganisation *Freie Deutsche Jugend* (FDJ) und bald die *Gesellschaft für Sport und Technik* (GST) wurde. Die Absolventen der Lehrgänge waren in den Flotten der DDR und in den Ausbildungseinheiten des Seesports landesweit sehr gefragt.
Der Rahsegler war bei seinem Stapellauf in Anwesenheit des Staatsoberhauptes der DDR auf dessen Namen WILHELM PIECK getauft worden. Bereits während der Projektierung und des mit Spenden finanzierten Baus sprach man vom »Schiff der Jugend«. Ein Filmtitel schwärmte aus verständlichen Gründen von einem »Schiff der Kapitäne von morgen«.
Das Schiff folgte seiner Berufung. 1968 wurde es in das Berufsausbildungssystem der *Deutschen Seereederei* (DSR) planmäßig einbezogen. Vollmatrosenlehrlinge, die bei Ausbildungsabschluss zugleich das Abitur erwarben, hatten stets auch ein Bordpraktikum auf dem Segelschulschiff zu absolvieren. Bis 1989 betraf das fast eintausend junge Seeleute. Diese Männer galten als potenzielle Bewerber für ein späteres Hochschulstudium zum Patenterwerb, sie gingen zur Handelsflotte oder schlugen eine Laufbahn als Seeoffizier ein.
Das war einmalig in der der deutschen Segelschulschiffsausbildung. Es wird heute geschätzt, dass etwa 2.500 Volksmarineoffiziere zuvor einen Lehrgang auf dem Segelschulschiff absolvierten haben.
Die WILHELM PIECK war vermutlich eines der populärsten Schiffe der DDR, wenn nicht gar das bekannteste. Eine Attraktion der mecklenburg-vorpommerschen Küste war und ist die Schonerbrigg allemal.
Die Anzahl ihrer Auslandsreisen mag aus heutiger Sicht bescheiden anmuten, die längste Reise ging 1957 über rund achttausend Seemeilen. In jenen knapp vier Jahrzehnten, als das Schiff unter dem Namen WILHELM PIECK fuhr, kamen etwa 112.000 Seemeilen zusammen.
Inzwischen ist das Schiff ein Oldtimer der Seefahrt und hat einen geachteten Platz in der gesamtdeutschen Flotte der Rahsegler gefunden. Es ist ein Schiff mit Geschichte und einem guten Ruf, der in Jahrzehnten hart erarbeitet und verteidigt worden ist.

Das Buch gibt Auskünfte über die ungewöhnliche Baugeschichte des Schiffes, über Seefahrtserlebnisse und -lebenswege. Biografien von Kapitänen, Marineoffizieren, Überseelotsen, Lotsen und vieler anderer Personen, die an Bord waren, lassen Entwicklungen deutlich werden, die hier ihren Anfang nahmen. Sie alle waren gern auf dem Segler.

Viele Zeitzeugen und Autoren haben Geschichten notiert, Bilder zusammengetragen und Dokumente gesammelt. Auf diese Weise lassen sie ein interessantes Kapitel deutscher Seefahrtsgeschichte lebendig werden. Sie berichten über den Bordalltag, über Legenden, Anekdoten und Abenteuer. Kapitänsschrullen - ohne die die Seeliteratur nicht denkbar ist - werden nicht ausgespart.

Es wurde nach Zeugen gesucht, und oft kamen die Rechercheure bereits zu spät. Doch viele persönliche Erinnerungen, bisher noch nirgendwo aufgeschrieben und dokumentiert, kamen zusammen. Sie sind authentische Zeugnisse, die auf diese Weise der Nachwelt erhalten bleiben. Möge das Buch einstigen Seefahrern des Schiffes Erinnerungen an eigenes Erleben, aber auch an Zeitgenossen, die nicht mehr unter uns weilen, wach halten. Und sie geben den heutigen Freunden des nunmehrigen Segelschiffes GREIF Einblicke in dessen Vorgeschichte, als das Schiff einst in einer anderen Welt zu Hause war und unter einer Flagge segelte, die es nicht mehr gibt. Gleichviel: Es hat keinen ihrer Kapitäne aus dem Auftrag entlassen, den besten Traditionen deutscher Segelschifffahrt zu dienen. Dem Buch wünschen wir sehr viele Leser.

Die ehemaligen Segelschulschiffskapitäne

Gerhard Samuel (1959-1967)
Horst Rickert (1963)
Karl-Heinz Schaefer (1967-1973)
Helmut Stolle (1973-2000)

1 Das Segelschulschiff WILHELM PIECK fuhr unter diesem Namen und in dieser Funktion bis 1990. Im Jahr darauf wurde das Schiff mit Heimathafen Greifswald-Wieck in der Neptun-Werft Rostock überholt, umgebaut und in »Greif« umbenannt. Eigentümer wurde die Hansestadt Greifswald. Von April bis Oktober können seither Aktivurlauber, Schulklassen, Vereine und Belegschaften von Firmen gegen Entgelt mitsegeln. Die Schonerbrigg steuert alle deutschen zivilen Häfen in Ost- und Nordsee an und ist in der gesamten Ostsee unterwegs.

2 Ein Kap Hoornier, Kaphoornier oder Kap Horner (engl: Cape-Horner, frz. Cap Hornier) ist ein Seemann, der auf einem Fracht-Segelschiff das berüchtigte Kap Hoorn umrundete. Die Umfahrung der Südspitze Südamerikas galt und gilt wegen der häufigen und heftigen Stürme und der hohen See für Segelschiffe als eine der gefährlichsten Schifffahrtsrouten der Welt. Nach europäischen Statistiken sind dort mehr als 800 Schiffe gesunken, über 10.000 Seeleute ertranken. Kap Hoorn ist darum auch der größte Schiffsfriedhof der Welt. Der letzte Frachtsegler umrundete das Kap im Juli 1949. Es war die »Pamir«, die 1957 südwestlich der Azoren sank.

Ein Küstenstaat wird Seefahrerland

1945 lag Deutschland in Trümmern und war in Besatzungszonen geteilt. Die Siegermächte formulierten in Potsdam die Nachkriegsordnung. Für die von Hitlerdeutschland angerichteten Schäden war Wiedergutmachung zu leisten. Dazu wurden Betriebe demontiert und Reparationen auch in Gestalt von Dienstleistungen und Waren abgefordert. Die sowjetische Besatzungsmacht nutzte dafür die Seewege und hatte deshalb die Häfen an der Ostseeküste wiederherstellen und einige auch ausbauen lassen. Sie hatten schon bald nicht nur die Kapazität der Vorkriegszeit erreicht, sondern diese sogar überschritten.

In den überwiegend neu entstandenen Großwerften wurden vormals alte deutsche Schiffe repariert und umgebaut, die als Reparationen in die Sowjetunion gingen. Der Bedarf an Schiffskapazität war dort enorm. Und er sollte es auch bis zum Ende der Sowjetunion bleiben. Der Schiffbau der DDR wurde dadurch im Laufe der Jahrzehnte zu einer wichtigen Säule des Außenhandels.

Allerdings stellte sich beizeiten auch die Frage nach einer eigenen Handelsflotte. Das bedeutete aber, es mussten mehr Schiffe gebaut werden als nur jene im Rahmen der Reparationsleistungen.

Im Juli 1950 hatte der III. Parteitag der SED die Weichen gestellt. Durch Gründung der BRD und nachfolgende Bildung der DDR, womit auch der Wirtschaftsorganismus geteilt worden war, sah man sich im Osten gezwungen, eine eigene Schwerindustrie aufzubauen. Dieses Vorhaben stand im Zentrum des in Berlin beschlossenen Fünfjahrplanes. Damit folgte man auch den Vorgaben Moskaus: Um Schiffe zu bauen, benötigte man Stahl, viel Stahl.

In Warnemünde, Wismar und Wolgast wurden die vorhandenen Werften umgestaltet. Binnen fünf Jahren sollten mindestens 24 Handelsschiffe in Dienst gestellt werden. 50.000 Bruttoregistertonnen bis 1955: Was für eine Herausforderung für das kleine Land. Bis 1939 gab es unter deutscher Handelsflagge 4,7 Millionen BRT, davon entfielen auf Mecklenburg-Vorpommern gerade einmal 35.000, verteilt auf 19 Schiffe. Und nachdem im ersten Zugriff die Siegermächte sich ihren Reparations-Teil geholt hatten, waren noch 130 Schiffe mit 80.000 BRT

Munition, die nach dem Krieg gesammelt wird, um sie anschließend in der Ostsee zu versenken

übriggeblieben, in der sowjetischen Zone ganze zwei. In Wismar lagen der beschädigte Dampfer JOHANN AHRENS vom Baujahr 1903 und ein Seeleichter.

Allerdings war man sich auch bewusst, dass diese 24 Schiffe vielleicht schneller zu bauen waren, als man Bordbesatzungen ausbilden konnte.

Die Nachwuchsarbeit verlegte man zwangsläufig auf die 1946 gegründete Jugendorganisation *Freie Deutsche Jugend*. Die FDJ beschloss in zeitlicher Nähe zum Parteitag die Bildung von Interessengemeinschaften für Sondersportarten – etwa für den Segelflug, das Fallschirmspringen und eben auch den Wasserfahrtsport. Mit dem Begriff »Wasserfahrtsport« setzte man sich unter Betonung klassischer Grundkenntnisse der Seefahrt bewusst von dem bis dato in Deutschland primär maritim-militärisch motivierten Seesport ab.

Trotz Freizeitorientierung spielte der wehrsportliche Gedanke durchaus eine Rolle. Der Kalte Krieg der Großmächte, in den auch die beiden deutschen Staaten zwangsläufig eingebunden waren, forderte seinen Tribut. Nicht nur, dass inzwischen in Korea geschossen wurde. In der Bundesrepublik sprach man bereits von Wiederbewaffnung. Die DDR-Führung meinte, dem Rechnung tragen zu müssen.

Der Zentralrat der FDJ sah in den Interessengemeinschaften auch einen Beitrag zur Verteidigung des Landes, da dort Jugendliche zugleich auch vormilitärisch ausgebildet werden konnten.

In den Wasserfahrtsportgemeinschaften, die überall im Land entstanden, sollten Jugendlichen technische Kenntnisse im Schiffsmodellbau, Boots- und Maschinenbau vermittelt werden. Sie sollten sich mit dem Schiffsdienst und den Nachrichtenwesen vertraut machen – mit der erklärten Absicht, das Interesse für die Seefahrt zu wecken und sie auf den Beruf eines Seemannes vorzubereiten: in der künftigen Handelsflotte und für die Küsten- und Hochsee-

Segelnder K 10 einer Wasserfahrtsportgemeinschaft der FDJ

Der Kutter K 10 im Einsatz

fischerei. Aber auch bei der sogenannten Seepolizei, die im Januar 1950 im Ministerium des Innern gebildet worden war. Diese Hauptverwaltung Seepolizei (»HV See«) sicherte die Staatsgrenze der DDR im Norden.

Beauftragte des Zentralrats warben im ganzen Land für den Wasserfahrtsport. Sie sprachen junge Leute an und luden zu Lehrgängen nach Schwerin. Zwei fanden im Oktober und November 1950 statt, sie dauerten jeweils zwei Wochen. Daran nahmen jedesmal zwanzig Jugendliche teil.

Sie sollten in kürzester Zeit Grundkenntnisse des Wasserfahrtsportes erwerben und zugleich befähigt werden, Interessengemeinschaften zu bilden. Am Ende der zwei Wochen stand die »Seesportprüfung Stufe A«.

Die Wahl war deshalb auf Mecklenburgs Landeshauptstadt gefallen, weil dort bereits vor dem Jahreswechsel 1949/50 etliche Jugendliche sich unter der blauen Fahne der FDJ zu einer Seesportgruppe zusammengeschlossen hatten. Mit finanzieller Unterstützung durch die Landesleitung hatten sie eine kleine Flotte zusammengestellt. Neben einem alten Jollenkreuzer, dem Prunkstück der Gruppe, gab es einen Kutter vom Baujahr 1943. Auf dem Grund des Schweriner Sees hatte dieser K 10 den Krieg und die Folgejahre unentdeckt überstanden.

Zehn Mann konnten damit rudern – seemännisch korrekt: pullen – und sieben damit segeln.

Dieser Bootstyp hatte sich sowohl als Verkehrswie auch als Schiffsrettungsboot bei der Kriegsmarine bewährt.

Der hochstapelnd »1. Zentrallehrgang« genannte Kursus wurde am 23. Oktober 1950 in der Schweriner *Landeszeitung* publik. Manfred Tomuschat, Sekretär des Zentralrats, war extra aus der Hauptstadt angereist und referierte zum Thema »Wasserfahrtsport – Vorschule für die Handelsschifffahrt«. Der Fünfjahrplan böte »die beste Gewähr für eine gesunde Entwicklung diese Sports, der für viele Menschen zum Beruf werden kann«, erklärte er.

Im Namen der Hauptverwaltung Seepolizei grüßte Chefinspekteur Waldemar Verner die

Der K 10 MAX REICHPIETSCH unter Segeln, das Geschenk der Seepolizei

Lehrgangsteilnehmer und übergab einen Segelkutter, der auf den Namen ALBIN KÖBIS[1] getauft wurde. Manfred Tomuschat verlieh dem anderen K 10 den Namen MAX REICHPIETSCH[2]. Musik, Applaus, beide Kutter ruderten seewärts. Schon wenige Wochen später lud die FDJ zu einer Wassersportkonferenz nach Wismar. Rund 200 junge Leute kamen am 3./4. März 1951 in die Hansestadt zu einem ersten Erfahrungsaustausch und um die nächsten Maßnahmen und Schritte zu beraten. Dazu gehörte ein »Tag des Anruderns«, der um den 1. Mai stattfinden sollte. Dies sollte öffentlichkeitswirksam geschehen, womit klar war, dass es sich um eine Werbeveranstaltung für die Interessengemeinschaften handelte. Alle Kutterbesatzungen sollten bis dahin eine Seesportprüfung absolvieren, mit der sie das Leistungsabzeichen »Seemännisch A« er-

warben. Diese Forderung löste zwangsläufig Diskussionen aus.
Ich selbst war damals Lehrling auf der Wismarer Hansewerft und gehörte seit November 1950 der Interessengemeinschaft unseres Betriebes an. Ich verfolgte aufmerksam die hitzige Debatte um die Ausstattung und Aufgaben und auch die anschließende Auszeichnung, mit der man die materielle Ausstattung der IG verbessern wollte. Unsere erhielt ein Paar Winkerflaggen – was mehr als bescheiden war. Zumeist aber wurden Gutscheine über einen Kutter K 10 ausgegeben. Diese wurden schon bald direkt von den Werften[3] an die Wasserfahrsportler geliefert. Zur Kutterausrüstung gehörte die komplette Besegelung.

Am Abend des ersten Konferenztages besuchten wir gemeinsam das Theater in Wismar. Man zeigte Friedrich Wolfs »Matrosen von Cattaro«. Im Schauspiel hatte er die Erhebung der sechstausend Seeleute in der Bucht von Cattaro verarbeitet. Sie hatten am 1. Februar 1918 auf den vierzig Schiffen der österreichisch-ungarischen Kriegsflotte die Offiziere entwaffnet, Matrosenräte gebildet und sofortigen Frieden gefordert. »Wir haben die Macht und geben sie nicht mehr aus den Händen, bis nicht Frieden geschlossen ist.«
Der Auftakt des zweiten Konferenztages zeugte unzweifelhaft von psychologischem Geschick der Veranstalter. Ein großes Segelschiff schien in den Saal hineinzuschweben und löste

Eine Abordnung der Hauptverwaltung der Deutschen Volkspolizei (HVdVP) gratuliert Präsident Wilhelm Pieck (r.) zu dessen 76. Geburtstag, 3. Januar 1952. Neben Pieck Chefinspekteur Waldemar Verner, von 1957 bis 1959 Chef der Seestreitkräfte der DDR. Links außen Heinz Keßler, von 1985 bis 1989 Verteidigungsminister, in der Mitte sein Vorgänger im Amte, Heinz Hoffmann. Zwischen beiden VP-Chef Karl Maron, von 1955 bis 1963 Innenminister der DDR

Ausfahrt mit der Hochseejacht HELGOLAND ex BEOWULF in der Wismar-Bucht. Sie ging schon bald in den Bestand des Seesport-Stützpunktes Greifswald-Wieck ein. Der Name verwies auf die wirksamen Aktionen von FDJlern zur Rettung der Hochseeinsel vor britischen Bomben

stürmischen Beifall aus. Jungs der Rostocker Warnow-Werft trugen das quadratmetergroße Bild eines Rahseglers durch die Reihen, von dem es hieß, es sei das künftige »Schiff der Jugend«. Es sei vor wenigen Tagen auf Kiel gelegt worden. Das Bild von Maler Elmenhorst sollte seinen Platz in der geplanten Zentralen Wasserfahrtsportschule in Rechlin/Müritz finden, deren Eröffnung an Stalins Geburtstag am 21. Dezember 1951 in Aussicht gestellt wurde.

Die Wenigsten im Saal hatten zuvor von der Absicht des Landes Mecklenburg erfahren, dem Präsidenten Pieck zu dessen 75. Geburtstag ein Segelschiff zu schenken. Vielleicht hatte man zunächst an eine Art Staatsjacht gedacht, doch der Anlass wurde schon bald korrigiert: die III. Weltspiele der Jugend und Studenten im Sommer 1951 in Berlin. Doch das war eine temporäre Veranstaltung. Wer also sollte dieses »Schiff der Jugend« dauerhaft nutzen? Das wurde später mitgeteilt: die Wasserfahrtsportler der FDJ.

Alles was wir damals an Vorstellungen, Träumereien und auch Illusionen mit der Seefahrt verbanden, projizierten wir auf dieses künftige Segelschulschiff. Das mobilisierte uns (und nahezu die ganze Republik), den Bau materiell und ideell zu unterstützen und voranzutreiben. Der Vorgang hatte ja auch etwas Symbolisches. Nach Krieg und Nachkrieg wollten wir endlich wieder mit geblähten Segeln in See stechen, selbstbewusst und mit Elan ferne Ziele ansteuern und zu neuen Ufern aufbrechen. Auferstanden aus Ruinen und der Zukunft zugewandt ...

Von diesem Geist waren auch die Referate und Diskussionen auf der Konferenz in Wismar durchdrungen. Es war von Neubeginn und Chancen die Rede, von Friedenswillen und Freundschaft, von der Seefahrt, die die Völker miteinander verbindet, und von Vertrauen, das in der DDR der heranwachsenden Generation, also uns, entgegengebracht werde. Natürlich wurden auch Stalin und die Sowjetunion ge-

priesen und der Korea-Krieg verurteilt. Und es wurde, wie seinerzeit üblich, auch viel kritisiert. Es traf uns von der Wismar-Werft. Wir hatten voller Stolz über die bevorstehende Indienststellung einer größeren kuttergetakelten Hochseejacht mit Namen HELGOLAND berichtet. Das einstige Flaggschiff der früheren Dornier-Flugzeugwerke Wismar mit Namen BEOWULF war von uns repariert und umgerüstet worden und sollte nunmehr von der Interessengemeinschaft gesteuert werden. Was, hieß es daraufhin, wieso und warum ignoriert ihr in Wismar, was in Schwerin beschlossen worden ist? K 10 sollten aufgespürt und repariert werden, keine Hochseejachten.
Nun ja, nachdem die Kritik verraucht und drei Jahre ins Land gegangen waren, lagen im Stützpunkt Greifswald-Wieck nicht nur die HELGOLAND, sondern sechs weitere Hochseejachten, auf denen seemännisch ausgebildet wurde.

1. Mai 1951: Anrudern

Zu jenem Zeitpunkt existierten etwa 100 Interessengemeinschaften für Wasserfahrtsport. Sie zählten rund 5.000 Mitglieder. Nahezu alle nah-

Eine Crew der HELGOLAND auf der von ihnen reparierten Jacht vor Wismar. Wanderfahrten auf der Ostsee am Wochenende waren Teil des Schulungsprogramms. Links die späteren Kapitäne Peter Ahrend, Karl Mittelstädt und Horst Rickert. Oben: Jacht HELGOLAND ex BEOWOLF

men am Anrudern, an diesem ersten republikweiten Ereignis seiner Art, mit Begeisterung teil. Manche IG besaß inzwischen nicht nur einen K 10, sondern mehrere.

Und die meisten Besatzungen hatten auch schon ihre »Bordpäckchen« erhalten. Die bestanden aus khakifarbenen Bordhosen, bis zu den Knien reichende Bordpullover (Troyer), barettähnliche Mützen oder Pudelmützen. Die Farbe war wenig seemänisch, orientierte sich aber an den Uniformen der Kasernierten Volkspolizei (KVP)[4].

Im Wismarer Stadthafen erlebte die Bevölkerung, wie ihre Jungs in drei Booten das Kutterpullen in Perfektion vorführten. Exakte Ruderkommandos und schneidige Anlegemanöver überzeugten. Die beteiligten Boote waren brandneu. Zwei Bootsführer hingegen hatten ihr Handwerk bereits vor 1945 gelernt.

Die landesweite Werbeveranstaltung für einen Beruf auf dem Wasser wurde ein großer Erfolg. Der Kutter K 10 trat zudem einen Siegeszug an. Er wurde bis 1990 gebaut und geriet dann, wie so vieles aus der DDR, in Vergessenheit. Wie

Eine Kutterbesatzung im K 10. Am 1. Mai 1951 wurde republikweit für den Seesport und die Wasserfahrtsportgemeinschaften der FDJ geworben. Links: Üben der Flaggenzeichen an der Zentralen Seesportschule Rechlin

Zwei Kutter K 10 unter Segeln. Zu Beginn der 50er Jahre trat er seinen Siegeszug an. Seit der Jahrtausendwende erlebt er eine Renaissance

jedoch die *Ostseezeitung* 2007 berichtete, nahm eine Bootswerft auf Rügen die Produktion wieder auf. »K 10: Die Legende lebt« titelte die Regionalzeitung.[5]

Kutterrennen, -regatten oder -segeln gehören noch immmer zu den beliebten Freizeitvergnügungen in Deutschland, wie etwa auch die Rostocker Hanse-Sail zeigt. 2007 beispielsweise fand sich eine Kuttersegler-Armada von 47 Booten ein. Im September 2007 wurde auf der Müritz bei Rechlin der Deutsche Meister auf K 10 ermittelt.

Über die Anfänge hat Heinrich Mutschler genau Buch geführt. Er war von 1950 bis 1952 als Sektorenleiter Sport im FDJ-Zentralrat auch für den Wasserfahrtsport zuständig. Danach wechselte er in den Zentralvorstand der am 7. August 1952 gegründeten *Gesellschaft für Sport und Technik* und war dort Abteilungsleiter Seesport.

Zwischen 1950 bis Ende 1952 existierten rund 200 Interessengemeinschaften Wasserfahrtsport mit etwa 10.000 Mitgliedern. 1.372 Schüler von ihnen nahmen an Lehrgängen teil. Davon machten 98 die Seesportprüfung A, 890 die B und 384 Schüler die Seesportprüfung C. Jeder Elfte – rund 120 von ihnen – absolvierte einen Lehrgang auf dem inzwischen in Dienst gestellten Segelschulschiff und erwarb das Hochseeleistungsabzeichen. Einige legten an Bord auch die Seesportprüfung C ab.

An der Zentralen Seesportschule Rechlin an der Müritz begann am 17. März 1952 der erste dreimonatige Lehrgang. Im Sommer erreichte man erstmals die volle Kapazität: 120 Schüler pro Durchgang.

1 Albin Köbis (1892-1917), deutscher Seemann, der wegen Friedenspropaganda in der kaiserlichen Kriegsmarine gemeinsam mit Reichpietsch zum Tode verurteilt und am 5. September 1917 in Köln-Wahn exekutiert wurde.

2 Max Reichpietsch (1894-1917), s. o. Beide Matrosen gehören zu wichtigen Figuren der sozialistischen Antikriegsbewegung. Mit der Namensverleihung machten die Verantwortlichen sichtbar, in welcher Traditionslinie sie standen.

3 K 10 wurden gebaut auf der Yachtwerft Berlin-Köpenick, Boddenwerft Dammgarten, Volkswerft Stralsund, Elbewerft Boizenburg, auf den Bootswerften Rechlin und Altwarp, in den Schiffswerften Übigau, Roßlau und Schönebeck sowie auf der Peenewerft Wolgast.

4 Die Kasernierte Volkspolizei (KVP) ging aus der im April 1950 gegründeten Hauptverwaltung Ausbildung (HVA) des Ministeriums des Innern (MdI) hervor. Diese Volkspolizei-Bereitschaften wurden auf Befehl des Innenministers Willi Stoph am 1. April 1952 kaserniert. Sie gliederten sich in Land-, Luft- und Seekräfte und bildeten den Kern der 1956 gegründeten Nationalen Volksarmee (NVA). Die Uniformen der KVP waren zunächst dunkelblau, dann khakifarben.

5 Vgl. *Ostseezeitung* vom 2. Juli 2007: »Zaghaft erobert der Ostkutter nun den Westen.« Dort hieß es: »Wohl jeder, der im Osten Deutschlands etwas mit Seefahrt zu tun hat, ist ihm irgendwann begegnet: dem Kutter K 10. Ob im Zirkel Junger Matrosen, im Seesportverein bei der Gesellschaft für Sport und Technik, bei der Marine oder in der Handelsflotte. Kutterrudern oder -segeln gehört seit Generationen zur seemännischen Ausbildung. Weit über 300 Kutter K 10 wurden seit Mitte der 60er Jahre in der DDR gebaut, die meisten anfangs in Berlin und aus Holz, etliche später als ZK 10 aus glasfaserverstärktem Kunststoff (GfK) in Wieck auf Rügen. 1990 war Schluss mit dem Kutterbau. [...] Das änderte sich erst im Februar 2001. Mit der Baunummer 401 verließ nach über zehnjähriger Pause ein neuer GfK-Kutter die Wiecker Bootswerft Rügens, vermessen nach den Standards des Deutschen Seesportbundes. [...] Diese Kutter werden an verschiedene Auftraggeber des Altbundesgebietes geliefert.«

Mecklenburg baut ein Segelschiff

Das Land Mecklenburg umfasste die Küstenregion einschließlich eines Teils der Prignitz und das Amt Neuhaus, das ursprünglich zu Niedersachsen gehörte. Seit 1990 heißt das Bundesland Mecklenburg-Vorpommern. Da Pommern seit 1945 zu großen Teilen polnisch war, legte die sowjetische Besatzungsmacht großen Wert darauf, dass auch »Vorpommern« nicht mehr in der politischen Geografie Deutschlands vorkam. Das Thema hatte sich ohnehin 1952 erledigt, als die fünf DDR-Länder aufgelöst und nach sowjetischem Muster in fünfzehn Bezirke umgewandelt wurde. Mecklenburg wurde zu den Bezirken Rostock, Schwerin und Neubrandenburg. Die Reanimierung des Landes, nunmehr aber unter dem vollständigen Namen, erfolgte in der Endphase der DDR 1990.

Allerdings befanden sich traditionell die großen deutschen Häfen und Werften an der Nordseeküste und nicht am Binnenmeer Ostsee. Hier sollte erst in den 50er und 60er Jahren nachgezogen werden, wobei aus naheliegenden Gründen die Größenordnungen den Verhältnissen und Erfordernissen der zweiten deutschen Republik angemessen waren. In Wismar entwickelte sich die Mathias-Thesen-Werft (seit 1951), in Rostock-Warnemünde entstand der Überseehafen, wuchsen die Warnow- und die Neptun-Werft, in der Stralsunder Volkswerft konzentrierte man sich bald auf den Neubau von Fischtrawlern, und in der Peenewerft Wolgast legte man schon bald militärische Wasserfahrzeuge auf Kiel. Aber es fehlte zunächst an Handelsschiffen und an seemännischem Personal. Viele Fahrensleute waren während des Krieges auf See geblieben. Es mussten also neue Seeleute gewonnen und ausgebildet werden. Es ist nicht überliefert, wem die Idee zuzuschreiben ist, ein Segelschiff als eine Art Werbeträger auf Kiel zu legen, denn Mitte der 50er Jahre war die Zeit der Windjammer längst vorüber. Allerdings war es in der traditionsbewussten »christlichen Seefahrt« nicht ungewöhnlich, dass zur Ausbildung von Seeleuten Segelschulschiffe (SSS) eingesetzt wurden. Handels- und Kriegsmarine rekrutierte seit Jahrzehnten auf diese Weise den Nachwuchs.

Unter deutscher Flagge fuhren die Segelschulschiffe ADMIRAL VON TROTHA (1919, liegt seit 1945 als Wrack im Barther Bodden), die ALBERT LEO SCHLAGETER (1937, 1945 beschlagnahmt und drei Jahre später von Großbritannien an Brasilien verkauft, seit 1962 unter portugiesischer Flagge als SAGRES unterwegs), die BREMEN (1902, in den 30er Jahren abgewrackt), die GORCH FOCK (1933, 1945 im Strelasund gesunken, 1947 gehoben, in der Rostocker Neptun-Werft sowie in Wismar repariert und als Reparationsleistung in die Sowjetunion überführt. Als Segelschulschiff TOWARISCHTSCH von 1951 bis 1991 gefahren. Liegt seit 2003 nach einer Überholung in der Volkswerft Stralsund als Museum im dortigen Hafen, Eigner ist ein Verein), die GROSSHERZOGIN ELISABETH (1907, seit 1982 im Besitz des gleichnamigen Schulschiffvereins und in Elsfleth an der Unterweser vertäut), die HORST WESSEL (1936, 1946 als Reparationsleistung in die USA überführt, als EAGLE ist die Bark Schulschiff der United States Coast Guard, Heimathafen ist New London in Connecticut), die NIOBE (1913, 1932 im Fehmarnbelt gesunken, gehoben und 1933 endgültig mit Torpedo versenkt), die PADUA (1926, 1946 als Reparationsleistung an die Sowjetunion, als KRUSENSTERN bis heute Segelschulschiff, Heimathafen Kaliningrad), die PAMIR (1905. In den 50er Jahren wurde sie wie die PASSAT [1911, seit 1960 Museumsschiff und Jugendherberge in Travemünde] als frachtfahrendes Segelschulschiff in der bundesdeutschen Handelsschifffahrt eingesetzt. Die PAMIR und die PASSAT waren die letzten frachtfahrenden Großsegler unter deutscher Flagge, gemeinsam mit der OMEGA [1887-1958, Großbritannien] gehörten sie zu den letzten drei frachtfahrenden Großseglern weltweit. Die PAMIR sank 1957 im Atlantik), die SCHULSCHIFF DEUTSCHLAND (1927, während des Krieges Lazarettschiff, von 1949 bis 1952 Jugendherberge, danach stationäres Schulschiff in Bremen, seit 2001 als maritimes Denkmal in Bremen-Vegesack vertäut), die MAGDALENE VINNEN II (1921, Ende 1945 nach Odessa als Reparationsleistung, ab 1951 als SEDOW unter sowjetischer Flagge, seit 1991 im Eigentum der Technischen Universität Murmansk, überwintert meist in eisfreien deutschen Häfen, oft in Warnemünde.)

Vor diesem Hintergrund kam man auch in den Mecklenburger Führungszirkeln auf den Gedanken, ein eigenes Segelschulschiff zu bauen. Sicher würde es Jugendliche faszinieren und für die Seefahrt gewinnen. Um dieses Unterfangen jedoch als gesamtgesellschaftliches Anliegen zu deklarieren, wählte man zwei Ereignisse mit republikweiter Relevanz: den 75. Geburtstag des Staatsoberhauptes Wilhelm Pieck am 3. Januar 1951 und die III. Weltfest-

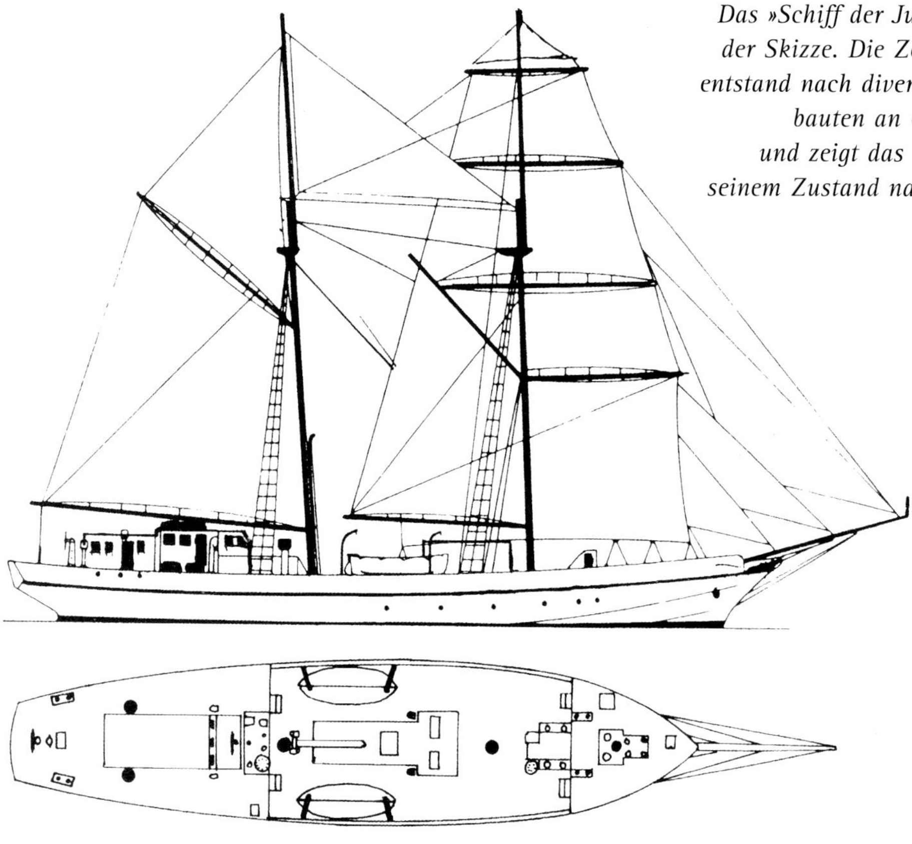

Das »Schiff der Jugend« in der Skizze. Die Zeichnung entstand nach diversen Umbauten an Oberdeck und zeigt das Schiff in seinem Zustand nach 1972

Anstecknadel für das »Schiff der Jugend«, die es für eine Spende gab

spiele der Jugend und Studenten im Sommer 1951. Am 27. Dezember 1950 beschloss das Sekretariat der Landesleitung der SED[1], an die Bevölkerung der DDR zu appellieren, den Bau eines Segelschiffes zu unterstützen. Einen analogen Aufruf richtete man auch an die Nationale Front[2] des Landes Mecklenburg.

Nun blieb bis zum Präsidenten-Geburtstag wenig Zeit. Weshalb laut Darstellungen in der damaligen Presse Pieck zum Jubiläum lediglich Skizzen eines Seglers überreicht wurden. Der Gedanke an eine Staatsjacht, die das Staatsoberhaupt zu Staatsbesuchen bei den Nachbarn bringen sollte, wurde von dem greisen Präsidenten, der sich seinen Realitätssinn bewahrt hatte, verworfen. Ehe es soweit sein würde, dass die Nachbarn ein deutsches Staatsoberhaupt überhaupt einlüden, würde noch einige Zeit vergehen. Das Schiff sollte darum ausschließlich zur Ausbildung des seemännischen Nachwuchses dienen und die DDR auf den Weltmeeren bekannt machen. Damit war die Ansage klar: Es wurde am 27. Februar 1951 ein »Schiff der Jugend« auf Kiel gelegt. Am 26. Mai erfolgte der Stapellauf, am 9. Juli war es fertiggestellt und am 2. August 1951 erfolgte seine Indienststellung.

Dass man binnen weniger Tage von der Idee über einige Skizzen zu kompletten Bauunterlagen gekommen sei, muss in das Reich der Legenden verwiesen werden.

Tatsache ist, dass bereits im zweiten Halbjahr 1950 in einigen Werften an Bauplänen für einen Zweimaster gearbeitet wurde. Am 17. Dezember 1950 lagen in Wismar (»Hochseeschiffbau Schiffswerft Wismar«) entsprechende Unterlagen mit einem konstruktiv ausgereiften Takel-

Plakat zu den III. Weltfestspielen der Jugend und Studenten in Berlin im Sommer 1951 mit dem Spendenaufruf. Dieser fand in der ganzen Republik ein großes Echo

Erste Probefahrt nach dem Stapellauf am 26. Mai 1951. Das Kartenhaus auf dem Quarterdeck sollte schon bald vergrößert werden

riss, einschließlich Stücklisten für das stehende Gut und für das laufende Gut, vor. Die Dokumentation (301/14-2413-14) mit dem Signum »Wendenburg« trug bereits die Bezeichnung »Schiff der Jugend«.
Neben dem Takelriss gab es auch einen »Linienriss«, das Herzstück eines Schiffes. Abgesehen davon, dass das Schonersegel am Großmast 1952 durch zwei Schratsegel ersetzt wurde, handelte es sich bei diesem Takelriss exakt um die Darstellung der Takelage der künftigen WILHELM PIECK, wie sie bis heute vorhanden ist. Auch die bescheidenen Indienststellungsaufbauten sind ersichtlich.
Analysiert man den Linienriss auf charakteristische Schiffsparameter hin, so ergeben die Abstände der Konstruktionsspanten bzw. Bauspanten in ihrer Summe eine Schiffslänge zwischen den Loten von 29,15 Metern. In Ergänzung der über die beiden Lotpunkte hinausgehenden Anhänge – 3,25 Meter achtern und 3,00 Meter vorn – ergibt dies die Länge des Schiffes über alles (ohne Bugspriet) von 35,40 Metern.
Der Konstruktionstiefgang wurde mit 3,20 Metern ausgewiesen, die Breite auf Spant mit 7,60 Metern. Nach Takel- und Linienriss der Werftunterlagen aus Wismar hätte wohl jede Werft der Welt das Schiff bauen können.
Der Auftrag ging an die Warnow-Werft Warnemünde, Chefkonstrukteur wurde Wilhelm Schröder (1906-1992). Mit dem Aufruf »Die Werktätigen Mecklenburgs bauen das Schiff der Jugend« wurde das ganze Land mobilisiert. Es kamen Geld- und Sachspenden und viele freiwillige Helfer, die unentgeltlich auf der Werft arbeiteten.
Die Konstrukteure hatten kurzfristig den Generalplan gefertigt. Dem Chefkonstrukteur selbst fehlte jedoch ein sachkundiger Auftraggeber, ein Reedereivertreter oder besser noch der künftige Schulschiffskapitän, der die Nutzungsanforderungen und -wünsche klar vortrug. Dies sollte sich schon bald als ein Mangel erweisen.
Auf der Helling gab es zudem Materialsorgen. Schiffbauer anderer Werften und etliche Betriebe halfen und lieferten Einzelteile und Ausrüs-

tungsgegenstände für den Großsegler. In Wismar entstanden in der Regie des Werftkapitäns Helmut Ernst, einem Cap Hornier, die Takelage und die unauffälligen Decksaufbauten.
Der Antrag auf Erteilung eines Schiffsmessbriefes vom 9. Juli 1951 weist offiziell die Warnow-Werft als den Erbauer des Schiffes und die Wismar-Werft als den Ausrüster aus. Als künftiger Eigner, also Reeder, wurde darin die *Freie Deutsche Jugend* benannt.
Es handelte sich um den ersten Schiffsneubau auf der Warnow-Werft und um den ersten für die DDR bestimmten Stahlschiffsneubau, der nicht für den Fischfang bestimmt war. Vor allem aber war es der erste deutsche Neubau eines Segelschulschiffes nach dem Kriege.
In Warnemünde firmierte das Schiff als Jugendobjekt. Neben Freiwilligen arbeiteten vornehmlich Lehrlinge und junge Facharbeiter, zumeist zugleich auch Wasserfahrtsportler. So mancher von ihnen sollte einmal zur Schiffsbesatzung gehören. Auch ich.
Die Betriebszeitung *Werftstimme* berichtete vom Engagement der Schiffbauer Skuderis und Brand, des Malers Günter Rades und des Klempners Günter Schelm. Lobende Erwähnung fanden die Stralsunder Hubert Niemann und Gerhard Wulf. Sie alle zählten schon bald zu den ersten Kursanten des Schiffes. Einige verblieben danach in der Stammmannschaft, und nahezu alle erlangten später ihr Kapitänspatent.
Auch den Taklern der Wismar-Werft Martin Grünberg, Erich Klüver und Heinz Rösner zollte das Blatt hohe Anerkennung. Die drei kamen ebenfalls in die Stammbesatzung.
Die Baugeschichte mutet aus heutiger Sicht abenteuerlich an, aber sie verdient Respekt und Anerkennung allein wegen der Selbstlosigkeit vieler Menschen, für die ein Nieter der Neptun-Werft Rostock stellvertretend stand: Nach seiner Schicht leistete er unbezahlte Arbeitsstunden »draußen in Warnemünde« am Segelschiff. Dieser ausgemergelte Mann war gerade aus der Kriegsgefangenschaft zurückgekehrt, hatte

Im Juni und Juli 1951 erfolgten mehrere Probefahrten auf See. Das Schiff trägt noch keinen Namen, der Anker fehlt, Nähte und Nieten sind auf dem Stahlkörper gut zu erkennen

Auslaufen zu einer Probefahrt. Achtern fehlt auch noch der Schriftzug des Heimathafens

Mit Muskelkraft wird der Anker gehoben (oben). Auch das Ankerspill wird gestestet (oben). Darunter: Erstmals werden auch die Segel gesetzt

seine heimat- und mittellos gewordene Familie in einem Rostocker Notquartier gefunden und legte sich nun für die gemeinsame Sache ins Zeug.

Ich selbst erinnere mich noch lebhaft an diese Monate. Ich war Werftlehrling in Wismar und zugleich Wasserfahrtsportler in der Interessengemeinschaft unseres Betriebes. Seeleute wollten wir fast alle werden. Also widmeten wir uns neben der Werftarbeit der maritimen Ausbildung. Aber keiner von uns gab sich der Hoffnung hin, jemals einen Platz auf dem »Schiff der Jugend« zu bekommen.

Vor einer Werfthalle, in der sich die Taklerei be-

fand, lag die ehemalige BEOWULF, die nunmehr HELGOLAND hieß. Diese Hochseejacht mit Spitzgatt und Bugspriet, eben vom Ostseegrund gehoben, versahen die Takler unter unserer Mitwirkung mit einem Gaffelrigg. Manchmal durften wir den Taklern beim Kleeden und Spleißen von Takelgut für das »Schiff der Jugend« zur Hand gehen.
Und wir sammelten Spenden. Es war nicht unbedingt einfach, die Spendennadeln für eine Mark an den Mann und die Frau zu bringen. Oft ernteten wir spöttische und mitleidsvolle Blicke. Offenkundig steckten noch etlichen die Betteleien des »Winterhilfswerkes« der Nazis in den Knochen. Wir schoben es auch der Tatsache zu, dass nicht jeder Zeitung las, und Radios waren auch sehr selten, zumal die Besatzungsmächte nach dem Krieg alle Rundfunkgeräte eingezogen hatte. Aber in der Werkhalle hing ein großes, auffälliges Bild an der Wand mit der Abbildung eines Segelschiffes. Darüber stand zu lesen: »Vorwärts zu den Weltfestspielen der Jugend und Studenten. Für den Frieden!« Und darunter: »Spendet für das Schiff der Jugend.«
Der Hinweis auf das Festival der Jugend *und Studenten* im Sommer in Berlin verhalf uns, die wir Anstecknadeln »verkauften«, zu einem Spitznamen. Wir waren die »Bettelstudenten«.
Oder es ging auf Platt so:
»Die'n Schipp is doch för Dänemark?«
»Worüm?«
»Na, von den 'ne Mark un von den 'ne Mark.«
Die *Landeszeitung* brachte am 26. Januar 1951 eine Zwischenbilanz der Spenden.
Die Beschäftigten der Peenewerft-Wolgast hatten 2.309,20 Mark gegeben, die der Zuckerfabrik Wittenburg 509,40 Mark, die Mitarbeiter von Kultureinrichtungen 3.522,57 Mark und die des Vorstands des Verbands mecklenburgische Konsumgenossenschaften glatte 5.000 Mark. Die Jugendschule Jessenik stand mit 1.743,05 Mark zu Buche, die 553 Lehrlinge der Warnow-Werft hatten 165,90 Mark gegeben und die 188 Umschüler der Warnow-Weft je 0,50 Mark ...
Das Sonderkonto des Landesausschusses Meck-

Alle Tests erfolgreich bestanden. Die Übergabe an den Reeder kann erfolgen

lenburg der Nationalen Front wies am Ende 1,1 Millionen Mark auf, die an Spenden zusammengekommen waren. Im Deutschen Marinekalender 1971 publizierte Helmut Sieger, Kursant des ersten Segelschulschiffslehrganges, weitere Sach- und Geldspenden:

»Zu Sonderschichten, deren Erlös zu Ehren Wilhelm Piecks dem Schiff der Jugend zur Verfügung gestellt werden, verpflichteten sich unter anderem die Brigade Piepenberg der Schiffswerft Wismar, der Jungaktivist Horst Hubert von der Staatswerft Stralsund, die Belegschaft des Fischlandschmuck Ribnitz, die Kollegen des KWV-Betriebes Gadebusch.

In der Schiffs- und Bootswerft Gehlsdorf erklärte die Belegschaft in einer Entschließung: Wir werden drei Stundenlöhne für den Bau der Hochseejacht zur Verfügung stellen.

Arbeiter der Möbelwerke Schwerin stellten durch freiwillige Mehrarbeit eine Möbelausstattung her. Die Mecklenburger Handwerker schufen einen Teil der Ausstattung im Werte von 2.000 Mark.

VEM Schiffselektrik, Baustelle Warnemünde, stellte eine Schalttafel in der Freizeit her.

Die Belegschaft des VEB Isolierungen Rostock übernahm alle Isolierungen beim Bau der Hochseejacht. Im VEB Schweriner Eisengießerei gossen die Werktätigen die Schiffsglocke.

In der Mathias-Thesen-Werft arbeiteten Werker und Takler an der Takelage und den Decksaufbauten. In der Volkswerft Stralsund wurden die Rettungsboote hergestellt. Die Boizenburger Schiffbauer leisteten über 1.000 freiwillige Arbeitsstunden bei der Herstellung von Einzelteilen. Auch in der Boddenwerft Damgarten, der Neptun-Werft Rostock und im Dieselmotorenwerk Rostock wurde durch unzählige freiwillige Einsätze materielle Hilfe gegeben. In verschiedenen Betrieben unserer Republik wurden in Sonderschichten Einzelteile wie Hängematten, Anker, Ankerketten, Funkgerät, Segel, Tauwerk und vieles andere mehr hergestellt. Die Werktätigen der Warnow-Werft und an ihrer Spitze die Jugendlichen der Werft übernahmen freiwillige Arbeitsleistungen. Dazu gehört der Rohrleitungsbau, der Einbau der Schwanzwelle, das Getriebe, der Wasser- und Kraftstoffbunker.

Sämtliche Mehrarbeiten werden nach der Arbeitszeit ausgeführt. Die Schweißer und Nieter übernahmen für das Schiff der Jugend viele Aufbaustunden und betrachteten das als eine Ehrensache und als ihren Beitrag für die Erhaltung des Friedens.«

Das Segelschulschiff war also nicht nur ein Schiff der Jugend, sondern eines des ganzen Landes. Das sollte man nicht vergessen, wenn man heute die GREIF stolz dahingleiten sieht. In der Schonerbrigg stecken Schweiß und Groschen von sehr, sehr vielen Ostdeutschen.

1 Nach dem Selbstverständnis der SED war die Partei organisierende und »führende« politische Kraft in der DDR. Sie fühlte sich darum für alle Fragen verantwortlich, so schließlich auch für die Gewinnung des seemännischen Nachwuchses und den Bau eines Segelschulschiffes. Gemäß diesem Rollenverständnis war es darum nicht ungewöhnlich, dass der Führungszirkel des Landesverbandes der SED in Mecklenburg einen solchen Beschluss fasste, der die Initialzündung für diesen Schiffsneubau darstellte.

2 Die »Nationale Front des demokratischen Deutschland« (ab 1973 »der DDR«) war der Zusammenschluss aller Parteien und Massenorganisationen, der im Mai 1949 – also vor Gründung der DDR – aus dem 1945 gebildeten Demokratischen Block hervorging. Die dem »Block« bzw. der NF zugrunde liegende Idee war Reflex auf das Scheitern von Weimar. Die Nazis wären nur aufgrund der zersplitterten, sich bekämpfenden Parteien und Organisationen 1933 an die Macht gekommen, meinte man, also müsste dies künftig unmöglich gemacht werden. Wie man in den Arbeiterparteien (SPD und KPD schlossen sich zur SED zusammen) und in der Gewerkschaftsbewegung (Gründung der Einheitsgewerkschaft FDGB) die Spaltung zu überwinden hoffte, glaubte man, mögliche Auseinandersetzungen verhindern und alle politischen Kräfte in einer Nationalen Front bündeln zu können. Diese war bis zum Ende der DDR eine Einrichtung, um »die Massen« zu mobilisieren. Namentlich bei Wahlen trat sie mit »Einheitslisten« in Erscheinung.

26. Mai 1951: Zum Stapellauf des Schiffes kommt Wilhelm Pieck zur Warnemünder Warnow-Werft. Direktor Druf begrüßte das DDR-Staatsoberhaupt bei seiner Ankunft

Als der Rohbau ins Wasser gleitet, begleitet von Sirenengeheul, verfolgen Hunderte neugierig das Schauspiel. Es bleiben noch zwei Monate bis zur Fertigstellung des Schiffes, das am 2. August bereits in Dienst gestellt werden soll

Wer wird Kapitän?

So ungewöhnlich die Entstehungsgeschichte des Schiffes, so einzigartig auch die Gewinnung der ersten Besatzung. Das »Schiff der Jugend« sollte während der Weltfestspiele im Sommer 1951 übergeben werden, das bedeutete, bis dahin auch eine Besatzung einschließlich des Kapitäns zu finden. Schon bald kristallisierte sich der 2. August als Tag der Übergabe heraus.

In Rostock-Gehlsdorf fand zu diesem Zweck vom 2. Mai bis zum 10. Juli ein Lehrgang zum Erwerb des Leistungsabzeichens »Seemännisch B« statt. Der Kurs wurde von der Zentralen Wasserfahrtsportschule Rechlin veranstaltet, deren Gebäude sich noch im Bau befand. Die Absolventen des Lehrganges wurden anschließend auf ihren Einsatz auf dem Segelschulschiff vorbereitet. Allerdings offenbarte nicht zum ersten Mal der »Reeder« – der Zentralrat der *Freien Deutschen Jugend* – seine Unerfahrenheit in dieser Materie. Die Beantwortung der Frage nach einem geeigneten Kapitän hoffte man mit Hilfe der Gehlsdorfer Kursanten zu lösen. Schließlich, so meinte man im fernen Berlin, gäbe es doch an der Küste genügend Kapitäne, die man wegen einer solchen Aufgabe ansprechen könnte.

Den angehenden Matrosen wurde Landgang in Gehlsdorf mit der Aufgabe erteilt, sich unter den Einheimischen einmal umzuhören. Die Schiffsjungen suchten also ihren Kapitän.

Und tatsächlich: Man fand einen 68-jährigen Fahrensmann, der vor zwölf Jahren von Bord gegangen war und nun in Gehlsdorf seinen Lebensabend genoss.

Sein Name: Ernst Weitendorf[1], Jahrgang 1883, gebürtiger Rostocker, Seemann mit 14, vier Jahrzehnte zur See gefahren, zumeist auf Segelschiffen – zuletzt als Kapitän auf einem Fünfmaster. Danach betätigte er sich einige Jahre als Kapitänsreeder auf eigenen Motorschiffen, ehe er sich zur Ruhe setzte. Ein Cap Hornier, wie man ehrfurchsvoll raunte.

Die Nachricht ging nach Berlin. Schon bald fuhr eine schwere schwarze Limousine vor, der zwei junge Männer entstiegen. So und so. Weitendorf winkte ab. Man solle sich einen Jüngeren

Der Kapitän Ernst Weitendorf

suchen, Und außerdem könne er sich nicht vorstellen, dass ein solches Schiff, was die »Warnemünder Flugzeugbau-Ingenieure« zusammengeschraubt hätten, überhaupt führe. Ein Wort gab das andere, am Ende sagte Weitendorf zu seiner Frau: »Wat meenst du, Mudding? Ankieken kann'k mi't jo ees ...«
Er stieg also ein und ließ sich zur Werft bringen. Dort standen drei junge Steuerleute neugierig an der Reling. Einer von ihnen berichtete später: »Weitendorf ging am Stock. Mit seiner Begleitung und merklich gebeugt schritt er über die Gangway und stieg die wenigen Stufen hinab an Deck. Er hatte für nichts anderes Augen als für die Masten. Rah für Rah musterte er in aller Gründlichkeit. Sein Blick glitt über Stengen und Takelwerk zu den Toppen empor. Uns fiel auf, dass sich seine Körperhaltung dabei sichtbar straffte, als veränderte ihn der Ort, an dem er sich befand.«
Obgleich er seiner Begleitung dies und das in den Block diktierte, schien seine Gesamtkritik positiv auszufallen. Er klopfte gelegentlich mit dem Stock auf die Planken, monierte etwas, forderte Änderung. Aber allein daran, wie er es sagte, war zu erkennen, dass er sich mit der Vorstellung, er könne das Schiff führen, nicht nur angefreundet hatte. Er war sichtlich entschlossen, was er auch den Begleitern sagte. Bau und Takelage wären äußerst elegant, bemerkte Weitendorf anerkennend. Es sei gerechtfertigt und würde sich auch lohnen, das Schiff international bekannt zu machen. Dass unter Deck einiges zu verändern sei, stünde auf einem anderen Blatt. Er wäre nicht abgeneigt, das Segelschulschiff »einzufahren«.
Damit wollte Weitendorf seine Aufgabe zeitlich befristet sehen, aber das Hauptproblem war damit erst einmal gelöst. Für die Jungfernfahrt mit dem Namensgeber am 2. August war ein Kapitän gefunden. Alles andere, so war man überzeugt, würde sich schon finden.
Als Weitendorf das Schiff verließ, blieb sein Stock zurück. Er hatte ihn vermutlich nicht vergessen, sondern offenkundig nicht mehr nötig. Bei der zweiten Werftprobefahrt am 20. Juli stand er bereits auf der Brücke.

Der Konstrukteur Wilhelm Schröder

Sechs Tage später, kein halbes Jahr nach der Kiellegung, wurde das Schiff ins Seeschiffsregister eingetragen.
»Eigentümer: Zentralrat der Freien Deutschen Jugend (FDJ); Erwerbsgrund: Aus Stiftung erworben.« Gestiftet hatten es Tausende im Land – mit ihren Groschen oder mit ihrer Hände Arbeit.

Donnerstag, 2. August 1951

Großer Bahnhof am Alten Strom in Warnemünde. Einwohner, Urlauber, Neugierige und Offizielle drängen sich vorm »Seehund« an der Pier. Der Präsident fährt vor. Wilhelm Pieck zwängt sich aus der Staatskarosse, winkt freundlich. Ein sympathischer älterer Herr, ein weißhaariger Opa.

Letzte Handgriffe in der Takelage, bevor der hohe Gast aus Berlin kommt. Takler der Wismarwerft, erfahrene Seeleute, nehmen an der Indienststellungsfahrt als Matrosen teil

Der Auflauf ist nicht spontan, es stand oft genug in der Zeitung, dass das Segelschulschiff an diesem Tag getauft und seiner Bestimmung übergeben werde.

An Bord werden Pieck und Gefolge bereits von der Besatzung erwartet. Händeschütteln und Lächeln auf der einen und Fremdheit auf der anderen Seite. Das Staatsoberhaupt – wie begegnet man ihm? Dann folgen Reden wie üblich. Pieck hat sich unter die Mannschaft gemischt, er scheint sich wohl zu fühlen. Bald schwindet alle Scheu. Als schließlich das Schiff ablegt und zu einer vierstündigen Jungfernfahrt in See sticht, ist alle Distanz geschwunden. Der Diesel treibt die Schonerbrigg in die Fahrrinne, bald versetzt leichte Dünung das Schiff in leichte Schwingung, die Masten beginnen zu knarzen, und die Möwen im Schlepptau kreischen. Dann kommt Weitendorfs Kommando, die Segel zu setzen. Die Matrosen im Bordpäckchen weiß steigen hinauf zu den Rahen und lösen die Verschnürung. Bald schon bläht eine Brise die Segel ...

Der Kapitän und der Präsident verschwinden irgendwann in den bescheidenen Salon. Auf dieses Unter-vier-Augen-Gespräch wird sich später Weitendorf gelegentlich berufen. Dort erhält er die höchste Legitimation, der Verweis auf das dort angeblich oder tatsächlich Gesagte ist der ultimative Autoritätsbeweis. Wenn der Kapitän künftig etwas durchsetzen will – Widerrede mag er gar nicht –, beruft er sich gern auf des Präsidenten Wort. Der habe ihm gesagt, er solle streng sein und die Jungs ordentlich rannehmen, damit sie anständige Seeleute würden und Ehre für die DDR einlegen. »Der Präsident hat mir gesagt, an preußischer Disziplin war auch nicht alles schlecht«, rief er in solchen Momenten aus, in denen er seine Autorität mit der von Wilhelm Pieck meint stärken zu müssen. (Das Zitat ist übrigens frisiert. Weitendorf sagt nie »Präsident«, sondern immer »Präsisdent«, wobei nicht ersichtlich ist, ob er mit Vorsatz und Ironie das überflüssige »s« einfügt oder dies unwissentlich tut.)

Tage nach der Jungfernfahrt reist die Besatzung nach Berlin, wo am 5. August die III. Weltfest-

spiele der Jugend und Studenten[2] eröffnet worden sind. Die Besatzung der WILHELM PIECK soll an der Demonstration der jungen Friedenskämpfer am 12. August teilnehmen.
Kapitän Ernst Weitendorf – Ehrenmitglied der FDJ – ist gebeten worden, sich auf der Ehrentribüne auf dem Marx-Engels-Platz einzufinden. Die Nacht zuvor hat er bei einem Mitarbeiter des FDJ-Zentralrats verbracht. Dieser ist quasi sein Ordonanz- und Führungsoffizier, damit sich der greise Kapitän in der großen Stadt nicht verirrt. Beim Frühstück erkundigt sich Weitendorf interessiert, wie man zum Marx-Engels-Platz gelange. »Mit dem Taxi«, erklärte sein hauptstädtischer Lotse. Worauf der Kapitän die nächste Frage stellt, nämlich was dies koste. Auch hier wird ihm Auskunft zuteil. Das wäre viel zu viel, zürnt der sparsame Fahrensmann und will nun wissen, ob man auch auf andere Weise zur Tribüne gelangen könne. Gewiss, antwortet der FDJler, es gehe auch mit der Straßenbahn.
»Gut«, erklärt Weitendorf apodiktisch, »dann nehmen wir die Straßenbahn«.

2. August 1951: Indienststellung des Schiffes, Wilhelm Pieck ist ebenfalls erschienen, die Mannschaft auf dem Achterdeck angetreten

Kapitän Weitendorf begrüßt den »Präsisdenten« Pieck an Bord seines Schiffes. Auf dem linken Oberarm trägt er das Emblem der Freien Deutschen Jugend. Unten: Besatzung ist angetreten

So zwingt sich dann der bärtige, goldbetresste Kapitän mit dem Emblem der aufgehenden Sonne über den Kolbenringen am linken Ärmel

in die überfüllte Bahn und gibt den staunenden Berlinern Rätsel auf: Ist der Alt-FDJler echt oder einer Operette entsprungen? Doch Weitendorf ficht das nicht an. Mit Genugtuung erklimmt er die Tribüne und stellt sich in die Nähe des Präsidenten, der ihn freundlich grüßt. Dann ziehen die Jugendlichen an der Tribüne vorbei. Ein Sprecher kündigt über Lautsprecher den jeweiligen Marschblock an. »Und jetzt begrüßen wir die jungen Seeleute unseres stolzen Segelschulschiffes WILHELM PIECK.« Damit der Trupp nicht so mickrig daherkommt, hat man ihn mit Seesportlern der Rechliner Zentralschule verstärkt, die später einmal als Schülerbesatzung an Bord gehen werden.

Weitendorf strahlt übers ganze Gesicht, auch Pieck zeigt sich freudig erregt. Vergessen die Schwere des Anfangs, die Mühen des Beginns. Weitendorfs Ziel scheint in greifbare Nähe gerückt. Diesen Wunsch hat er als Rentner wiederholt daheim geäußert: »Ach Mudding, eenmal noch rut na'm Atlantik! Eenmal noch!«

Der Ruf des Meeres verführt ihn. Und auch jene Zeilen, die Ehm Welk, der Dichter aus der Mecklenburger Heimat, zur Indienststellung des Schiffes geschrieben hatte.

Beiboot, das für Weitensdorfs Übungen unverzichtbar ist

Unser Schiff vor der Frühe im Hafen
zurrt das Tau voller Tatendrang.
Draußen wogt es, wer wollte da schlafen.
Wir sind jung und vor Stürmen nicht bang.

Unser Schiff bläht die Segel vorm Winde
fliegt dahin wie ein jubelndes Lied,
dass es Völker in Freiheit verbinde
und kein Mensch vor dem Menschen mehr kniet.
Hebt das Gesicht ins Morgenlicht.

Unser Schiff überquert Ozeane,
wo es ankert, wird Freude entfacht,
denn es bringt unter wehender Fahne
Freundschaft, Einheit und Frieden als Fracht.
Land her zu Land! Hand her zu Hand.

Refrain:
Mit vollen Segeln hinaus aufs Meer,
mit vollen Segeln hinaus ins Leben!
Was wir erstreben, uns wirds gegeben:
Fröhliche Ausfahrt, fröhliche Ausfahrt,
glückliche Wiederkehr!

1 Ernst Weitendorf (1883-1975) publizierte 1956 seine Lebenserinnerungen unter dem Titel »Aus dem Logbuch meines Lebens«. Als Kapitän war er nicht nur eine imposante Erscheinung, sondern auch eine charismatische Persönlichkeit, die viele Seeleute der DDR prägte. Das wiederum schlug sich auch in deren Lebenserinnerungen und Berichten wieder. Bei Helmut Sieger beispielsweise heißt es im *Deutschen Maritimen Kompetenz Netz*: »Ich erinnere mich, mit welch großer Begeisterung der erste Kapitän des DDR-Segelschulschiffes WILHELM PIECK, Ernst Weitendorf, uns jungen Kursanten von seinen Cap-Hoorn-Umsegelungen erzählte.«

2 Die III. Weltfestspiele der Jugend und Studenten in Berlin bedeutete die demonstrative Aufnahme deutscher Jugendlicher in die internationale Gemeinschaft. Sechs Jahre nach Kriegsende endete damit die Isolierung, von Mädchen und Jungen und deren Organisationen aus dem besetzten Deutschland. Veranstalter war der Weltbund der Demokratischen Jugend (WBDJ). 1947 fanden die 1. Weltfestspiele in Prag mit Jugendlichen aus 72 Ländern statt – Deutsche blieben draußen. Zwei Jahre später traf man sich in Budapest, vertreten waren 82 Nationen – Deutsche wurden nur als Beobachter geduldet. Nach Berlin, zu den III. Weltfestspielen, kamen 26.000 Jugendliche aus 104 Ländern sowie 35.000 aus der Bundesrepublik. Sie standen unter dem Motto »Für Frieden und Freundschaft – gegen Atomwaffen!«

1951, das erste Dienstjahr

Bis zum Jahresende 1951 sollten noch zwei Lehrgänge an Bord erfolgen. Das Schiff liegt in Rostock. Zu den ersten Lehrgangsteilnehmern gehören vornehmlich junge Werftarbeiter, die am Bau des Schiffes mitgewirkt haben.
Einer von ihnen ist Paul Eggert, der auf der Warnow-Werft als Schiffselektriker arbeitet. Er ist zwanzig Jahre alt und nicht unbedingt an der Seefahrt interessiert. Als das Segelschiff jedoch auf Kiel gelegt wurde, schloss auch er sich der Interessengemeinschaft für Wasserfahrtsport an. Im Mai 1951 nahm Paul an einem maritimen Lehrgang teil, übte Knoten und ruderte mit Gleichgesinnten in alten Booten der Wracks HANSA und HAMBURG auf der Warnow. Am Ende dieses ersten zentralen Seesportlehrgangs wurde er für die erste Ausbildungsfahrt auf dem Segelschulschiff ausgewählt. Sie sollte an eben jenem 2. August erfolgen. Später erinnert er sich an die Ausfahrt mit Präsident Pieck: »Der war gar nicht so, wie wir erst dachten. Das merkten wir bald, dass er ganz normal war. Er unterhielt

Der erste Lehrgang ist vor der Jungfernfahrt am 2. August 1951 auf dem Achterdeck angetreten und wird feierlich begrüßt. Es gibt noch einen zweiten im ersten Dienstjahr der WILHELM PIECK, er endet wenige Tage vor dem Weihnachtsfest am 21. Dezember 1951

Endlich auf See. Der Ernst des seemännischen Lebens beginnt
Unten: Das Hochseeleistungsabzeichen, das 1950 von der FDJ gestiftet und bis 1952 auch von ihr verliehen wurde. Im Unterschied zu dem von der GST zwischen 1952 und 1970 vergebenen ovalen Abzeichen war dieses kreisrund und überdies nummeriert

sich mit uns über seemännische Arbeiten, übers Tauwerk und, da er Tischler von Beruf war, vor allem über Holz.«

Mit dieser vierstündigen Jungfernfahrt wird zugleich der erste Lehrgang des Segelschulschiffs WILHELM PIECK eröffnet. Während dieser Zeit steckt auch der Kursant Paul Eggert seinen Lebenskurs ab. Er will das Patent A 5 erwerben. »Ich wusste damals nicht, worauf ich mich einließ, hatte keine Ahnung, aber A 5 musste sein!« Der gestrenge Kapitän Ernst Weitendorf sollte sich mit seiner Prognose irren. »Ut di wat nie ein Seemann«, poltert er, als Eggert einmal beim Fieren eines Rettungsbootes die Leine ausrauschen ließ. Als die Deutsche Seereederei zwischen 1957 und 1961 eine erste Serie von modernen Großschiffen in Dienst stellen wird, überträgt man einem Ersten Offizier das Kommando. Er wird der Kapitän des zwölften Zehntausendtonners unter DDR-Flagge. Von diesem Dutzend werden sieben von Kapitänen geführt, die auf der WILHELM PIECK ihre seemännische Ausbildung erhalten haben oder deren Offiziere waren.

Am Lehrgangsende gibt es das Hochseeleistungsabzeichen. Weitendorf gratuliert und fordert, das Erlernte gewissenhaft weiterzuführen. Er warnt vor der Illusion, dass man bereits alles beherrsche. Es wäre noch ein weiter Weg zum Schiffsoffizier oder gar Kapitän. Der zweite Lehrgang endet wenige Tage vor dem Weihnachtsfest. Nicht zufällig ist zum Abschluss der 21. Dezember ausgewählt worden – Stalins Geburtstag[1]. Und neben dem begehrten Hochseeleistungsabzeichen gibt es erstmals auch das Abzeichen »Für gutes Wissen«[2], denn Reeder ist noch immer die FDJ, und zu der seemännischen Ausbildung ist nunmehr auch eine politische gekommen. Das aber entspricht ebenfalls dem Geist jener Jahre. Getreu dem alten Spruch von Wilhelm Liebknecht »Wissen ist Macht« legte man nicht nur Wert auf die maritime, sondern auch auf die geistige Qualifikation.

Hinter Kapitän und Stammbesatzung liegen anstrengende Monate. Das Segelschulschiff hat seine ersten Bewährungsproben bestanden. Die

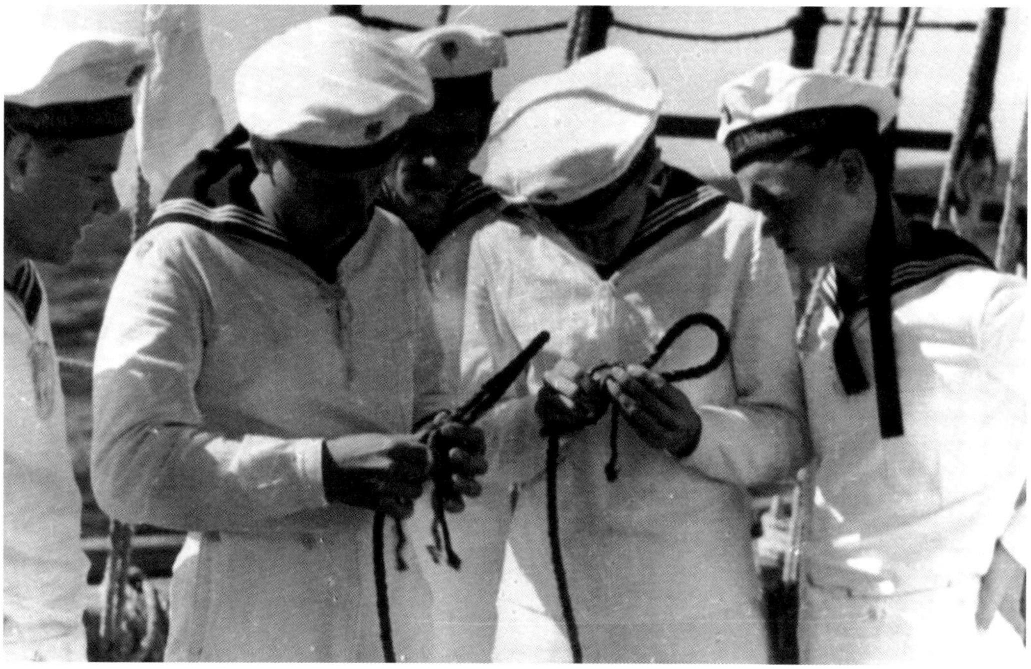

Kursanten des 1. Lehrgangs beim Spleißen von Tauenden. Oben: Das »Abzeichen für gutes Wissen«, das nach Abschluss des FDJ-Studienjahrs verliehen wurde

Im Januar 1952 ist Kapitän Weitendorf bei Präsident Pieck in dessen Amtssitz in Schloss Niederschönhausen. Er wird von Mitgliedern der Stammbesatzung begleitet. Gegenstand des Gespräches sind die Erfahrungen, die während der ersten beiden Lehrgänge mit dem Schiff und mit den Kursanten gewonnen wurden

Absolventen, man nennt sie in in der Folgezeit mal Schüler, mal Kursanten, sind zufrieden mit den ersten Seefahrten, mit der Ausbildung an Bord, dem Schiff selbst und den kameradschaftlichen Bemühungen ihrer Ausbilder. Die Schiffsleitung hingegen hat inzwischen bemerkt, dass das Schiff baulich einige Probleme hat, die gelöst werden müssen. Es gilt noch so manches zu verbessern.
Mit Datum 31. Dezember 1951 mustert der Kapitän die Stammbesatzung ab, um diese dann per 1. Januar 1952 mit einer Generalmusterung wieder zu übernehmen.
Dieses Ritual wird sich nun alljährlich zum Jahreswechsel wiederholen.

1 Stalins Geburtstag am 21. Dezember gehörte zu den Höhepunkten des Personenkults, der in der Nachkriegszeit auf die sowjetische Besatzungszone ausgedehnt wurde. Mit sogenannten Stalin-Aufgeboten und -Wettbewerben wurde die gesamte Gesellschaft mobilisiert. Nichts Ungewöhnliches also, dass der feierliche Abschluss des 2. Lehrgangs auf der WILHELM PIECK am 72. Geburtstag von »Generalissimus Stalin, des Führers der Völker der Sowjetunion, des bedeutendsten Staatsmanns unserer Zeit« erfolgte.

2 Das »Abzeichen für gutes Wissen« war 1949 vom FDJ-Zentralrat in den Stufen Gold, Silber und Bronze gestiftet worden. Dazu mussten verschiedene Fragen beantwortet werden, mit denen Kenntnisse aus Politik, Gesellschaft und Kultur mündlich und schriftlich unter Beweis gestellt wurden. So verlangte man u. a. »mündliche Beantwortung und Klärung folgender Begriffe: Was ist eine Nation? Die Bedeutung der Nationalen Front des demokratischen Deutschland? Was ist ein Staat? Was ist Demokratie« und »mündliche Schilderung des Lebens und der Bedeutung von Goethe oder Heine oder Puschkin oder Gorki« (aus: *Junge Welt* vom 2. November 1949).

1952, das zweite Dienstjahr

Die WILHELM PIECK ist ein Rahschoner. Im ersten Schiffsmessbrief, datiert vom 23. Juli 1951, klassifiziert die zuständige Behörde die Takelage als *Galeas.*
Vom 1. Januar bis 15. März 1952 liegt das Schiff erneut am Ausrüstungskai der Warnow-Werft. Es erfolgen die Garantiedurchsichten und erste Veränderungen, die aufgrund der praktischen Erfahrungen vorgenommen werden. So werden beispielsweise weitere Wassertanks benötigt. Weitendorf lässt auch das Schonersegel am Fockmast durch drei Zwischenstagsegel ersetzen. Der Zweimaster erhält somit das Takelwerk einer klassischen Schonerbrigg.

Präsident Pieck verfolgt mit großem Interesse die Entwicklung des Segelschulschiffes. Rechts: Rudergehen und Standortbestimmung mit Sextant gehören zum Ausbildungsprogramm

Navigieren an Bord gehört seit Beginn der Seefahrt zur Hohen Schule, und nicht jeder Seemann taugt zum Rudergehen. Weitendorf, in jeder Hinsicht ein Perfektionist, achtet sehr darauf, wen er mit dieser Aufgabe betraute und wen nicht. Neben Sextanten, Seekarten und Koppelbesteck ist das wichtigste Werkzeug der Kompass, der gepflegt und gehütet wird wie ein Juwel. Zu jener Zeit ist noch der Magnetkompass im Gebrauch, er wird später vom elektrisch betriebenen Kreiselkompass ersetzt.

Mitte April beginnt wieder der Ausbildungsbetrieb. Zwischenzeitlich hat der Politoffizier aus gesundheitlichen Gründen abgemustert. Weitendorf teilt das dem Reeder in Berlin mit und meint, man käme dennoch zurecht.
Abweichend vom unkonventionellen äußeren Eindruck ist der Verkehr an Bord sehr traditionsbewusst. Weitendorf lässt sich mit »Herr Kapitän« anreden, ihm stehen die »Herren Offiziere« zur Seite, und die Kursanten werden mit »Freund Müller« oder »Freund Schulze« angeredet.
Freund Sieger, ein Dreher aus Jena und Absolvent des ersten Lehrgangs, erscheint mit einem Papier aus Berlin im April in Rostock. Er meldet sich an Bord. Weitendorf ist nicht wenig überrascht, als er das Papier studiert. Sieger sei der neue Politoffizier, heißt es da.
»Denn müssen Sie ja wohl drei Goldstreifen an die Ärmels genäht kriegen«, erklärt Weitendorf und begleitet seinen blutjungen Adlatus in die August-Bebel-Straße, wo sich die Kleiderlast und der Segelboden des Schiffes befinden. Der Segelmacher näht »Freund Sieger« die goldenen Kolbenringe an. Nun gibt es neben dem Kapitän zwei Offiziere mit drei goldenen Ärmelstreifen an Bord: den 1. Offizier Klaus Heiden und den Politoffizier Helmut Sieger.
Dieser erinnert sich später der ersten Ausfahrt nach der Überholung zu Beginn des Jahres 1952, als es in den Seeraum östlich Rügens geht.

Angetreten auf dem Quarterdeck: die beiden Wachen der Schülerbesatzung

Auf Segelschiffen steuert man nicht allein nach dem Kompass. Bei hart angebrasstem Aufkreuzen muss man auch nach dem Wind steuern, ohne dass dieser die Möglichkeit erhält, von vorn in die Rahsegel einzufallen. Das provoziert gefährliche Segelmanöver und kann gar zu Mastbruch führen.

Ein nachlässiger Schlängelkurs gefährdet überdies nicht nur die Navigation, sondern verlängert auch den Reiseweg. Weitendorf verlangt also von den Kursanten äußerst korrektes Steuern, Nachlässigkeit wird nicht geduldet. Dies ruft ihn sofort auf den Plan. Mit einem Donnerwetter macht er dem getadelten Kursanten rote Ohren.

Das Schiff hat wie jedes mit einem Metallrumpf ein eigenes Magnetfeld, was natürlich die Kompassweisung beeinflusst. Zur Korrektur oder Kompensation der Störfaktoren berechnet man mit optischen Hilfsmitteln den Kurs – man peilt Himmelskörper und/oder Landmarken an. Zudem existieren auch amtlich ausgefertigte Kompassabweichtabellen. Zur Erstellung einer solchen steigen vor der ersten Ausfahrt 1952 zwei speziell ausgebildete und lizenzierte Kapitäne an Bord, um diese Tabelle für die WILHELM PIECK zu erstellen.

Das Schiff wird zu diesem Zweck an einem Kompensierdalben mit Vor- und Achtersprig befestigt und läuft einen vollen Drehkreis. Die beiden Kapitäne vergleichen nunmehr Messungen zur exakt bekannten Lage eines Punktes an Land, berechnen und korrigieren die Abweichungen durch Manipulation spezieller, beweglicher Metallkörper. Dabei muss einiges am Kompass an- und abgebaut werden.

Weitendorf verfolgt die Verrichtung der beiden Kapitäne mit sichtbarem Misstrauen. Ihm scheint das alles nicht geheuer, mindestens aber zweifelt er an der Sinnfälligkeit ihres Tuns. Nachdem sie ihre Tabellen ausgefertigt und ihm diese überreicht haben, gehen sie wieder von Bord. Weitendorf nimmt die Tabellen und versenkt sie in einem Schubfach.

Bei der ersten Ausfahrt segelt die PIECK also in den Raum östlich der Insel Rügen. Am Nachmittag verlangt »der Alte« von seinen drei Nautikern, Sonnenberechnungen vorzunehmen. Er selbst entfernt von der Kompasssäule alle Weicheisen, Magnete, Kugeln, Zylinder, Bleche, die die beiden Kapitäne bei der Vermessung angebracht hatten, um damit die Abweichungen auszugleichen. Weitendorf beschreibt nun mit dem Schiff Drehkreise bei laufendem Peilungsvergleich der Sonnenrichtung, korrigiert magnetische Störeinflüsse und berechnet die unvermeidlichen Restwerte. Alle Teile werden nach und nach wieder am Konpass angebracht.

Die jetzt entstandene Deviationstabelle wird im Kartenhaus als verbindlich platziert.

Weitendorf traut nichts und niemandem, wenn es um seinen Kompass und die Navigation geht. Er vertraute nur Weitendorf.

Und der besitzt einen untrügerischen Instinkt. Darüber berichten auch sehr viele, die mit ihm zusammen fuhren. Dieser Instinkt gründet sich auf jahrzehntelange Erfahrungen, ihm macht niemand etwas vor.

Rolf Schilling, 1952 als 3. Offizier an Bord, später selbst Kapitän und geschätzter Dozent an der Seefahrtshochschule in Wustrow, erinnert sich an eben jene erste Ausfahrt nach der Werftüberholung. Er hat den Kurs zum Feuerschiff Gedser Reff auftraggemäß ermittelt und meldet diesen an Weitendorf. »3 Grad, Herr Kapitän.«

Der wirft einen kurzen Blick auf die Karte.

»3,5 Grad.«

Wie sich zeigt: Er hat Recht! Schilling erklärt sich das damit, dass die lange Liegezeit das schiffsmagnetische Feld verändert haben könnte, was, wenn auch nur minimal, Konsequenzen für die Schiffsbewegung bedeutete. Der alte Fuchs Weitendorf hingegen hat so etwas im Blut.

Die Schonerbrigg verfügt über zwei sechsriemige Rettungsboote von jeweils fünfeinhalb Metern Länge. Jedes sollte im Ernstfall 18 Personen aufnehmen. Das sind mehr, als diese Nussschalen verkraften können. Das ist unerheblich – wichtiger ist das Pullen.

Die Kursanten sammelten bereits in ihren Wasserfahrtsport-Gemeinschaften mit dem K 10 einschlägige Erfahrungen. Diese Fertigkeiten werden nunmehr unter den Augen des strengen Kapitäns trainiert. Seinen kritischen Blicken entgeht nichts, wobei es ohnehin sehr schwer ist, Weitendorf zufriedenzustellen.

Wenn das Schiff bei der Heimkehr seinen Liegeplatz auf Rostocks Silohalbinsel ansteuert, wird in Höhe Kabutzenhof, eine Seemeile vor der Pier, eines der beiden Rettungsboote zu Wasser ge-

Und immer wieder: Pullen mit dem K 10

lassen. Darin nimmt das Leinenkommando Platz. Es muss vorausruden, um von Land aus das Festmachen des Schiffes zu besorgen. Geht es seewärts, rudert eine Bootsbesatzung, die die Leinen gelöst hat, hinterher. Mitunter wird das zweite Boot Richtung Warnemünde vorausgeschickt, um dort vom fahrenden Schiff aufgenommen zu werden.

Draußen auf See trainiert man das Ausbildungselement »Mann über Bord«. Dazu werden die beiden Boote rasch zu Wasser gelassen. Ein Matrose der Stammbesatzung führt an Bord das Kommando. Dann beginnt das Wettrennen, welche Besatzung als erstes den »Mann« – einen treibenden Rettungsring – aus Seenot rettet.

Während der Hafentage werden zudem Kutter K 10 in die Ausbildung einbezogen. Weitendorf legt großen Wert auf Ausdauer und Kraft. Und nicht nur deshalb, weil er die Kutterbesatzungen seines Schiffes stets siegen sehen will. In jedem Jahr werden nämlich Kutterregatten, die sogenannten Kutterrees, ausgetragen. Daran nehmen Boote aus der gesamten Republik teil. Im Prinzip handelt es sich um DDR-Meisterschaften. Der Wettkampf geht über fünf- bis zehntausend Meter.

Die zu gewinnenden Trophäen sind das eine, das andere die Fähigkeit der Kutterbesatzungen, in See mit dem Rettungsboot lange Zeit durchzustehen. In die Rettungsmanöver wird die gesamte Besatzung einbezogen. Mit dem Ruf »Mann über Bord« fliegen vom Achterdeck zwei Rettungsringe ins Wasser. Dann kommen die Befehle zum Aussetzen der Boote und »Alle Mann klar zum Segelmanöver«. Der schrille Pfiff der Bootsmannspfeife erreicht selbst die Jungs in ihren Hängematten unter Deck.

Um das Rettungsboot vom fahrenden Schiff wegzufieren, wird üblicherweise beigedreht und gegen den Wind gefahren. Auch andere Segelmanöver kommen in Betracht: wenden, halsen, beidrehen, backbrassen, je nach Lage und Schiffsführerentscheidung. So ein Segelmanöver braucht alle Mann auf ihren Posten. Im

In Wismar, eine der Wiegen der WILHELM PIECK – stets von Neugierigen begrüßt

nächsten Augenblick schon dröhnt das Deck. Rennen und konzentriert zupacken. Bootslaschings, Fangleinen, Manntaue lösen, Boote ausschwingen und zu Wasser fieren, Manntaue ergreifen ...

Im Nu ist so ein Boot zu Wasser gelassen, die Verbindung zum Schiff geschickt gelöst, und schon gleiten die Riemen unter dem Kommando des Bootsführers durchs Wasser. Dann sieht man auch, ob man schneller gewesen ist als das Boot der anderen Wache oder nicht. Die Riemen arbeiten mit starkem Schlag, das Boot schwingt auf und nieder. Das ist etwas anderes als im Hafen. Nur nicht verheddern, nicht den Schlag des Bootes durcheinanderbringen. Jeder gibt sein Bestes. Pflicht wird zur Freude. Nachdem der »Mann« aufgenommen ist, geht es mit Tempo zurück zum Schiff. Sieger ist jene Besatzung, deren Boot als erstes an Deck arretiert ist. Dafür sorgen die an Bord gebliebenen Kameraden dieser Wache. Eine Wache: das sind 18 Mann.

Die Bootstaljen schweben über die Köpfe. An den Manntauen geht es hinauf an Deck, um beim Heißen des schwingenden Bootes zu helfen. »Hol weg, hol weg ...«

Für Weitendorf ist ein solcher Bootseinsatz gleichsam die Krone der Seemannschaft. Das war schon zur Kaiserzeit so, wie er gelegentlich berichtet, als er 1907 als Einjährigfreiwilliger auf der MOLTKE[1] fuhr.

Rettungsboote sichern dem Segelschiff die Verbindung zur Küste, zu Häfen und zu anderen Schiffen. Die Bootsbesatzungen sind gleichsam die Visitenkarte des Schiffes und des Kapitäns, letztlich auch der Flagge, die es führt. Eine tüchtige Bootsbesatzung verhalf selbst Admiralen zur Reputation.

Im Mai 1952 segelt die WILHELM PIECK nach Wismar. Offiziell heißt der Törn »Ausbildungsreise von der Mittleren Ostsee westwärts«. Der Oberbürgermeister der Hansestadt hat zu einem Besuch geladen. Geplant ist auch eine Begegnung mit den Taklern in der Werft, die am Schiff mitgebaut haben.

Vor der Wismarbucht kommt der Lotse an Bord. Vorbei an den Inseln Poel und Walfisch fährt das Schiff in die Innenbucht und nähert sich Wismars Hafen. Unter den Kirchtürmen, die von See als erstes wahrgenommen werden, wächst die Stadt empor, je näher man kommt. Schiffe und Anlagen, Wahrzeichen der Hafenstadt, ziehen die Blicke auf sich. Voraus und an Backbord liegen in den Hafenbecken Frachter aus einigen Ostseeländern. Auch Motorsegler aus Skandinavien sind zu entdecken. Anno 1952 ist Wismars Hafen der leistungsfähigste an der DDR-Küste.

An Steuerbord liegen große Fracht- und Passagierschiffe aus der Sowjetunion, an denen die Werft die deutschen Kriegsschulden abarbeitet. Reparationsleistungen.

Auf der Wendeplatte vor den fächerförmig angelegten vier Hafenbecken ertönt der Befehl »Fallen Backbordanker!«

Achtern machte der Schlepper WALFISCH fest, ein Dampfschlepper, der seit 1905 hier im Ein-

satz ist. Über den Anker mit kurzer Kette schwojt das Schiff zunächst mit dem Bugspriet und flatternder greifbestickter Gösch seewärts, um dann bei Rückwärtsfahrt und mit stabilisierendem Anker im Hafengrund in das Innere des Alten Hafens geschleppt zu werden.
Die WILHELM PIECK passiert das Wassertor und macht am Lohberg, gewissermaßen mitten in der Stadt, publikumswirksam fest. Bald schon füllen Schaulustige den Kaibereich vor dem Schiff. Die Presse hat angekündigt, dass das Segelschulschiff besichtigt werden kann. *Open ship* also, wie man heute sagt.

Stammmatrose Gerhard Wulff unterweist einen Schüler des Schiffes in seemännischer Handarbeit. Rechts: Zwei Kursanten an dem noch ungedeckten Ruderstand mit Magnetkompass, die »Brücke« des Schiffes

Eine Zirkuskapelle spielt »Eine Seefahrt, die ist lustig«. Das ist Werbung in eigener Sache. Tage später wird der Zirkus in Wismar gastieren. »Endlich kommt der hundertprozentige 4-Mast-Groß-Zirkus Renz nach Wismar«, quäkt es aus dem Lautsprecher. Und: »Auch wir grüßen das Schiff der Jugend, die WILHELM PIECK.« Nun schmettert die Kapelle »Das ist die Liebe der Matrosen«.
Applaus von Bord und von der Pier.

Allerdings wissen die Musiker nicht, dass sie damit Salz in offene Seemanns-Wunden reiben: Unter den Kursanten sind auch Maschinenschüler, die die »Seeleute« gern als »Heizer« oder »Stoker« bezeichnen. Ihnen, so meinen die Seeleute, stünde die Bezeichnung »Matrose« nicht zu. Man habe also völlig grundlos Beifall gespendet. Schließlich heiße der Gassenhauer nicht »Das ist die Liebe der Maschinisten«.

Die Maschinisten giften zurück: »Mastaffen«. Fortan macht der Begriff »2-Mast-Zirkus Weitendorf« die Runde.

Die *Landeszeitung* bringt am 24. Mai ein Interview mit Kapitän Weitendorf, in welchem dieser den Charakter und die Aufgaben des Schiffes erläutert. Die angehenden Seeleute kämen aus Sportgemeinschaften der FDJ und brächten gute Vorkenntnisse mit. Und: Ein Sturm auf See bei Windstärke 7 bis 9 habe den höchsten Einsatz eines jeden gefordert.

Das Blatt berichtet vom Tagesablauf im Hafen. Um 6 Uhr werde geweckt, dann folge Frühsport über beide Masten, Hängemattenzurren – das heißt Zusammenlegen der Hängematten zu einem Rettungsring –, Körperpflege und Reinschiff. Nach dem Frühstück (Backen und Banken) beginne 8 Uhr die Fachausbildung. Nachmittags stünde gesellschaftlicher Unterricht auf dem Plan. Am Abend finde organisierte Freizeit statt: Singen, Lesen, Buchbesprechungen, Diskussionen. Um 22 Uhr Bettruhe. Bis auf jene Jungs, die an der Stelling Wache hätten.

Die Stadtoberen überbringen an Bord die offizielle Einladung für den Empfang des Kapitäns und sein Gefolge im Rathaus zu Wismar. Selbstredend werde man ein Auto schicken, versichern sie, damit der Herr Kapitän nicht laufen müsse. Die Freundlichkeit wisse er wohl zu würdigen, erklärt Weitendorf, aber er käme mit seinem eigenen Dienstfahrzeug.

Dies ist keineswegs anmaßend oder wichtigtuerisch, sondern der Tatsache geschuldet, dass Weitendorf seinen personengebundenen PKW auch bewegen muss, wozu er wenig Gelegenheit hat. (Bis zum Ende der DDR ist er der einzige Kapitän des Landes, der jemals einen personengebunden Dienstwagen hat. Und das kam

Der FDJ-Vorsitzende Erich Honecker (neben ihm Heinz Kessler) überlässt 1952 Kapitän Ernst Weitendorf seinen Dienstwagen, einen Opel P4. Links: Bordalltag und -ausbildung

Klönsnack mit dem »Alten«. Zweiter von links: Zentralratssekretär Manfred Tomuschat

so: Reeder des Segelschulschiffes ist die Freie Deutsche Jugend bzw. der Zentralrat in Berlin. Dessen Vorsitzender heißt seit Gründung der Jugendorganisation im Jahre 1946 Erich Honecker. Obgleich der bis zum Ende seiner Dienstzeit als FDJ-Chef im Jahre 1955 es nie vermochte, seinen Fuß jemals auf die Planken der WILHELM PIECK zu setzen, fühlt er sich dem Schiff offenkundig sehr verbunden. Aus seiner Umgebung wird berichtet, dass er sich bei Reisen regelmäßig den Standort des Schiffes und eventuelle Vorkommnisse berichten lässt. Und eben jener Honecker hat Weitendorf seinen Dienstwagen zur Verfügung gestellt, als er ein neueres Modell bekommt.)

Honeckers und nunmehr Weitendorfs Dienstwagen ist ein Opel P4, der Mitte der 30er Jahre in Rüsselsheim produziert wurde. Die schwarze Limousine ohne Kofferraum und mit Ersatzrad rechts außen an der Motorhaube macht schon was her. Siegfried Münn, Matrose in der Stammbesatzung, kutschiert damit in Seemannsuniform den Kapitän bei Bedarf durch Gehlsdorf und nunmehr vor das Rathaus zu Wismar. (Münn wird schon in acht Jahren als Kapitän auf große Fahrt gehen – er kommandiert einen 10.000-Tonner auf der Fernost-Linie.)

Nachdem der Protokolltermin beim Bürgermeister erledigt ist, verabschiedet sich der Kapitän ins Wochenende. Zuvor hat er das Kommando seinem Stellvertreter übergeben. Er selbst werde erst am Montagmorgen an Bord zurückkehren, sagt Weitendorf und braust mit dem Opel davon.

Die Jungs atmen auf. Ein Samstagabend und ein ganzer Sonntag liegen vor ihnen. Landgang, Tanzen, Mädchen ...

Nichts da. Pfingsten stünde vor der Tür, da fände in Leipzig das IV. Parlament der FDJ statt, auf dem man beim Kutterrees und auch sonst glänzen müsse. Der »Präsisdent« Pieck habe erklärt, dass an der preußischen Disziplin nicht alles schlecht gewesen sei. Also Training statt Tanzen.

Der 20-jährige Politoffizier Helmut Sieger, bis vor kurzem selbst noch Kursant, drückt beide Augen zu und nimmt den Landgang, der wachweise erfolgt, auf seine Kappe. Am Montagmorgen meldete er dem Kapitän bei dessen Rückkehr: »Keine besonderen Vorkommnisse.« Sieger konnte sich auf die Jungs verlassen. Und auf Nachfrage: Ja, Herr Kapitän, selbstverständlich seien Dienst und Ausbildung so erfolgt wie angewiesen. »Das Schiff ist seeklar und bereit zum Auslaufen!«

Weitendorfs Befriedigung hält jedoch nicht lange vor. Unmittelbar nach Siegers Meldung erscheinen zwei Polizisten in Zivil und eröffnen dem verblüfften Kapitän, dass es am Sonntagabend in einem hiesigen Tanzlokal eine heftige Schlägerei gegeben habe.

Weitendorf fragte, was ihn das angehe, er sei nicht dabei gewesen. Gewiss, antwortet der eine, wohl aber einige Matrosen von der PIECK. Die hätten sich im Übrigen korrekt verhalten und umgehend das Lokal verlassen. Aber man benötige ihre Zeugenaussagen. Deshalb sei man hier.

Weitendorf weist das Ansinnen zurück. Da wäre man bei ihm auf dem falschen Dampfer. Seine Jungs hätten tagsüber trainiert und abends in den Kojen gelegen. Er selbst habe schließlich den Landgang untersagt.

Einer der beiden Polizisten öffnet seine Aktentasche und holt eine Mütze hervor. Auf dem besticktem Band ist ein bekannter Schriftzug zu lesen. »Einer der zehn Jungs vom Schiff, die sich fluchtartig aus dem Staube machten, hat an der Garderobe seine Kopfbedeckung vergessen ...«

»Der Alte« bleibt scheinbar gelassen. Er habe nichts dagegen, dass die Zeugen vernommen werden. Nachdem das geschehen ist, legt das Schiff ab. Und als der Lotse von Bord gegangen und die offene See erreicht ist, läutet die Glocke im Allerheiligsten. Der 1. Offizier Klaus Heiden tritt ein und wird maßgenommen.

»Herr Heiden, was ist hier los?«

Nach dieser Standpauke kriegt auch der »Polit« seinen Rüffel. »Freund Sieger, sind Sie hier der Kapitän, oder bin ich es noch?« Was dieser auch vorträgt: Helmut Sieger hat keine Chance. Er hat die Order des Kapitäns missachtet. Das grenze an Auflehnung, mindestens sei es fehlende Subordination. Kapitän Weitendorf ist außer sich.

Er werde die Sache nicht auf sich beruhen lassen.
Da er jedoch die Zentralratsfunktionäre nicht für voll nimmt und nur eine Autorität kennt, schreibt er gleich an den »Präsisdenten«. Und der leitet, was durchaus üblich, die Klage an die zuständige Stelle weiter: an den Reeder. Erich Honecker bestellt den Freund Sieger zur nächsten Sekretariatssitzung[2] ein.
Nachdem alle Tagesordnungspunkte abgearbeitet sind, kommen die Zentralratssekretäre zur Position »Sonstiges« und lassen den nervös wartenden Helmut Sieger vor.
Er berichtet, dann wäscht man ihm den Kopf. »Weitendorf ist der Kapitän, der staatliche Leiter. Du bist zwar Politoffizier, aber dienstlich ihm unterstellt«, sagt Honecker. Damit sei doch die Sache klar.
Nach der Sitzung und inoffiziell heißt es dann jedoch: »Junge, du leistest eine gute Arbeit an Bord. Mach weiter so.«
Erich Honecker antwortet auf Weitendorfs Beschwerde schriftlich. Man teile die Auffassung des Kapitäns und heiße den Landgang nicht gut, den der Politoffizier entgegen der Weisung gestattet habe. Man habe mit diesem eine scharfe Aussprache geführt und gehe davon aus, dass er sich künftig an die Regeln halte, die an Bord herrschten.
Helmut bleibt nur kurze Zeit Politoffizier, ihm folgt 1953 Heinz Born, der bis 1955 diese Funktion ausüben wird.

An Bord muss Ordnung herrschen. Darauf achtet streng Kapitän Weitendorf. Auch bei Dunkelheit müssen die richtigen Tampen auf der Backbord-Nagelbank blind gefunden werden. Bild rechts: Ausbildung in den Wanten

Der Vorgang jedoch unterstreicht nachhaltig, dass mit »dem Alten« nicht gut Kirschen essen ist. Er handelt autoritär und setzt seine Auffassungen notfalls auch mit Hilfe höherer »Autoritäten« durch. Selbst auf Parteiversammlungen, an denen er als SED-Mitglied teilnimmt, steht er außerhalb der Kritik. In der offenen, streitbaren Atmosphäre, die eben keine Dienstberatung, sondern eine Zusammenkunft von gleichrangigen Genossen ist, darf alles und jeder kritisiert werden – nur nicht der Kapitän. Obwohl die Runde überschaubar ist. Unter der Stammbesatzung gibt es nur wenige Parteimitglieder, nicht einmal der 1. Offizier gehört der SED an.

Auf der anderen Seite ist der Fachmann Weitendorf verlässlich und berechenbar. Ein klassischer Wertkonservativer, der allem Neuen grundsätzlich misstrauisch gegenübersteht, hingegen auf das Altbewährte schwört. So formt er die Seemänner nach seinen Vorstellungen durch eigenes Vorbild und mit Mitteln des Zwangs.

Trotz aller Strenge trägt er nichts nach. Als die WILHELM PIECK 20 wird und man gemeinsam feiert, schenkt sein erster Kapitän seinem ersten Politoffizier ein Buch aus eigener Feder, »Aus dem Logbuch meines Lebens«. Als Widmung schreibt er hinein: »Schiffe sinken, doch der Stern meines ehemaligen Schülers Helmut Sieger möge niemals untergehen. Kapitän Weitendorf.«

Nach ihrer Rückkehr aus Wismar trifft die WILHELM PIECK auf zwei weitere Segelschiffe. Die *Landeszeitung* berichtet ein wenig pathetisch-schwülstig über diese Premiere: »Es war ein erhabener Anblick, als in den Vormittagsstunden des 23. Mai drei weiße Schulschiffe in den Hafen von Warnemünde einfuhren. Als erstes Schiff begrüßten wir unsere WILHELM PIECK mit ihrem Kapitän Weitendorf, der den Gästen entgegengefahren war und sie nun in den Hafen geleitete. Mit hochragenden Masten, ruhig und stolz, folgte das polnische Schulschiff DAR POMORZA, das alsbald an der Hafenmauer anlegte. Ihr folgte die wesentlich kleinere ZEW MORZA.

Die DAR POMORZA gehört der staatlichen Seefahrtsschule in Gdynia und dient der Berufs-

Das polnische Segelschulschiff DAR POMORZA aus Gdynia besucht im Mai 1952 Rostock für drei Tage. Es gibt einen ersten Kontakt mit der WILHELM PIECK, der Folgen hat

ausbildung künftiger Seeleute für die polnische Handelsmarine. Auch die ZEW MORZA (*Ruf des Meeres*) fand rasch interessierte Besucher, die noch erfuhren, dass man in Polen über fünf weitere Schiffe dieser Größenordnung verfügt.«[3]
Polnische Handelsschiffe kehrten schon unmittelbar nach dem Krieg auf die Weltmeere zurück. Sie sind akzeptiert. Der Besuch in Warnemünde ist darum eine Demonstration, der ostdeutschen Republik aus ihrer unverschuldeten Isolation herauszuhelfen. Kontakte wie diese sind noch selten, schließlich ist der Überfall Hitlerdeutschlands auf Polen so wenig vergessen wie die Verbrechen, die in deutschem Namen zwischen 1939 und 1945 auf polnischem Territorium verübt wurden. Fast jede polnische Familie verlor bei diesem Völkermord Angehörige.
Insofern ist es nur natürlich, dass die deutsche Seite dem Besuch der polnischen Schiffe in ers-

ter Linie politische Bedeutung beimisst, während die Polen eher praktische Gründe sehen: Sie wollen sich drei Tage lang in Rostock über die Belange von Schiffbau und Seefahrt austauschen.
Tage später, Ende Mai und kurz vorm Ende des Lehrgangs am 6. Mai, nehmen die Kursanten in Leipzig an seesportlichen Darbietungen teil, die zum Rahmenprogramm des IV. Parlaments der FDJ[4] gehören. Das Kutterrudern gewinnen erwartungsgemäß die Jungs von der WILHELM PIECK.
Dann beginnen an Bord die Prüfungen für das Hochseeleistungsabzeichen. Heinrich Mutschler, der der Prüfungskommission angehört, erinnert sich später: »1951 und 1952 betreute ich in meiner Funktion im Zentralrat der FDJ die ersten Lehrgänge auf unserem Segelschulschiff. Die Auswertung der Lehrgänge fand stets auf See bei einem Segeltörn statt. Wir vom Zentralrat saßen dazu mit den Offizieren in der Messe. Als das Schiff ein paar Mal übergeholt hatte, war es um uns geschehen – wir mussten schnellstens an Deck und fütterten die Fische. Bei einer der nächsten Auswertungen wiederholte sich dieses Dilemma: Als wir die Lee-Reeling erreichten, uns weiter als die Segel vorbeugten, erblickten wir ein Schild mit der Aufschrift: Reserviert für Gäste des Zentralrats der FDJ.«[5]
Wer später auf das Segelschulschiff als Kursant kommt, hat bereits einen mehrmonatigen Lehrgang an der zentralen oder einer der Landesseesportschulen absolviert. An Bord wird dieses Grundwissens in der Seemannschaft, bei der Terrestrischen Navigation, der Meteorologie, im Signaldienst, bei den Seefahrtsgesetzen und deren Anwendung unter den Bedingungen des Schiffsbetriebes auf See weiter vertieft. Um die seemännische Arbeit im Wachdienst auf dem Schiff auch in schwierigen Situationen meistern zu können, sind Härte, Ausdauer, Disziplin, Mut, Kameradschaft und Kollektivgeist gefordert.
Voraussetzung für die Verleihung des Hochseeleistungsabzeichens ist neben dem erfolgreichen Abschluss des Lehrgangs auch das Seesportabzeichen in der Stufe »B« oder »C«. Diese Befähigung kann auch noch während des Segelschulschiffslehrganges nachgeholt werden.
Das Leistungsabzeichen wird zunächst vom Zentralrat der FDJ in runder Form verliehen, ab Ende 1952 kommt es vom GST-Zentralvorstand und ist oval. Das emaillierte Abzeichen zeigt die Schonerbrigg und weist dessen Träger als erfolgreichen Absolventen einer mehrmonatigen Segelschulschiffsausbildung aus. Es genießt bald hohes Ansehen, weil es ein schwer verdientes Leistungsabzeichen ist, mit dem sich der ehemalige Kursant gewissermaßen seesportlich habilitierte.
Spätestens jetzt, am Lehrgangsende, treten auch die Werber aus der Marine auf den Plan.
Die Jungs vom Segelschulschiff sind gefragt. Am liebsten gingen die Kaderchefs mit einer Barkasse längsseits, um sie gleich abzuholen. Das Land befindet sich im Aufbruch, überall

Das IV. Parlament der FDJ beschloss, die »Patenschaft« über die bewaffneten Organe der DDR zu übernehmen. Das hat in der Folge auch Konsequenzen für die WILHELM PIECK

Schüler des ersten Lehrgangs. Links Helmut Sieger, später Korvettenkapitän der Volksmarine

wird qualifizierter Nachwuchs benötigt. Alle Branchen der Wirtschaft befinden sich nach der schweren Nachkriegszeit im Aufwind. Hinzu kommt die politische Neustrukturierung des Landes nach der 2. Parteikonferenz der SED im Sommer 1952. Dort ist neben vielem anderen die Bildung von 15 Bezirken und der Aufbau der Grundlagen des Sozialismus in der DDR beschlossen worden. Das hat Konsequenzen in allen gesellschaftlichen Bereichen.
Kapitän Weitendorf ist jedoch schneller als alle Werber: Er sucht sich die Besten für die Stammbesatzung der WILHELM PIECK aus. Diese sollen auf seinem Schiff anmustern und Seefahrtszeit erwerben, damit sie schon bald zur Seefahrtsschule gehen, um dort das Patent zu erwerben. Weitendorf setzt, nicht unbegründet, darauf, dass eine solche Biografie ihre Einstellung bei der Handelsflotte begünstigen und die dortige Ausbildung verkürzen wird.
So beginnen also ehemalige Kursanten als Jungmann bzw. Leichtmatrosen auf der PIECK. Auf diese Art formt Kapitän Weitendorf in der Folgezeit seine Mannschaften. Und stets beweist er bei der Auswahl ein glückliches Händchen.
1954 gibt es unter diesen Stammmatrosen den ersten in der Musterrolle amtlich eingetragenen Matrosen des Segelschulschiffes.
Weitendorf hält zudem an den Normen der DDR-Schiffsbesetzungsordnung fest, die eine Besetzung von Schulschiffen mit Nautikern der Großen Fahrt (A6 bzw. A5) vorsieht, das heißt, seine Offiziere haben das Patent für die »Große Fahrt«.

Die erste Auslandsreise

Seine Brauchbarkeit auf hoher See hatte das Schiff während zahlreicher Ausbildungsfahrten längst bewiesen. Bornholm und Gotland rundend, ist die Schonerbrigg wiederholt weit in die Ostsee vorgedrungen, um dann jedoch stets in den Heimathafen zurückzukehren. Gleichwohl findet die Professionalität des Schiffsführers im In- wie Ausland Beachtung. Es ist eine Frage der Zeit und des internationalen Klimas, bis man wieder deutsche Schiffe in den Nachbarstaaten sehen will.

Und auch hier geht die Volksrepublik Polen voran.

Nach der Visite der beiden polnischen Segelschulschiffe in Warnemünde im Mai 1952 kommt die Einladung, diesen Besuch in Gdynia zu erwidern. In der zweiten Septemberhälfte wünschen die Polen, die WILHELM PIECK dort willkommen zu heißen.

Geplant sind nicht nur Begegnungen mit der Jugend und der Bevölkerung, sondern auch offizielle politische Kontakte. Vertreter der polnischen Regierung und der Botschaft der DDR in Warschau haben ihr Kommen zugesichert. Und es wird auch ins Land gehen: die Haupt-

Wilhelm Pieck am 2. August 1951 bei der Indienststellung des Segelschulschiffes: »Wenn ihr einmal auf den Meeren in die Welt hinausfahrt, zeigt den Völkern durch eure politische Haltung und euer fachliches Können, dass in der Deutschen Demokratischen Republik eine neue Jugend heranwächst, die duchdrungen ist vom Geist des Friedens und der Völkerfreundschaft.«

stadt soll besucht werden, und dort insbesondere das einstige Warschauer Ghetto, das größte jüdische Sammellager auf dem Kontinent. Dort hat die SS mehrere Zehntausende Menschen 1943 massakriert, als sich diese erhoben. Im Jahr darauf folgte der Warschauer Aufstand, der ebenfalls blutig von Deutschen niedergeschlagen wurde. Nach Warschau und Krakow geht es weiter in das Vernichtungslager Auschwitz, das am 27. Januar 1945 von der Roten Armee befreit wurde und inzwischen Gedenkstätte ist.[6]

Das Programm ist keineswegs willkürlich zusammengestellt worden, und ausgedacht haben es sich Warschau und Berlin gemeinsam. Denn diese erste Reise deutscher Jugendlicher, präziser: Jugendlicher aus der DDR, besitzt auch einen hohen symbolischen Wert. Die Polen wollen ihnen zeigen, was die Landsleute der künftigen Seemänner aus Rostock vor wenigen Jahren hier angerichtet haben und dass die Wunden noch keineswegs vernarbt sind. Und die Deutschen wollen sich der Vergangenheit stellen und das Versprechen abgeben, dass sie sich dafür einsetzen werden, dass sich so etwas nie wiederholt.

Ihre Reise wird von beiden Seiten als höchst sensibel betrachtet. Es gibt kaum eine polnische Familie, die im Krieg nicht mindestens ein Mitglied verloren hat. Wie werden die Polen reagieren, wenn plötzlich junge deutsche Männer kämen? Und auch noch in Uniform? Vergessen wir nicht: Der letzte Schuss des Krieges fiel erst vor reichlich sieben Jahren! Überall stehen noch die Ruinen und künden von dem Wahnsinn, der hier gewütet hat.

Im Vorfeld der Versöhnungsreise nach Polen wechselt der Reeder der WILHELM PIECK. Ist es Zufall oder Absicht, dass dies am Weltfriedenstag geschieht? Am 1. September, dem Tag des Überfalls auf Polen und des Beginns des Zweiten Weltkriegs, übernimmt die GST das Segelschulschiff von der FDJ. Am 7. August 1952, also drei Wochen zuvor, ist die *Gesellschaft für Sport und Technik* erst gegründet worden.

Am 15. September wird die WILHELM PIECK in Warnemünde von sehr vielen Menschen feierlich verabschiedet. Die schwierige politische Mission ist der Öffentlichkeit bewusst. Die *Ostsee-Zeitung* berichtet anderentags ausführlich. »Gestern Morgen lief das Segelschulschiff über die Toppen geflaggt zu einem Freundschaftsbesuch in die Volksrepublik Polen aus. Zur Verabschiedung hatten sich ein Sekretär des Zentralrats der FDJ, Vertreter des Rates des Bezirkes Rostock, der Parteien und Massenorganisationen sowie Delegationen der Volkspolizei, der FDJ und der Thälmann-Pioniere eingefunden.« Der Sekretär des Zentralrats hielt eine Rede auf der Pier, ohne das Schiff zu betreten, und schloss mit dem Appell an die Kursanten: »Lernt von den jungen polnischen Seeleuten und überbringt dem polnischen Jugendverband ZMP die brüderlichen Grüße der FDJ.«

Seit dem 12. Juni befinden sich Schüler eines Vierteljahreslehrganges an Bord. Dieser wird am

3. Oktober enden. Kapitän und Stammbesatzung können sich also auf eine inzwischen seefeste Schülermannschaft stützen.
Mit dem Flaggenwechsel hat sie auch das Emblem am linken Ärmel getauscht. An die Stelle der gelben Sonne auf blauem Grund, das Zeichen der FDJ, ist das Zeichen der GST getreten. Trotzdem verleiht noch einmal der Zentralratsvertreter einen Tag vorm Einlaufen in Gdynia das Hochseeleistungsabzeichen. Die Abzeichen sind nummeriert. (In Verbindung mit der Verleihungsurkunde haben sie, weil ihre Zahl überschaubar ist, inzwischen einen extrem hohen Sammlerwert.)
Am 17. September läuft das Schiff in die Danziger Bucht ein. Die Arbeitsanzüge werden gegen schicke Matrosenkleidung getauscht. Der Ausguck meldet: »Schiff in Sicht.« Es ist die DAR POMORZA. Und in ihrem Kielwasser schwimmen acht festlich geschmückte Segelschiffe. Sie sind gekommen, um das Segelschulschiff aus Rostock zu begrüßen. Schließlich geht ein Lotsenboot längsseits. Mit Handschlag und einem »Welcome, Mr. Pilot« empfängt Kapitän Weitendorf den Lotsen.
Das Kai trägt Festtagskleidung, viele Menschen drängen sich. Auch Aenne Kundermann, die Nachfolgerin des Dramatikers Friedrich Wolf, der von 1949 bis 1951 als erster Botschafter der DDR in Warschau amtierte, ist erschienen und winkt wie alle anderen begeistert. Dann erklingen die Hymnen beider Staaten.
Gelöste Stimmung auch beim anschließenden Empfang für Kapitän, Besatzung und Delegation an Bord der DAR POMORZA. Freundlich und ohne Spannung geht man miteinander um. Der polnische Kapitän begrüßt seine Gäste im Auftrage und im Namen des Schifffahrtsministers. Reden werden gehalten, dann besichtigt man das Schiff und nimmt auch einen Seemannsschluck.
Am nächsten Tag schon geht es in Sonderabteilen der polnischen Eisenbahn ins Landesinnere.

Flaggenzeichen an die DAR POMORZA (links), die zur Begrüßung dem deutschen Schiff entgegenkommt. Die Besatzung trägt bereits das Zeichen des neuen Reeders am Ärmel

Und schließlich passieren sie schweigend das schmiedeeiserne Tor mit dem inzwischen weltberüchtigten Spruch: »Arbeit macht frei.« Eine Polin, damals hier inhaftiert, führt die Deutschen in Uniform durchs Lager. Sie schreiten über merkwürdig graue Wege, es knirscht unter den Schuhsohlen. Es handele sich, wie die Frau erklärte, um Asche. Um die Verbrennungsrückstände von Menschen.

Nein, nicht nur blankes Entsetzen durchzuckte die Matrosen. Sondern auch Wut und wilde Entschlossenheit: Niemals wieder!

Auf der Fahrt nach Warschau sitzen die meisten Seeleute stumm im Abteil. Und dennoch hat der Horror noch kein Ende. In der nahezu zerstörten Hauptstadt suchen sie den Stadtteil Wola auf, der von Deutschen dem Erdboden fast gleichgemacht worden ist. An das Ghetto und die Vernichtungsaktion der SS erinnert ein Ehrenmal. »Die gesamte Besatzung des Segelschulschiffes mit Namen WILHELM PIECK legte dort als eine symbolische Geste der Buße einen Kranz nieder und erfuhr durch polnische Betreuer auch erstmals von der entsetzlichen Tragödie, die sich hier während des Krieges abgespielt hatte. Der Kranz war mit breiten Schleifenbändern in den Farben Polens und Deutschlands geschmückt«, berichtete die aufmerksame polnische Presse.

Die Besatzung der WILHELM PIECK reist nach Auschwitz, in deutscher Marine-Uniform, und zeigt, dass sie nicht nur einer anderen Generation angehört, sondern auch eines anderen Geistes ist. Die Botschaft kommt an, der Brückenschlag gelingt

Die Fotos von damals zeigen vor dem gewaltigen Monument einen etwa 30-jährigen Mann in Zivil. Der linke Jackett-Ärmel hängt lose herab, den Arm riss der Krieg aus. Es ist der Delegationsleiter Manfred Tomuschat. Alle übrigen

Menschen auf den Fotos tragen Uniform. Die Mützenbänder wehen, das Gold an den Schirmmützen der Offiziere blitzt in der Herbstsonne. Die Gesichter verraten das schwere Fahrwasser, in welchem die Mission steuert. Deutsche Uniformen an der Stätte deutscher Verbrechen: Den meisten Polen ist schwer nur zu vermitteln, dass das »ganz andere Deutsche« seien als jene, die vor wenigen Jahren hier gewütet haben.
Die Premiere ist ein Brückenschlag mit gemischten Gefühlen – auf jeder Seite.
Dennoch: Die Reise bietet auch Momente der Leichtigkeit und des Frohsinns. Die süßeste Begegnung haben die Jungs in einer Warschauer Schokoladerie. Die Arbeiterinnen einer Schokoladenfabrik haben zu einem Freundschaftstreffen geladen. Die Mädchen gackern und kichern, als die Matrosen hereinsegeln. Es ist ein heiterer Nachmittag mit anregenden Gesprächen und ein wenig mehr.
Viel zu rasch heißt es für Kapitän und Besatzung Abschied von Polen nehmen. Nach einer Woche geht man in Gdynia an Bord und tritt die Heimreise an. Wie bei der Ankunft eskortieren zahlreiche polnische Schiffen in Flaggenschmuck das auslaufende Segelschiff aus der DDR.
Die WILHELM PIECK hat damit Geschichte in den deutsch-polnischen Beziehungen geschrieben. Eine andere als das deutsche Schulschiff SCHLESWIG-HOLSTEIN, das am Vormittag des 25. August 1939 mit einer Kompanie unter Deck den Danziger Hafenkanal anlief. Am 31. August erhielt der Kapitän per Funk den Befehl, 4.45 Uhr die polnischen Befestigungen auf der Westerplatte anzugreifen. Gemeinhin gelten diese Schüsse des Schulschiffs SCHLESWIG-HOLSTEIN als der Beginn des Zweiten Weltkriegs.
Auf der Rückfahrt gerät die WILHELM PIECK in schwere See. Zum Abwettern wirft sie an der Lee-Seite Bornholms Anker. Wie es sich gehört, wird die Flagge der Reederei auf den Großtopp gesetzt. Es ist die Flagge der GST. Weitendorf macht den »Vice Reeder«, den Leiter der Delegation Manfred Tomuschat, auf die Fahne aufmerksam. Darauf kreuzen sich nicht nur Flugzeugpropeller und Anker, sondern auch ein Gewehr. »Meinst du im Ernst, dass die anderen das als Sportwaffe und nicht als Provokation nehmen?«

Auf der Heimreise gerät das Schiff in schwere See. Die Mannschaft trägt Ölzeug. Kapitän Ernst Weitendorf (links) findet einen Ausweg. Rechts außen: Herbert Jark, 2. Offizier, später Kapitän

Weitendorfs Zweifel sind nicht unbegründet. Schon bald kreuzen einige dänische und britische Kriegsschiffe auf und fordern, dass die WILHELM PIECK den Anker lichtet und sich aus den Hoheitsgewässern Dänemarks verdrückt. Egal, ob's nun an der Flagge liegt oder am Schriftzug »Rostock« am Heckspiegel, der die Herkunft des Schiffes eindeutig bestimmt – der DDR-Segler wird von seinem sicheren Platz vertrieben. Am 29. September läuft das Segelschulschiff in seinem Heimathafen ein. Still und unbemerkt. Kein großer Bahnhof wie bei der Verabschiedung.
Am 2. Oktober gehen die Absolventen des IV. Lehrgangs von Bord.
Schon am folgenden Tag beginnt der nächste, der bis zum 21. Dezember dauert.
Erst 1960 gibt es den nächsten offiziellen Besuch eines Schiffs der DDR-Marine in Gdynia. Wenige Wochen nach der Rückkehr aus Polen lädt Präsident Wilhelm Pieck Kapitän Weitendorf und fünf seiner Matrosen sowie den Delegationsleiter Manfred Tomuschat in seinen

Das sogenannte Ölzeug ist ein gummierter Anzug, der vor Seewasser und Regen schützt. Im Laufe der Jahre wurde das Material verbessert und auch der Schnitt sowie die Farbe

Amtssitz ein. Am 3. November suchen sie ihn in Schloss Niederschönhausen in Berlin-Pankow auf. Dabei sind auch der GST-Vorsitzende Arno Berthold und der Chef der VP-See Admiral Waldemar Verner. Weitendorf nimmt den Termin gelassen, er war erst am 25. Januar bei Pieck und hatte dem »Präsisdenten« über erste Erfahrungen bei der Segelschulschiffsausbildung berichtet.
Gastgeber und Geladene nehmen an einem runden Tisch Platz. Neben dem Staatspräsidenten lässt sich der Kapitän nieder – zwei alte Steuerleute, wenn man so will. Die Atmosphäre ist familiär-freundschaftlich und wenig protokollarisch. Unter den Matrosen befanden sich Siegfried Münn und Gerhard Wulf, die später als Kapitäne mit DDR-Handelsschiffen auf Große Fahrt gehen werden.

Von polnischer Seite, so heißt es, sei eine gemeinsame Auslandsfahrt der DAR POMORZA und der WILHELM PIECK angeregt worden. Pieck, der offenkundig die Größe des polnischen Seglers kennt, reagierte amüsiert: »Dann würde also die kleine WILHELM PIECK der großen DAR POMORZA hinterher segeln?«
Weitendorf nimmt die Gelegenheit beim Schopfe und zieht ein Papier aus der Tasche, auf der ein Dreimaster, eine Bark, skizziert ist. Denn unter den Vertrauten ist längst bekannt, dass Weitendorf inzwischen von einem größeren Schiff träumt. Es soll nicht der letzte Versuch sein, für seinen Vorschlag Zustimmung und Unterstützung zu gewinnen.

Vorgezogene Bilanz

Bis 1989 absolviert das Segelschulschiff 38 Auslandsreisen. Davon führen 33 in Häfen der verbündeten Ostseeländer Polen und Sowjetunion. Ausnahmen bilden die Besuche in drei finnischen Häfen und in Stockholm. Absoluter Höhepunkt ist die Reise durchs Mittelmeer und durch das Schwarze Meer 1957. Dank polnischer Unterstützung nimmt die WILHELM PIECK an einem Großseglertreffen 1974 in Kopenhagen teil, zu dem die internationale *Sail Training Organisation* (STO) eingeladen hat. Diese »Sail 74« bedeutet zugleich die Teilnahme an einer Großseglerregatta von Kopenhagen nach Gdynia. Dort gehören die Segler zur Schiffsparade anlässlich der Feierlichkeiten zum 30. Jahrestag der Volksrepublik Polen.
Zwölfmal macht die WILHELM PIECK in Gdynia fest.
1956, 1958 und 1959 fährt das Schiff in Charter der FDJ, die es zur Entwicklung der Beziehungen zu Jugendorganisationen in Schweden, Finnland, Polen und in der Sowjetunion einsetzt. Alle anderen Reisen dienen dem internationalen Zusammenwirken der GST mit vergleichbaren Organisationen verbündeter Länder.
Die GST-Flagge aber erregt wiederholt Anstoß. Zur Teilnahme an jenem Großseglertreffen »Sail 74« fährt die Schonerbrigg mit Stammbesatzung und Vollmatrosenlehrlingen der Deutschen Seereederei Rostock, die seeamtlich in der Musterrolle verzeichnet sind. Am Vorabend geht das Schiff in der Køgebucht vor Anker. Schon bald fordert die dänische Küstenwacht die WILHELM PIECK auf, den Ankerplatz sofort zu verlassen. Anderentags im Christinenhafen – unzählige Windjammer haben bereits festgemacht, die Stimmung ist prächtig – wird Kapitän Helmut Stolle informiert, dass das dänische Außenministerium bei der DDR-Regierung ge-

Alfred Kiekhäfer und Horst Rickert, beide später Kapitäne auf Großer Fahrt

gen das Einlaufen des »Kriegsschiffes WILHELM PIECK« protestieren werde. Nach diesem Schlag in die Magengrube begrüßt der dänische Standortälteste das Schulschiff aus der DDR sehr herzlich.

Geschichte trägt sich bekanntlich zweimal zu: einmal als Tragödie, ein andermal als Farce. Diese ereignet sich am 24. Juni 1990. Die WILHELM PIECK fährt unter Kapitän Stolle mit einer kleinen Gruppe von Vollmatrosenlehrlingen der

Deutschen Seereederei Rostock und einer bunten Schar zahlender Mitsegler aus Ost und West nach Bornholm und macht im Hafen Rønne erstmals fest. Angesichts der Veränderungen in der DDR gibt es geradezu ein Volksfest bei den Dänen und eine Inselrundfahrt. Bei der Rückkehr erwarten Stolle jedoch zwei finster dreinblickende dänische Beamte. Sie fordern den Kapitän auf, umgehend mit dem Schiff die dänischen Gewässer zu verlassen. Das sei eine Weisung aus Kopenhagen. Eine Intervention der BRD-Botschaft dort bringt nichts. Stolle lässt um des lieben Friedens Willen seeklar machen. Noch vor Sonnenuntergang verlässt das DDR-Schiff den malerischen Hafen.

Was ist der Grund für den wenig freundlichen Akt? Das Hafengeld ist entrichtet worden, man hatte die Regeln und Gesetze des Landes korrekt beachtet. Nein, es ist der Geist des Kalten Krieges, der unverändert weht und auch über die Insel bläst. Die WILHELM PIECK wird als Kriegs- und Staatsschiff betrachtet, obgleich es die Flagge der Handelsschiffe der DDR führt, es ist eingetragen in entsprechenden zivilen Seeschiffsregistern.

Es ist auch weder die Staatsjacht des DDR-Staatschefs – Wilhelm Pieck war bei der Indienststellung 1951 lediglich für vier Stunden an Bord, Walter Ulbricht und Erich Honecker haben es niemals betreten. Noch wurde es jemals militärisch genutzt: Es gibt weder eine Kanone an Bord noch einen Admiral, wie es gelegentlich in Publikationen im Westen hieß und heißt.[7] Wer unter der Flagge einer *Gesellschaft für Sport und Technik* segelt, wird jedoch – sofern der Betrachter eine ideologisch getrübte Brille trägt – umgehend und unverändert der Kriegsmarine, in diesem Falle der Volksmarine der DDR, zugeschlagen.

Vorurteile sind mitunter so unsterblich wie die Unbildung, die sich als Wissen geriert.

Zutreffend ist, was jedoch nie in Abrede gestellt wurde und wird, dass auch die Seestreitkräfte der DDR unter den Absolventen ihr Personal rekrutieren. Und weil die Nachfrage groß ist, leitet Kapitän Weitendorf schon nach Monaten wesentliche bauliche Maßnahmen zur Verbesserung der Ausbildung ein. Einer qualifizierten Stammbesatzung von 16 Seeleuten stehen lediglich 24 Kursanten gegenüber, die in Vierteljahreslehrgängen fitgemacht werden. Die Voraussetzungen sind nicht toll. Es ist eng, kein Platz, die Tanks haben nicht genug Wasser.

Als erfahrener Tiefwassersegler lässt Weitendorf auch manche Verbesserung an der Takelage vornehmen. Daran erinnern heute noch die durch Latten ergänzten Webleinen der vier Unterwanten. Für Fock und Mars lässt er an Bord Segeltuchlaschen zur Segelbefestigung an den Püttings nähen und schwarz einfärben. Nach eigener Rezeptur, versteht sich.

Jedem der beiden ersten Ausbildungsjahre folgen Werftaufenthalte zur Angleichung des Schiffes an die realen Erfordernisse. Einmal liegt die WILHELM PIECK vom 1. Januar bis zum 15. März 1952 in der Werft, ein andermal vom 1. Januar bis zum 15. April 1953.

Diesmal erfolgen Umbauten im Zwischendeck, wobei die kohlebetriebene Kombüse endlich ihren Standort in einem eigens errichteten Deckshaus erhält. Nunmehr kann das Zwischendeck 36 statt 24 Kursanten beherbergen.

Die Köche gaben gern ihren Raum unter Deck auf, in dem man ihnen eigentlich Tropenzulage hätte zahlen müssen. Es heißt später, bei vollem Kombüsenbetrieb seien die Gläser der Bulleyes zersprungen. Aus der Kombüse entsteht 1953 auf der Werft ein Logis für sechs Stammmatrosen.

Weitendorf ist sichtlich bemüht, die Dinge keineswegs so zu belassen, wie er sie übernahm. Schiffsarchitektonisch geht man bei der nötigen Überformung des einst so wundervoll freien Oberdecks recht behutsam vor. Das eichene Kartenhaus auf der Poop unterstrich den einzigartigen Segelschiffcharakter. Es musste allerdings zeitgerechten Lösungen in Metallausführung weichen.

Selbstverständlich haben die Veränderungen am Schiff eine amtliche Neuvermessung zur Folge.

Das viel zu kleine Kartenhaus wird 1953 erheblich verlängert und bietet erst jetzt die räumliche Voraussetzung für die Ausbildung. Ein vergrößerter Navigationsraum der Schiffsleitung und eine Lehrbrücke eigens für die Kursanten kommen 1972/73 hinzu.

Die Anforderungen wachsen mit den Jahren. Die Sicherheitsausrüstungen werden weiterentwickelt. Das Schiff selbst jedoch ist an seine Maße gebunden. Die Schulschiffsanforderungen sind, wie wir wissen, bei der Entstehung des Schiffes nicht eindeutig bestimmt gewesen. Das macht Nachbesserungen und Nachrüstungen nötig. Wieder und wieder, denn auch die Sicherheitsanforderungen und die Arbeits- und Lebensbedingungen sind nichts Statisches. Auch sie verändern sich im Laufe der Jahrzehnte. Jedes neue Teil aber macht das Schiff schwerer und erhöht den Tiefgang, das Freibord wird geringer. Die Folge: bei Krängung geht das Mitteldeck früher zu Wasser. Wiederholt muss eingreifend umgebaut werden.

Wann auch immer der eine oder andere an Bord der WILHELM PIECK war: Nahezu jeder lernte ein anderes Schiff kennen, so wie es ja auch verschiedene Schiffsführer und unterschiedliche Ausbildungsinhalte und Verweilzeiten gab. Jeder kann also zurecht von »seiner« Schonerbrigg in deren temporärer Verfasstheit reden.

1 Die SMS MOLTKE war eine Kreuzerfregatte der Kaiserlichen Marine, die 1877 in Danzig vom Stapel lief. Es handelte sich um ein dreimastiges Segelschiff mit Dampfantrieb mit 452 Mann Besatzung. Es wurde seit 1891 als Schulschiff für Fähnriche, Seekadetten und Schiffsjungen eingesetzt. Ab 1911 fuhr es unter dem Namen ACHERON und war seit 1918 als Holk – ein Wohnschiff ohne Antrieb, bei Segelschiffen ohne Masten – für U-Bootbesatzungen eingesetzt. 1920 wurde es abgewrackt.

2 Die Führungsebene der FDJ war inzwischen so strukturiert wie die der SED. Die Sekretäre – Verantwortliche für bestimmte Bereiche der Organisation – bildeten das Sekretariat. Es kam jede Woche mindestens einmal zusammen. Die politische Verbandsführung war das Büro des Zentralrats (analog dem Politbüro des ZK der SED). Ihm gehörten neben den Sekretären weitere führende Funktionäre an, etwa 1. Sekretäre von Landes- bzw. später Bezirksleitungen der FDJ, der oder die Vorsitzende der Pionierorganisation etc.

3 *Landeszeitung* vom 26. Mai 1952.

4 Das IV. Parlament der FDJ fand vom 27. bis 30. Mai 1952 in Leipzig statt. Der Kalte Krieg mit der Remilitarisierung der Bundesrepublik und der Korea-Krieg warfen ihre Schatten. Das höchste Gremium des Jugendverbandes beschloss, »die deutsche Jugend zum Schutz unserer demokratischen Errungenschaften und zur Verteidigung zu organisieren«, und übernahm die Patenschaft über die bewaffneten Organe in der DDR. Diese Positionierung hatte auch Konsequenzen für die seemännische Ausbildung. Vor diesem Hintergrund ist auch der Eigentürmerwechsel der WILHELM PIECK zu erklären – die *Gesellschaft für Sport und Technik* war natürlich wesentlich paramilitärischer orientiert als die *Freie Deutsche Jugend*

5 Heinrich Mutschler, Jahrgang 1922, war von 1950 bis 1952 Sektorenleiter Sport im FDJ-Zentralrat, zunächst auch noch Abteilungsleiter Seesport im GST-Zentralvorstand. Er war maßgeblicher Mitgestalter der Schiffstaufe, des Stapellaufs und der feierlichen Eröffnung des 1. Lehrgangs an Bord. In den ersten Dienstjahren des Schiffes war er mit zuständig für die Belange der Besatzung und die Ausrüstung des Schiffes, nicht zuletzt auch für Ausbildungsinhalte, Lehrgangsbeschickung und die Leistungsnachweise der Absolventen. Namentlich er hatte Kapitän Ernst Weitendorf für die Kommandoübernahme gewinnen können.

6 Auschwitz ist das Synonym für den Massenmord der Nazis an den europäischen Juden. Auf Initiative von Bundespräsident Roman Herzog wurde der Tag der Befreiung des Vernichtungslagers durch die Rote Armee – der 27. Januar 1945 – offizieller deutscher Gedenktag für die Opfer des Nationalsozialismus. Er wurde 1996 erstmals begangen.

7 Siehe zum Beispiel Weyers Flotten Taschenbuch »Warships of the World«, Bernhard & Graefe Verlag Bonn, in diversen Ausgaben.

1953, das dritte Dienstjahr

Nach etwa vier Monaten in der Werft beginnt am 17. April 1953 ein neuer Lehrgang. Es ist inzwischen der sechste. 36 Kursanten sind angereist, darunter auch Hermann Westphal.[1] Alle Lehrgangsteilnehmer verfügen nach einem dreimonatigen Lehrgang an der Seesportschule über das Leistungsabzeichen »C« der Fachgebiete Seemannschaft/Navigation.
Dann geht es erstmals hinaus auf See. Sobald die Leinen von Land gelöst sind, herrscht ein anderes Klima an Bord.
Hermann faszinieren Schiff und Bordbetrieb. Auch gibt es immer noch viel am Schiff zu tun, Restarbeiten sozusagen, deretwegen der Kapitän nicht länger in der Werft verweilen wollte. Weitendorf kennt die Besatzungsliste genau. Er spricht den an Deck rauchenden »Freund Westphal« an, der darüber überrascht ist. Woher kennt er ihn? Er käme aus Röbel an der Müritz, antwortet Westphal auf Weitendorfs Frage.
»Denn versteihst du je wol ok Platt«, sagt der Kapitän daraufhin.
»Du büst je wolle en Maler«, setzt Weitendorf nach einer Pause wieder an.
»Ja, Herr Kapitän, in Vaters Betrieb zu Hause.«
»Und geiht dien Mudding ok gaut?«
Hermann bejaht.
»To Hus hest du so orrige Öllern und hier smökst du eenfach so rüm.«
Das saß. Der Seemann und Cap-Hoornier Ernst Weitendorf hielt vom Rauchen und vom Schnapstrinken gar nichts. Und das ließ er direkt oder indirekt jeden spüren, der dies anders sah.

Die Schiffsglocke der WILHELM PIECK, gegossen im VEB Metallguss Schwerin, in welchem Hans Schmidt arbeitete. Der Betrieb spendete nicht nur die Glocke, sondern schickte auch Schmidt zum Lehrgang an Bord

Kapitänsbild der WILHELM PIECK. Im 18. Jahrhundert wurde es Mode, dass Kapitäne ihr Schiff malen ließen, wobei es weniger auf die künstlerische Umsetzung als auf die Detailtreue ankam. Die meisten Bilder zeigen das Schiff in Seitenansicht unter vollen Segeln. Auch dieses aus dem Besitz von Horst Rickert machte keine Ausnahme. Es stammt von dem polnischen Marinemaler Zbigniew Skirmuntt

Das kleine Kartenhaus auf dem Quarterdeck war in der Werft erheblich verlängert worden. Alles war aus gediegenem Eichenholz, eine solide Zimmermannsarbeit. Die Elektriker hatten einige Stromkabel an den Außenseiten installiert und diese unter Blech versteckt. Grund für den Kapitän, seinen »Maler-Kursanten« herbeirufen zu lassen, als das Schiff vor Warnemünde ankert. »Mal dat man recht orrig torecht«, beschied er den angehenden Seemann, der sich sogleich ans Werk macht.

Doch da zieht ein großer Frachter vorüber und weckt des Malers ganze Aufmerksamkeit. Fasziniert schaut Westphal, Pinsel und Farbtopf in den Händen haltend, dem Schiff hinterher. Dann trifft auch schon die Bugwelle aufs Schulschiff und versetzt dieses in Schwingung. Nicht nur das Heck macht ein paar Hopser, sondern die Farbe im Topf gleich mit. Sie springt auf des Malers Seemannskleidung und auf das weißgescheuerte Holzdeck.

Kaum dass Kamerad Westphal sich an die Säuberung seiner Kleidung gemacht hat, donnert Weitendorf heran und fordert ihn auf Hochdeutsch auf: »Das Deck. Erst das Deck! Willst du mir wohl zuallererst ganz schnell das Deck sauber machen!«

Sein Deck ist das Wichtigste, gleichsam der Altar des Schiffes. Wenn die Maschinisten ans Tageslicht kommen, achtet er argwöhnisch auf deren Schuhe. Dass sie mit den Sohlen auch ja keinen Tropfen Öl mit hinaufbringen. Die gleiche Aufmerksamkeit gilt ihren Händen. Oft donnert er (nach heutigen Maßstäben keineswegs im Sinne der *political correctness*): »Ihr Maschinistens, wascht euch mal die Fingers, ihr seht ja aus wie die Negers.«

Hermann Westphal bleibt nach dem Ende des Lehrgangs am 12. August 1953 als Leichtmatrose an Bord. Der Kapitän hat ihm nicht nur verziehen, sondern auch Großes mit ihm vor: Er will ihn als Segelmacher für ein neues, größeres Segelschulschiff, eine Bark, ausbilden lassen. An der Seite des Rostocker Kapitäns Wilhelm Lorenz arbeitet Westphal schon bald auf dem Segelboden des Schiffes, der sich in der Rostocker Strandstraße befindet. Weitendorf nutzt jede Gelegenheit, sich über den Ausbildungsstand seines Kandidaten zu informieren. Lorenz muss diesen nicht selten in Schutz nehmen, weil Weitendorf bezüglich der Anzahl der Nadelstiche pro Stunde unsittliche Vorgaben macht. »Wenn ik denn Jung kritisier, dörfst du emm nich in Schutz nähmen, wenn hei dat mithürt. Dat is keen Pädagogik. Dat möst du mi alleen seggen, wenn hei nich dorbi is.«

Lorenz und Westphal nähen mit der Hand ein komplettes Marssegel für die WILHELM PIECK. Das Segel leistet gute Dienste.

Während der etwa halbjährigen Segelmacherausbildung wohnt Westphal bei Familie Weitendorf in Gehlsdorf. Dort liegen Bauzeichnungen für den neuen Dreimaster, mit denen der Kapitän gutachterlich befasst ist. Die interessieren den jungen Leichtmatrosen natürlich auch. Auf dem Papier findet er die handschriftliche Bemerkung Weitendorfs, die seinen Unmut nach den beiden Werftliegezeiten, immerhin sieben Monate insgesamt, wiedergibt: »Baut nicht wieder so'n Murks wie auf der WILHELM PIECK.«

Kapitän Ernst Weitendorf

Buddelships erfreuten sich zu aller Zeit großer Beliebtheit. Auch Präsident Pieck kam von Kapitän Weitendorf eins überreicht

Eine Bark am Horizont

Die Unterlagen, die bei Kapitän Weitendorf zur Begutachtung liegen, werden erstmals 2001 veröffentlicht.[2] Kapitän Gerd Peters berichtet darin auch über unbekannte Einzelheiten. Es hat 1953 tatsächlich Überlegungen gegeben, ein zweites, größeres Segelschulschiff – eine Bark – zu bauen. An den planungstechnischen Vorbereitungen war Lothar Voß beteiligt, der die Unterlagen und Zeichnungen 1989/90 vor deren Vernichtung bewahrt.

Die Dokumentation enthält auch Lichtpausen von fünf Schreibmaschinenseiten mit der Überschrift »Vorschläge des Kapitäns Weitendorf zum Entwurf eines neuen Segelschulschiffes«. Sie tragen seine Unterschrift und den Stempel Segelschulschiff WILHELM PIECK, Rostock. Das Schiff läuft unter der Bezeichnung »Projekt 1107«.

Der Entwurf stammt ebenfalls von Wilhelm Schröder, Projektant und Konstrukteur des Segelschulschiffes WILHELM PIECK. Die Drei-Mast-Bark ist 56 Meter in den Loten lang und hat eine Segelfläche von 1.100 Quadratmetern.[3]

Mit ihm hat Weitendorf 1954, anders als beim Entwurf der WILHELM PIECK, eng zusammengearbeit.
In seiner Kritik geht er stark ins Detail, insbesondere was die Takelage betrifft. »Ich schlage vor, dass, wenn das Projekt zur Ausführung gelangt, sich ein erfahrener Praktiker (Baukapitän) mit dem Konstrukteur des Entwurfs zusammensetzt und die Bauzeichnungen mit ihm gemeinsam ausarbeitet. Dann ergänzen sich bereits von vornherein Praktiker und Theoretiker und dadurch wird viel Zeit eingespart«, heißt es in Weitendorfs Gutachten. »Wenn das Schiff 1956 fertig sein soll, dann muss die Sache jetzt energisch vorangetrieben werden« fordert er, »so dass die Bauausführung 1955 begonnen werden kann«.[4]
Allerdings ist die ökonomische Decke der DDR zu kurz. Die enormen Investitionen beim Aufbau der Stahl- und Chemieindustrie in den 50er Jahren zehrt vieles auf. Hinzu kommen die Aufwendungen für die Landesverteidigung. Zehn Tage nach dem Beitritt der Bundesrepublik zum westlichen Paktsystem, der NATO, konstituiert sich in der polnischen Hauptstadt das östliche Verteidigungsbündnis. Die DDR gehört zu den acht Gründungsmitgliedern des Warschauer Vertrages und sieht sich gezwungen, aus der Kasernierten Volkspolizei eine Nationale Volksarmee zu formieren. Am 18. Januar 1956 fasst die Volkskammer einen entsprechenden Beschluss.
Aufgrund der angespannten Haushaltslage werden viele weitgreifende Vorhaben gestrichen, so auch das »Projekt 1107«.
»Aus heutiger Sicht kommt man nicht umhin, diese Tatsache zu bedauern. Das Segelschulschiff WILHELM PIECK, die kleine Schonerbrigg mit ihrer Kapazität von 36 Kursanten«, so schreibt 2001 Kapitän Peters, »reichte nie aus, um für den gesamten seemännischen Nachwuchs der

Rahen – mal mit, mal ohne Segel

DDR zur Verfügung zu stehen. Wenngleich die geplante Bark vielleicht für den alleinigen Bedarf der Marine zu groß gewesen wäre – für den gesamten Ausbildungsbedarf an Offizieren und Unteroffizieren in Marine, Handelsschifffahrt und Hochseefischerei wäre sie voll ausgelastet gewesen und hätte beispielsweise der Deutschen Seereederei den Ankauf und den Betrieb von insgesamt vier Fracht- und Lehrschiffen mit den damit verbundenen nicht geringen Kosten erspart. Freilich konnte man diese Entwicklung nicht voraussehen. In dieser Beziehung war es damals schon so wie heute: an der Ausbildung zu sparen, wird immer teuer.«

Als 1982 die *Gesellschaft für Sport und Technik* 30 wird, heißt es dort, dass die Einsatzzeit der WILHELM PIECK gegen Ende des Jahrzehnts auslaufen und die Schonerbrigg durch ein anderes Segelschulschiff ersetzt werde.[5]

Zu dieser Problematik äußert sich 1987 auch Dr. Otto Bönisch, Direktor der Akademie des VEB Kombinat Seeverkehr und Hafenwirtschaft, in einem Beitrag unter der Überschrift »Segelschulschiffe – Nostalgie oder Ausbildungsstätte«.[6] Bönisch vergleicht die Ausbildung auf Segelschulschiffen mit der modernen Seefahrerausbildung weltweit. Er plädiert für eine solche Ausbildung und listet auf, wer dafür in der DDR in Betracht käme:

»a) Lehrlinge der Berufsausbildung mit Abitur während des 2. Lehrjahres (Handelschifffahrt und Fischerei;

b) Facharbeiter im Hochschulvorbereitungslehrgang (Handelschifffahrt und Fischerei);

c) Berufsoffiziersanwärter der Volksmarine;

d) Studenten der Ingenieurhochschule für Seefahrt (Handelschifffahrt und Fischerei);

e) Studenten der Offiziershochschule der Volksmarine.«

Bönisch schlägt angesichts des Bedarfs vor: »Zum Betreiben eines solchen Segelschulschiffes (Platzkapazität 120 Kursanten) bilden die interessierten Betriebe, Hochschulen und Organisationen eine Interessengemeinschaft.«

Damit tritt Dr. Bönisch nach späterem Bekunden in ein Fettnäpfchen. Der Generaldirektor des VEB Kombinat Seeverkehr und Hafenwirtschaft, Kapitän Arthur Maul, bestellt Bönisch zu sich und stellt ihm in Anwesenheit des Leiters des Seefahrtsamtes, Kapitän Gerd Haussmann, die demagogische Frage: »Soll ich mir deinetwegen ein Segelschulschiff anschaffen?«

Maul wie Haussmann genießen als Handelsschiffskapitäne hohes Ansehen. Beide aber fuhren nie auf einem Segelschiff zur See. Das aber ist nicht die Ursache für die massive Ablehnung. Es ist wie immer die angespannte wirtschaftliche Lage der DDR. Sie war, das gehört allerdings auch zur Wahrheit, 1951 keineswegs besser. Der Unterschied besteht gewiss in der Fähigkeit der damaligen und der jetzigen Verantwortlichen, Visionen zu haben und Prioritäten zu setzen.

Und es ist auch die hohe Zeit der Erbsenzähler. In den 39 Jahren, in denen das Schiff unter DDR-Flagge fährt, muss sie aufgrund notwendiger Veränderungen immer wieder in die Werft. Am Ende sind es ganze 69 Monate, fast sechs Jahre.

Mützenbänder von Kursanten des Segelschulschiffes

Statistisch gesehen liegt die WILHELM PIECK pro Dienstjahr zwei Monate in der Werft. Auch das ist ein Argument für ein neues Schiff. Aber die Buchhalter sehen das genau anders: Ein Schiff ist im Unterhalt schon teuer genug ...

1953 Schiffsjunge, 1987 Kapitän auf dem Traumschiff

Weihnachten 1981, Jungfernreise der MS ASTOR, eines der schönsten Kreuzfahrtschiffe der Bundesrepublik Deutschland. Es bekommt den Beinamen »Traumschiff«. Dafür sorgt auch eine Reihe von Filmen, die insbesondere um die Weihnachtszeit mit schönen Bildern das Fernweh der Daheimgebliebenen bedient.

Das »Traumschiff« kreuzt nur vier Jahre die Weltmeere, dann wechselt es die Flagge. Die DDR kaufte im August 1985 das verlustreiche Schiff für 165 Millionen DM.[7] 1960 hatte man bereits das FDGB-Ferienschiff VÖLKERFREUNDSCHAFT von Schweden erworben, nunmehr kam also ein zweiter Feriendampfer. Fortan beförderte das »Traumschiff« als MS ARKONA DDR-Urlauber sowie Passagiere aus dem Westen, die bei der TUI-Tochter »Seetours« Kreuzfahrten gebucht hatten. Das sollte bis zum 2. Oktober 1990 so gehen, dann wurde am Heck

Aus der MS ASTOR (BRD) wurde 1985 MS Arkona (DDR). Kapitän wurde der 1953er Kursant der WILHELM PIECK Karl-Heinz Hübscher

wieder Schwarz-Rot-Gold ohne Hammer, Zirkel und Ährenkranz gehisst.
Die Führung des Schiffes übernahm 1985 Karl-Heinz Hübscher[8], seit 22 Jahren Kapitän auf Großer Fahrt, Diplomingenieur, Seesportler in Halberstadt – und 1953 Kursant, anschließend Stammmatrose auf der WILHELM PIECK.
Hübscher stand bereits auf der Kommandobrücke der VÖLKERFREUNDSCHAFT. Doch nunmehr war er für eine 240-köpfige Besatzung und 580 Gäste verantwortlich. Was für ein gewaltiger Sprung.
Heute lebt Karl-Heinz Hübscher als Rentner in Wustrow, traditionell ein Ort ehemaliger Seefahrer. In der Vergangenheit waren viele Schiffsführer Eigner oder Mitbesitzer von Frachtseglern, Barken, Briggs oder auch Rahschonern. In der zweiten Hälfte des 19. Jahrhunderts entstanden ganze Straßenzüge mit Kapitänshäusern. Sie verweisen auf einen für mecklenburgische Verhältnisse wohlhabenden Berufsstand. So ein Kapitänshaus war zumeist auch »Schifferwiege«, denn fast jeder Wustrower Junge entschied sich damals für den Seemannsberuf. Er wollte hinaus in die Welt, um schließlich selbst einmal Kapitän zu werden.
In einem typischen Fischländer Kapitänshaus hingen auch die sogenannten Kapitänsbilder, die mehr oder minder gekonnten Darstellungen jenes Seglers, den der Hausherr einmal selbst geführt hatte. Schiffsbildmaler mussten jedes Detail auf die Leinwand bringen. Darauf kam es dem Auftraggeber an. Kunst war unwichtig, wichtiger waren die Details. Naturgetreu und realistisch mussten die Bilder sein, damit man Besuchern stolz zeigen konnte: »Dort über dem Sofa, das war Großvaters MARIE-HENRIETTE, eine Bark. Im Rahmen ist schon der Wurm, aber das Bild behält seinen Ehrenplatz. Hier waren schon Leute, die viel Geld dafür geboten haben, aber das geben wir nicht aus dem Haus.«
Etliches weist Wustrow als traditionsreichen Ort der Kapitäne aus. Da ist die Seemannskirche mit ihren Votivschiffen und der Empore, die früher den Kapitänen und Steuerleuten und niemandem sonst vorbehalten war. Dort thronten sie über dem Pastor und der ganzen Gemeinde. Vor

Karl-Heinz Hübscher, Kapitän des DDR-Ferienschiffs MS ARKONA

dem Nordportal steht ein rohrgedecktes Wohnhaus mit der Giebelaufschrift »Schifferwiege« und der Darstellung eines Großseglers.
Nahezu 150 Jahre bildete die Wustrower Seefahrtsschule ein paar tausend Seeleute aus, Schiffe erfolgreich über die Meere zu führen.[9] Es gibt sie nicht mehr.
Als Hübscher bereits Stammmatrose auf der WILHELM PIECK war, kam ich als Kursant an Bord. Das war 1954. Seitdem haben wir uns nie aus den Augen verloren. Heute zählt er zu den 32 Fahrensleuten, die den *Verein der Kapitäne und Schiffsführer des Fischlandes e. V.* bilden. Bei ihm an der Wand hängen zehn Fotos. Sie zeigen die Großschiffe der DDR-Handelsflotte, die er als Kapitän führte. Darunter natürlich die MS VÖLKERFREUNDSCHAFT (ex STOCKHOLM) und die MS ARKONA (ex ASTOR).

Ich erinnerte mich an Hübscher als einen temperamentvollen, begeisterten und uns begeisternden Ausbilder. Sein seemännisches Wissen und Können, seine Umgänglichkeit und, trotz Hierarchie, Kameradschaftlichkeit machten ihn uns Neulingen an Bord sehr sympathisch. Zudem hielt sich sein Ehrgeiz, mit uns für sein Ansehen zu punkten, in Grenzen.

Der Krieg hatte ihn von Breslau nach Halberstadt verschlagen, wo er nach dem Abschluss der 8. Klasse eine Lehre als Maschinenschlosser in den Reichsbahnausbesserungswerken (RAW) Halberstadt absolvierte. In jener Lehrzeit kam er mit dem Wasserfahrtsport in Berührung. Er lernte das Knoten, Spleißen, das Aufschießen einer Leine und den Umgang mit Wurfleinen, Lichtmorsen und Flaggenzeichen. An den Wochenenden wurde auf der Alten Elbe bei Magdeburg gerudert.

Die RAW-Betriebsleitung stellte ihn frei für den Besuch eines Lehrgangs im Sommer 1952 an der Zentralen Wasserfahrtsportschule der FDJ in Rechlin an der Müritz.

»Wir wurden«, erinnert sich Karl-Heinz Hübscher an jenen August, »geradezu überrumpelt mit der Mitteilung, dass nach dem Vorbild der sowjetischen Organisation DOSAAF[10] in der DDR

Das Abzeichen der GST. Die Organisation übernahm am 1. September 1952 auch die WILHELM PIECK und führte sie bis 1990. Oben: Flaggenappell der Schiffsführer und Kursanten der GST-Hochseeschuljachten am 7. Oktober 1954 in Greifswald-Wieck

die *Gesellschaft für Sport und Technik* gebildet worden sei. Wir wären nicht nur einfach Mitglieder, sondern als Teilnehmer eines Lehrgangs an ihrer zentralen Bildungsstätte quasi deren Funktionärsstamm. Jeweils zwei der 120 Schüler bildeten eine Gruppe, die in einen Großbetrieb oder eine Kommune mit dem Auftrag geschickt wurde, dort eine Grundorganisation der GST zu gründen.« Jeder erhielt eine Klappkarte, die ihn als GST-Instrukteur auswies, dazu einen Dienstauftrag mit Stempel und Unterschrift, Marschproviant und Reisegeld.

Den 17-jährigen Karl-Heinz Hübscher und seinen Kameraden Stanislaus schickte man nach Wolgast in die Peenewerft, von der sie noch nie etwas gehört hatten. Sie sollten sich mit ihrem Anliegen an den Werftdirektor, den Partei- und den FDJ-Sekretär wenden, natürlich auch an die BGL, was Betriebsgewerkschaftsleitung heiße. Die beiden rannten zu ihrer Überraschung offene Tore ein. Man hatte von der Existenz der GST Notiz genommen und eine Gründungsversammlung vorbereitet. Dort redeten dann beide »Instrukteure« mit klopfendem Herzen.

»Als wir an die Rechliner Zentralschule zurückkehrten, existierte in der Wolgaster Werft eine Grundorganisation der GST. Der Schlosser Karl Beckmann, ein leidenschaftlicher Seesportler, als Seemann auf einem Gribel-Dampfer[11] gefahren, wurde zum Vorsitzenden berufen. Beckmanns Vater, ein Antifaschist aus Wolgast, war von den Nazis hingerichtet worden. Karl sollte später Ausbilder am Hochseejachtenstützpunkt der GST Greifswald-Wieck werden, später wurde er Leitender technischer Offizier bei der Deutschen Seereederei.«

In Rechlin zog man die Instrukteurs-Ausweise ein und erklärte die Jungs wieder zu Kursanten der Seesportschule. Dem Lehrgang schloss sich eine Ausbildung an Bord der WILHELM PIECK

Theaterprobe an der GST-Zentralschule für Seesport in Rechlin/Müritz. Im Stück geht es um den Kieler Matrosenaufstand von 1918

Oben das 1950-1952 von der FDJ verliehene Hochseeleistungsabzeichen, darunter das der GST, von 1952 bis 1957 vergebene

an, die Hübscher mit dem Hochseeleistungsabzeichen beendete. »Ich wollte in meinen Betrieb zurück, doch ein Matrose war abgestiegen. So bot man mir seinen Platz in der Mannschaft an«, berichtet Hübscher. »Der Betriebsdirektor in Halberstadt hatte für meine Entscheidung Verständnis, er war ein ehemaliger U-Bootfahrer. Ab 1. Januar 1953 gehörte ich zur Stammbesatzung des Schulschiffes. Das lag jedoch schon seit Ende Dezember in der Werft.«

Man schickte ihn mit sechs weiteren Mitgliedern der Stammbesatzung zu einem sogenannten Unteroffizierslehrgang. Der dauerte sechs Wochen und fand in Parow bei Stralsund statt. »Der älteste von uns war Bootsmann Kaiser, von uns Kaiser Wilhelm genannt, ein klassischer Handelsschiffsmann. Er ging bereits auf die 60 zu. Zweitältester war der 2. Offizier des Seglers, zugleich Disziplinarvorgesetzter der Gruppe. Er hatte als einziger in der Kriegsmarine gedient. Kleidung? Wir trugen Khakiarbeitspäckchen, bestehend aus Bundjacke und Bundhose; der Schnitt hatte eine gewisse Ähnlichkeit mit dem Arbeitspäckchen deutscher U-Boot-Fahrer. Darunter trugen wir den Wolltroyer, einen Seemannspullover, der manchmal bis zu den Knien reichte, oder ein Zebrahemd. Auf dem Kopf trugen wir entweder die Pudelmütze mit bunter Bommel oder eine barettähnliche Mütze à la Montgomery[12].

Ab sofort wurde nicht mehr gelatscht, sondern marschiert. Es wurde exerziert, Grüßen geübt und Meldung gemacht. Willi Kessler, der Mann an der Spitze der Marineausbilder, schrammte sich uns mit seinem Gebrüll nachhaltig ins Bewusstsein ein.« Bei Rückkehr an Bord glaubten sie Kessler entronnen. Doch als am 27. April 1953 nach erfolgter Vermessung des Schiffes der neue Messbrief beim Seefahrtsamt in Gehlsdorf abzuholen war, wer quittierte dessen Empfang? »Willi Kessler, Ausbildungsoffizier.«

Diese Dienststellung war neu auf dem Schiff. Dem Kapitän standen bislang ein 1. Offizier als sein Stellvertreter und ein Politoffizier zur Seite. Beide trugen drei goldene Streifen an den Ärmeln der Dienstkleidung. Der 2. Offizier hatte zwei Ärmelstreifen und der 3. Offizier einen.

Sie alle, ebenso der Maschinist und der Funker, verfügten über zivile Befähigungsnachweise und waren gemäß Schiffsbesetzungsordnung in die Musterrolle des Schiffes eingetragen.
Nun also ein Neuzugang mit der Bezeichnung »Ausbildungsoffizier«, und das mit drei Kolbenringen. Der ungediente Klaus Heiden, der 1. Offizier, musterte ab. Ihm folgte auch Rolf Schilling, der 3. Offizier, ebenfalls ohne militärische Vorkenntnisse. Von den Nautikern blieb lediglich der 2. Offizier Herbert Jark, der später Kapitän auf Großer Fahrt bei der Deutschen Seereederei werden sollte.
»Nun begann der Kessler-Rummel an Bord«, erinnert sich Karl-Heinz Hübscher. 36 Kursanten, 14 Mann Stamm-Besatzung, das ergab schon einen ordentlichen Marschblock. Wenn es ins Kino, ins Theater, ins Stadtbad zur Körperpflege ging – stets wurde marschiert und gesungen. Jede Handlung an Bord wurde mit der Bootsmannspfeife ausgepfiffen. Das Schiff wurde fast zum Kasernenhof.
Auch die Mützen der Schiffsleitung erfuhren eine militärische Aufbesserung. Gesticktes Eichenlaub mit Goldkordel schmückte fortan Weitendorfs Kapitänsmützenschirm. Die Offiziere bekamen eine schmale, goldene, gezackte Schirmumrandung.
Das sollte in der DDR-Handelsflotte nicht üblich werden. Kapitän Weitendorf blieb der einzige Schiffsführer eines zivilen Schiffes der DDR, der auf diese Weise admiralsähnlich geschmückt wurde.«
Der Wind, der nunmehr an Bord blies, war fast ein militärischer. Und zeitweise erfuhr Kapitänleutnant Kessler Unterstützung von zwei weiteren Marineoffizieren. Kapitän Hübscher dazu: »Sie waren eifrig bemüht, die Lehrgangsteilnehmer für die Marine zu gewinnen. Es gab Interesse, aber auch Vorbehalte. Hatten wir uns als FDJler nicht den Frieden auf die Fahnen geschrieben? Wozu also bewaffnete Schiffe? Wir wollten auf Handels- oder Fischereischiffen fahren.« Die Argumentation, dass

Dunkle Wolken zogen auf. Doch der Versuch scheiterte, das Schiff in einen Kasernenhof zu verwandeln. Der Ausbildungsoffizier musterte noch 1953 ab. Die Stelle blieb jahrelang unbesetzt

Kapitän Weitendorf: gefürchtet und verehrt und auch künstlerisch verewigt

der Frieden auch bewaffnet sein müsse wie etwa der friedfertige Igel, der ja auch Stacheln trage nur um sich zu schützen, griffen nicht so richtig. Dann setzte Kessler auf die Vorbildwirkung der Stamm-Mannschaft. Die sollten sich in eine Liste eintragen, sich quasi kollektiv verpflichten und mit guten Beispiel vorangehen. Aber auch das funktionierte nicht so richtig.
Der Unmut brach offen aus, als das Schiff vor Saßnitz lag. Ein Kursant war während der nächtlichen Wache eingeschlafen, und da er wegen einer anderen Disziplinlosigkeit bereits auf dem Zettel des Ausbildungsoffiziers stand, erklärte er, dass für den jungen Mann der Lehrgang mit sofortiger Wirkung beendet sei. Es war erkennbar, dass er ein Exempel statutieren wollte. Sofort hieß sofort – er sollte seinen Seesack packen und mit dem Boot an Land gebracht werden. Jedoch: Die Schüler rührten keine Hand, sie verweigerten den Gehorsam. Sie ließen es erkennbar auf eine Machtprobe ankommen.
Kessler wütete und wähnte nicht nur die Befehlsgewalt, sondern auch das Recht auf seiner Seite. Er könne, rief er, sofort 36 andere Schüler haben, die sich darum rissen, ihren Platz auf diesem Schiff einzunehmen.
Erstaunlicherweise mischte sich Weitendorf in diesen Konflikt nicht ein. Er ließ den Ausbildungsoffizier sich austoben, und als dieser nicht durchkam, fuhr das Schiff nach Saßnitz, um, wie es hieß, Proviant aufzunehmen.
Über Funk war der in Halle an der Saale residierende Reeder, die Zentrale der GST, über den Zwischenfall informiert worden. Sie hatte Vertreter entsandt, die nunmehr an Bord kamen, um sich eine Meinung zu bilden. Sie hörten sich alles geduldig an, machten aber auch deutlich, dass die *Gesellschaft für Sport und Technik* kein Bastelverein sei und durchaus etwas mit der Landesverteidigung zu tun habe. Natür-

Der hintere Ruderstand vorm Umbau 1977/78: Messingputzen gehört zu den wichtigsten Tätigkeiten an Bord jedes Schiffes, die WILHELM PIECK macht dabei keine Ausnahme

lich würden auf der WILHELM PIECK Seeleute ausgebildet, doch eben nicht nur für die zivile Seefahrt, sondern auch für die Marine.
Der Ton aber mache die Musik, warfen die Kursanten ein, und der sei eben nicht der Beste. Auch wenn nicht sofort, so zeigte die »Meuterei« mindestens mittelfristig Wirkung. Ende 1953 musterten die Marineoffiziere ab. Erst 1957 sollte erstmals wieder ein Ausbildungsoffizier an Bord kommen.
Bereits im August 1953 war zudem Kapitän auf Großer Fahrt Arthur Friedrich, ein erfahrener Nautiker und Cap Hoornier, als gesetzlicher Stellvertreter Weitendorfs ordnungsgemäß angemustert worden. Als 1. Offizier koordinierte er auch die Lehr- und Ausbildungstätigkeit.
Im Frühjahr 1954, so erinnerte sich Kapitän Hübscher später, lag die Schonerbrigg im Greifswalder Bodden vor Anker. Kapitän Weitendorf ließ ein Boot zu Wasser bringen. Unter Hübschers Führung sollte im Wiecker Hafenamt eine Pütz Heringe in Empfang genommen werden. Die Kuttergäste nahmen die Riemen in

Eine der frühen Farbaufnahmen der WILHELM PIECK mit den Decksaufbauten bei Indienststellung. Oben: Kapitän Arthur Friedrich (1908-1970), Weitendorfs Nachfolger

Horst Rickert mit Kameraden an Bord einer Schuljacht, 1953

die Hand und ab ging es in Richtung Hafen, angefeuert von den Rufen des Bootsführers. Nach flotter Fahrt erreichten sie das Ziel, verschnauften, rauchten eine Zigarette und hielten ein Schwätzchen. Danach ging es zurück zur WILHELM PIECK. Mit schäumender Bugwelle langte das Boot beim Schiff an. Die Anstrengungen hatten bei den Jungs sichtbare Spuren hinterlassen. Dennoch befand Weitendorf, sie wären zu lange unterwegs gewesen. Für ein Verweilen im Hafen hätte es keinen Auftrag gegeben, grollte er.

Er habe, sagt Hübscher noch nach Jahrzehnten, diese Reaktion nie verstanden und als überzogen und unpassend empfunden. Zum einen, weil er den Jungs unrecht tat, zum anderen, weil er damit die Autorität des Bootsführers untergrub. Man putzt keinen Vorgesetzten vor Untergebenen herunter.

Und der Punkt auf dem i war, dass anschließend der Kapitän »Anker auf!« befahl, um nach Wieck zu laufen.

Kursant des letzten Lehrgangs im Jahr 1953 war auch Georg Müller[13]. Er sollte als Stammmatrose an Bord bleiben, später war er Kapitän auf Großer Fahrt. Er hat eine Erklärung für Weitendorfs ungewöhnlich harte Reaktion. Obgleich der Bootsführer Karl-Heinz Hübscher seiner Crew nichts schenkte und sie bis zum Äußersten trieb – was im Sinne von Kapitän Weitendorf war –, war die Truppe immer fröhlich und gut gelaunt. Es wurde im Boot gescherzt und gelacht. Diese Heiterkeit veranlasste Weitendorf zu der Annahme, die Jungs würden nicht ausreichend gefordert. Da wäre offenkundig noch mehr drin. Was natürlich ein Irrtum war: Erst die positive Stimmung an Bord erlaubte Höchstleistungen.

Weitendorf war eben ein harter Hund, wie Müller an einer Begebenheit sichtbar machte. Mitte Dezember '53, unmittelbar vorm Ende des Lehrgangs, meinten die Kursanten, sie seien zu wenig in See gewesen. Daraufhin ließ Weitendorf die Segel setzen und nahm Kurs auf Gotland. Auf der Heimfahrt kam der Winter. Urplötzlich peitschte starker, eisiger Sturm die See. Obgleich das Schiff unter der Küste Windschutz hätte nehmen können, kreuzte Weitendorf dem Unwetter hart entgegen. »Schneeschauer peitschten unsere Gesichter, und das

Am Ruder in schwerer See. Ohne Ölzeug ist man in wenigen Minuten durchweicht.
Rechte Seite: Oberdeck der WILHELM PIECK aus der Perspektive des Ausgucks

Haar gefror. Die Haut verfärbte sich lilablau. Deck und Tauwerk vereisten. Die Hände waren steif gefroren und immer wiederhieß es: Segelmanöver«, erinnerte sich Müller. »Das Schiff lag hart leewärts geneigt. Grobe See. Brecher über Deck. Die Stengen zum Bersten gebogen, die Segel hart wie Stahl. Die Lee-Reling tauchte tief unter.

Wir konnten wachweise in die Kojen, um uns zu wärmen. Der Alte aber blieb 72 Stunden an Deck! Und er war bereits 71 Jahre alt. Er hatte nur Augen für das Schiff und den Seegang und verlangte dem Segler das Letzte ab. Das war sein Härtetest für das Schiff.

Uns wurde bewusst, warum man diesem Mann seinerzeit über viele Jahre einen mehrere tausend Tonnen tragenden Segler anvertraut hatte und weshalb ihm auch jetzt jegliche Hochachtung gebührte. Aber er hatte meist nur Augen fürs Schiff und weniger für die Mannschaft. Da handelte er nach dem Grundsatz: Gelobt sei, was hart macht.«

Auch Weitendorfs Nachfolger Arthur Friedrich besaß dessen Wagemut. »Ich werde nie vergessen, wie der unter vollen Segeln, hart angebrasst, bei frischem Seitenwind durch die geöffnete Rügendammbrücke im Stralsunder Hafen einsegelte. Ich selber stand damals, fürchterlich aufgeregt, am Ruder«, erzählt Müller immer wieder. »Jeder Schiffsführer hat seine Marotten, sonst wäre er ja nicht Kapitän«, sagt Kapitän Müller, und wirbt damit um Nachsicht und Verständnis für Weitendorf.

Ausbildungsoffiziere und Kapitäne

Die WILHELM PIECK hatte sechs Kapitäne und vier Ausbildungsoffiziere. Diese vier wurden nicht zuletzt deshalb als eine Art Fremdkörper an Bord empfunden, weil sie über keine Praxis auf Segelschulschiffen verfügten. Es handelte sich um ehemalige Marineoffiziere, die vom Reeder, dem Zentralvorstand der GST, in ihre Funktionen berufen worden waren. Von den sechs Kapitänen hingegen hatten immerhin vier »vor dem Mast« begonnen, also ihr Handwerk von der Pieke auf gelernt. Und jeder der fünf Kapitäne nach Weitendorf hatte mindestens bei einem seiner Vorgänger Dienst getan, sich also in seine Aufgabe einarbeiten können. So wurde gleichsam der Staffelstab weitergereicht. Exemplarisch für diesen Werdegang ist die Biografie von Kapitän Friedrich, der Kapitän Weitendorf unmittelbar nachfolgte. Bevor ich am 17. April 1953 als Kursant meinen Lehrgang an Bord begann, war ich mit anderen drei Monate lang an der Seesportschule ausgebildet worden. Noch einmal so lange blieb man an Bord. Am Ende erwarb man das Hochseeleistungsabzeichen. So wuchs man langsam in seine Funktion.

Die Ausbildungsoffiziere hingegen wurden gleichsam implantiert. Und zwei scheiterten grandios. Das hing sowohl mit fehlenden Vorkenntnissen wie auch mit ihrem Auftrag zusammen. Sie sollten gewissermaßen militärischen Zug in die Ausbildung bringen.

Ihre Forderungen waren schon deshalb überzogen, weil die Kursanten selbst eine hohe Disziplin besaßen – aus Überzeugung und nicht, weil man sie drillte. Sie forderten sich selbst und ließen hohe seemännische Forderungen zu.

Es zahlte sich aus, das seemännische Handwerk von der Pieke auf zu lernen

Kapitän Weitendorfs Offiziere im der zweiten Reihe (v. r. n. l.): Klaus Heiden, 1. Offizier, Herbert Jark, 2. Offizier, und der 3. Offizier Rolf Schillig (verstorben 2009)

Sie handelten, auch wenn sie sich bewusst der Hierarchie an Bord unterwarfen, faktisch selbstbestimmt. Und natürlich, das soll keineswegs verschwiegen sein, in der durchaus begründeten Annahme, etwas Besonderes zu sein. Keine elitäre Truppe – in der DDR kannte man den Begriff der Elite nicht –, aber doch herausgehoben. Nur wenigen war es objektiv vergönnt, auf dem einzigen Segelschulschiff des Landes ausgebildet zu werden.

Daraus resultierte zwangsläufig ein Spannungsverhältnis zwischen Kursanten und Ausbildungsoffizier, weil der dies anders wahrnahm und seinen Auftrag auf traditionelle Weise durchzusetzen versuchte. Befehl, zackzack, Ausführung, Meldung.

Zwei der Ausbildungsoffiziere vermochten ihre Haltung und Dienstauffassung an Bord zu korrigieren, zwei nicht.

Allerdings trugen die Ausbildungsoffiziere durchaus dazu bei, dass das Schiff und seine Besatzung insbesondere bei den Auslandsbesuchen eine gute Figur machten. Insofern sollte ist es ungebracht, ihre Tätigkeit in Bausch und Bogen zu kritisieren.

Interessanterweise bezeichnete etwa der letzte Chef der DDR-Volksmarine Vizeadmiral Henrik Born seine kurzzeitige GST-Ausbildung auf dem Segelschulschiff WILHELM PIECK vor dem Marineeintritt als für ihn förderlich, weshalb er in seinen biografischen Äußerungen darauf einging.

1957 wurde letztmalig das Hochseeleistungsabzeichen verliehen

Gleichwohl gab es 1957 eine Zäsur. Aufgrund des großen Bedarfs an seemännischem Nachwuchs und der begrenzten Zahl der Plätze an Bord wurde die Ausbildungszeit auf dem Schiff verkürztt. Aber auch die Betriebe, die die jungen Männer für diese Ausbildung freistellten, waren nicht mehr gewillt, sie ein Vierteljahr zu entbehren und zu bezahlen. All das führte dazu, dass die Lehrgänge von drei bis vier Monaten auf vier Wochen und weniger zusammengestrichen wurden.
Auch gab es dann kein Hochseeleistungsabzeichen mehr.

1 Hermann Westphal, geboren am 11. Juni 1932 in Röbel, Volkschulbesuch von 1939 bis 1947, danach bis Sommer 1952 Lehre und Tätigkeit als Maler im väterlichen Handwerksbetrieb. Seit Anfang 1951 Mitarbeit im FDJ-Wasserfahrtsport, später Seesport der GST, in Röbel. Im Frühjahr 1951 erhält die IG einen Kutter K 10, den er mit anderen aus der Werft in Stralsund abholt. Den Transport finanziert die Stadt Röbel. Zur Kutterausrüstung gehört die komplette Besegelung. Von September bis Dezember 1952 Lehrgang an der Zentralen Seesportschule der GST in Rechlin. Vom 17. April bis 12. August 1953 Kursant auf dem Segelschulschiff WILHELM PIECK, Abschluss mit Hochseeleistungsabzeichen der GST. Danach Wechsel in die Stammbesatzung als Leichtmatrose. In dieser Funktion abgemustert, danach Studium an die Seefahrtsschule Wustrow. Die Delegierung erfolgt auf der Basis einer Vereinbarung zwischen dem Ministerium für Verkehrswesen und der GST vom 14. Dezember 1955. Das Stipendium beträgt 150 Mark abzüglich 82 Mark für Verpflegung und gute internatsmäßige Unterbringung. Dazu kommen 30 Mark Büchergeld je Monat, weil sich Westphal verpflichtet, nach dem Studium mindestens fünf Jahre in einen Schifffahrtsbetrieb der DDR zu arbeiten, Abschluss mit Befähigungszeugnis Kapitän (I) auf kleiner Fahrt – A 3. Zur Ableistung der erforderlichen Seefahrtszeit auf Handelsschiffen nachfolgende Dienstzeiten: 2. März 1957 angemustert als Matrose auf der MS KÜHLUNGBORN. Vom 28. August 1957 bis zum 21. April 1958 Bootsmann auf der MS KÜHLUNGSBORN. April 1958 »Patent Steuermann A 2«. Ab 22. April 1958 Zweiter Steuermann auf der MS KOSEROW, 28. Februar 1959 Erster Steuermann auf gleichem Schiff. Am 30. April 1959 Abmusterung MS KOSEROW und Aufnahme eines dreimonatigen Intensivstudiums zur Vorbereitung auf den Besuch der Seefahrtsschule. Von September 1959 bis Juli 1960 Studium zur Erlangung der Qualifikation eines Kapitäns auf großer Fahrt. Aushändigung Patent A 5. Vom 28. Juli 1960 bis 24. Januar 1961 2. Offizier (Ladungsoffizier) auf der MS STUBBENKAMMER. Danach vom 2. Mai 1961 bis 11. August 1961 1. Offizier auf der MS HALBERSTADT, am 1. April 1962 auf dem gleichen Schiff als 1. Offizier in die Besatzungsliste (Musterrolle) eingetragen. Abgemustert am 30. Januar 1963. Aushändigung Patent A 6. Vom 16. März 1963 bis 18. Juli 1963 1. Offizier auf der MS SENFTENBERG, vom 5. September 1963 bis 31. April 1968 Kapitän der MS SENFTENBERG. Am 1. Juli 1968 wechselte Kapitän Westphal zum Lotsendienst über. Als Seelotse war er bis zum 12. Juli 1995 im Rostocker Lotsendienst tätig, zwischen 1970 bis 1980 auch Überseelotse in der Ost- und in der Nordsee. Seit August 1995 im Ruhestand.

2 *Panorama intim* Nr. 61/2001, S. 47ff.

3 Aus: *Die Warnemünder Werft*, o. O., o. J.

4 a. a. O., S. 49

5 Laut Helmut Sieger hätten sich im August die Direktoren der Werften in Warnemünde, Rostock und Wismar bereiterklärt, ein neues Segelschulschiff zu bauen. Diese Initiative wäre vom Generaldirektor Schiffbau wegen Planungsproblemen abgelehnt worden. Zudem fürchtet er, dass der Vorschlag vom Politbüro nicht bestätigt werden würde. Dann kommen Überlegungen auf, ein solches Schiff in Polen bauen zu lassen. Sie führen zu keinem Resultat. 1987 wird diese Idee neuerlich aufgegriffen, ohne dass sie konkret wird. Im Juli 1990, nach der Wirtschafts- und Währungsunion der BRD und der DDR, greift Polen diesen Gedanken auf und bietet ein Segelschulschiff an, mit dem Warschau seine DDR-Verbindlichkeiten, die nun Forderungen der Bundesrepublik sind, verrechnen möchte. Die Treuhandanstalt soll auf diesen Vorschlag ablehnend reagiert haben. Man möchte kein Segelschulschiff, sondern Bares.

6 Otto Bönisch in: *Die Seewirtschaft*, Berlin 1987, Heft 10, S. 484ff.

7 Die MS Astor war bereits 1983 von der Hamburger Staatsreederei HADAG an die South African Marine Corp Ltd. verkauft worden. Da die DDR aber mit dem südafrikanischen Apartheid-Staat keine Geschäfte machte, kaufte man das Schiff zurück, um es an den VEB Deutfracht/Seereederei Rostock veräußern zu können.

8 Karl-Heinz Hübscher, geboren am 9. März 1935 in Breslau, Besuch der Volksschule in Breslau und Halberstadt, von 1949 bis 1952 Lehre im RAW Halberstadt, aktiv in der IG Wasserfahrtsport, Seesportprüfung »A«. Sommer 1952 Schüler an der Zentralen Wasserfahrtsportschule der FDJ Rechlin/Müritz, ab 7. August 1952 Zentrale Seesportschule der GST, danach vom 5. Oktober bis 21. Dezember 1952 Kursant auf der WILHELM PIECK, Abschluss mit dem Hochseeleistungsabzeichen. Ab 1. Januar 1953 Ausbilder auf dem Segelschulschiff, Teilnahme an einer

sechswöchigen Schulungsmaßnahme bei der VP-See in Parow. Vom 1. April 1952 bis 30. Juli 1954 gemustert als Leichtmatrose auf dem Segelschulschiff. Vom 25. August 1954 bis zum 29. August 1955 Matrose auf Schiffen des Seehydrografischen Dienstes (SHD). Die Musterung vom Leichtmatrosen zum Matrosen erfolgte per Handschlag, wobei der Kapitän der »Ummusterung« durch das Seefahrtsamt persönlich beiwohnte, nachdem er um diese Beförderung mündlich nachgesucht hatte. Anschließend, so wollte es der Brauch weiter, lud der Matrose den Herrn Kapitän zu einer Tasse Kaffee ein. Ab 1. Oktober 1955 war Hübscher Matrose in der DDR-Handelsflotte, sein erstes Schiff war die MS WARNEMÜNDE, ein Küstenmotorschiff, es folgten weitere Handelschiffe. Von 1956 bis 1958 Studium an der Seefahrtschule Wustrow, Abschluss Patent A5. Nach diesem Studium zunächst 4. Offizier an Bord der MS DRESDEN, dann 3. Offizier auf der MS DRESDEN vom 1. November 1959 bis zum 15. Juli 1963, danach Einsatz an Bord des Fracht- und Lehrschiffs THEODOR KÖRNER. Es folgen die MS VÖLKERFREUNDSCHAFT, danach 1. Offizier auf dem Massengutschiff VOCKERODE, anschließend Kapitän der MS VOCKERODE, Kapitän auf der MS LEIPZIG vom 6. Juli 1964 bis zum 4. November 1966. Einsatz an Bord der MS GERA vom 22. August 1968 bis zum 8. Januar 1969. Weiterer Einsatz als Kapitän an Bord von Typ X, MS FIETE SCHULZE (erste Reise), Typ X D, MS BOIZENBURG, Typ MERIDIAN II, MS SCHWERIN, Typ MERCATOR, MS MÜHLHAUSEN, Containerschiff, Typ Äquator, MS VOGTLAND sowie Kapitän auf der VÖLKERFREUNDSCHAFT. Zwischen 1973 und 1975 Intervallstudium an der Ingenieurhochschule Warnemünde-Wustrow, Abschluss als Diplomingenieur für Schiffsführung, Einsatz als Nautischer Inspekteur, Beisitzer der Seekammer der DDR. Seit 1976 Mitglied der Schiff-Kompanie zu Stralsund. 1985 Kapitän des Passagierschiffs MS ARKONA (ex. ASTOR). 1986 Kapitän MS VOGTLAND. Nach mehr als 30-jähriger Kapitänsdienstzeit und 37-jähriger Dienstzeit bei der DSR 1992 arbeitslos. Mit 60 in den vorzeitigen Ruhestand abgeschoben.

9 1846 wurde in Wustrow die »Großherzogliche Mecklenburgische Navigationsschule« gegründet. Sie wurde später in Seefahrtsschule umbenannt und 1969 zur »Ingenieurhochschule für Seefahrt Warnemünde-Wustrow« ausgebaut, der ersten Hochschule für zivile Schiffsoffiziere und Kapitäne im deutschsprachigen Raum. 1992 wurde die Hochschule geschlossen und die Gebäude in der Folgezeit teilweise abgerissen.

10 DOSAAF – Freiwillige Gesellschaft zur Unterstützung der Armee, der Luftstreitkräfte und der Flotte. Die paramilitärische Organisation zur Stärkung der Verteidigungsbereitschaft der Sowjetunion war am 20. August 1951 gegründet worden. Heute besteht die DOSAAF sowohl in Russland als auch in Weißrussland als jeweils eigenständige Organisation fort.

11 Gemeint ist die Stettin-Rigaer Dampfschiff-Gesellschaft R. C. Gribel, die seit 1874 Personen- und Handelsschiffahrt in der Ostsee, der Oder und deren Nebenflüssen betrieb. Die Reederei ging in den 40er Jahren nach Lübeck.

12 Bernard Montgomery, genannt »Monty«, war ein britischer Feldmarschall während des Zweiten Weltkrieges. Von 1951 bis 1958 war er stellvertretender Oberbefehlshaber der NATO.

13 Georg Müller, geboren 1935 in Elbing, Abschluss der Volksschule 1950 in Görlitz, anschließende Lehre als Stahlbauschlosser im VEB Lokomotiv- und Waggonbau Görlitz (LOWA), dort in der LOWA-Interessengemeinschaft für Wasserfahrtsport der FDJ. Sein Betrieb delegierte ihn an die Zentrale Seesportschule der GST in Rechlin/Müritz von Februar bis Mai 1953. Ausbildung auf dem Segelschulschiff WILHELM PIECK von September bis Dezember 1953. Erwerb des Hochseeleistungsabzeichens. Danach Mitglied der Stammbesatzung. Laut Musterrolle von Dezember 1953 bis Juli 1954 Jungmann, Juli 1954 Ummusterung zum Leichtmatrosen bis Februar 1956. Von Februar 1956 bis Februar 1957 Studium an der Seefahrtsschule Wustrow, Abschluss Kapitän (I) auf Kleiner Fahrt – A3. Anschließend Matrose auf MS KÜHLUNGSBORN, danach von Dezember 1957 bis Mai 1958 Matrose auf der FREUNDSCHAFT, jenes Frachters vom Typ IV, der die erste Ostasienreise eines DSR-Schiffes absolvierte. Mit Dieter Schönfelder, Peter Weinhold, Werner Pflug und Heinz Born gehörten der Mannschaft fünf ehemalige Segelschulschiff-Absolventen an. Nach Rückkehr von dieser Ostasienreise im Mai 1958 Übergabe Patent-Kapitän (II) auf Kleiner Fahrt A2 – das ihn für den Steuermannseinsatz auf Handelsschiffen befähigte.Dienstzeit als Steuermann auf den Küstenmotorschiffen ZINGST, GRAAL-MÜRITZ und BARHÖFT unter Kapitän Gerhard Wulff. Sommer 1960 Aushändigung Patent A3 und durch die DSR in den Kapitänsstand versetzt. 1960 bis Juli 1961 Kapitän MS BARHÖFT. 1961 bis 1963 Nautischer Inspektor unter der Leitung von DSR-Chefinspektor Kapitän Adolf Zinn. Sommer 1963 bis Sommer 1965 erneutes Studium an der Seefahrtschule Wustrow zum Erwerb Patent »Kapitän auf Großer Fahrt«. Zunächst, nach Studienende, Aushändigung Befähigungsnachweis. Kapitän (II) auf großer Fahrt – A5 – (Steuermannspatent) und Einsatz als I. Offizier MS RUDOLF BREITSCHEID (Dienstzeit Sommer 1965 bis Sommer 1967). Juli 1967 Aushändigung des Kapitänspatentes für die Große Fahrt und gleichzeitige Kommandoübernahme auf der RUDOLF BREITSCHEID als Kapitän bis 1969. Danach Einjahreslehrgang an der Bezirksparteischule der SED in Rostock. Von 1970 bis 1973 Chefinspektor im VEB Deutsche Seereederei Rostock. Danach ein Jahr Kapitän der MS WILHELM FLORIN. Fahrgebiet Indien/Ostasien. Anschließend Chefdispatcher im Kombinat Seeverkehr und Hafenwirtschaft, zuständig für die zentrale fachlich-operative Überwachung und Lenkung der DSR-Flotte. Infolge »Kombinatsabwicklung« 1991 vorzeitig in den Ruhestand versetzt.

1954, das vierte Dienstjahr

Es ist ein offenes Geheimnis, dass nicht nur Jungs von der Küste zur See fahren wollten, sondern auch die aus den Binnenland. Insbesondere Sachsen, wen überrascht's, wollten gern in See stechen. Zu jenen gehörte Dietrich Hildebrandt, der sich der GST anschloss. Wie er im März 1954 an Bord der WILHELM PIECK kam, schilderte er in seinen Erinnerungen[1]. Da sein Werdegang durchaus exemplarisch für diesen Jahrgang ist, soll daraus hier zitiert werden.
»1953, gerade 19 Jahre alt, beendete ich meine Lehre als Bankkaufmann bei der Deutschen Notenbank in einem kleinen Städtchen in Sachsen. Mir war klar, dass ich diesen Beruf nicht für den Rest meines Lebens ausüben würde. Ein Bekannter, etwas älter als ich, sprach mich an und fragte, ob ich nicht Interesse am Seesport hätte. Er erzählte mir von einer Organisation namens Gesellschaft für Sport und Technik, die sich mit speziellen Sportarten befassen würde. Mir lag eigentlich nichts ferner als die Seefahrt. Ich hatte noch nie die Ostsee gesehen, geschweige denn ein richtiges Schiff. Von dem geplanten Aufbau der Volksmarine und der Handelsschifffahrt hatte ich noch nie etwas gehört. Ich witterte jedoch eine Chance, aus meiner Stadt herauszukommen. Wie das konkret gehen sollte, war mir allerdings nicht klar. Mein Bekannter übertrug seine Begeisterung auf unsere kleine Gruppe von vielleicht sechs Mann, die sich im Speiseraum einer Türschlossfabrik im Nachbarort einmal pro Woche traf. Mit Mutters ausgedienter Wäscheleine übten wir seemännische Knoten und lernten Spleißen, das Morsen mit der Taste sowie das nationale und internationale Flaggensystem. Wir trainierten das Winkalphabet mit selbst gefertigten Flaggen. Wir kauften uns Baskenmützen und nähten hinten zwei Bänder an. So fühlten wir uns wie echte Seeleute.

Knoten üben mit Mutters Wäscheleine

Neben der Theorie wollten wir natürlich auch praktische Seemannschaft betreiben. Die einzige Möglichkeit bot sich dafür auf einem bei Leipzig gelegenen Stausee. Das war das größte Gewässer, welches ich bis dato gesehen hatte. Dort lagen K 10, jene Spiegelheckkutter mit zehn Riemen.
Ende des Jahres erfuhr ich, dass es möglich sei, eine Seesportschule zu besuchen. Ich überzeugte meinen Betrieb und vor allem meine Mutter. So kam ich für drei Monate an die Seesportschule in Altruppin, die von Kamerad Ritter geleitet wurde. An den Ausbilder Klaus Löbe erinnere ich mich ebenfalls. Es war eine schöne Zeit für uns 50 bis 60 Lehrgangsteilnehmer. Die Schule lag an einem See, Unterkunft und Essen waren gut, und auch die Ausrüstung überraschte mich.
Die Theorie nahm breiten Raum ein. Unsere Kenntnisse der Seewasserstraßenordnung wurden erweitert, wir lernten, was beim Segeln wichtig war, was Wende und Halse bedeuteten, was raumer Wind ist, welche Segelschiffstypen es gibt usw. Wir hörten Geschichten aus der Seefahrt von den Ausbildern und älteren Kursteilnehmern. Vor allem wurde alles

Kursanten an der Seesportschule in Rechlin an der Müritz. Rechts: vor dem Schulportal

anschließend praktziert: Segeln und Pullen, An- und Ablegen, Mann-über-Bord-Manöver, Winken und Morsen. Seemännische Begriffe flogen uns anfangs um die Ohren, waren uns aber schnell geläufig. Wir saugten alles Neue begierig auf und beschäftigten uns auch in der Freizeit mit maritimen Dingen. So erlernten die meisten das Anfertigen von Zierknoten, den sogenannten Platings, und das richtige Nähen mit dem Segelmacherhandschuh.
Gegen Ende des Lehrganges wurden wir informiert, dass die Seesportschule Rechlin, wo man die C-Prüfung ablegte, nicht genügend Leute für den nächsten Lehrgang des Segelschulschiffes WILHELM PIECK delegieren könne. Man entschloss sich deshalb, fünf Mann mit der B-Prüfung zu entsenden. Ich war dabei!
Erneut galt es, den Betrieb und das Elternhaus zu überzeugen. Beide ließen mich ungern ziehen. Vor allem meine Mutter erinnerte mich daran, dass ich als Kind schon in der Breslauer Straßenbahn seekrank geworden sei. Ich wagte den Schritt trotzdem. Am 14. März 1954 reiste ich zur Segelschulschiffsausbildung in Rostock an und staunte über den Hafen und die mehr oder weniger großen Schiffe.«
Im Weiteren schilderte Dietrich Hildebrandt, wie er anderentags an Bord ging.

Auch ich, Horst Rickert, ging an jenem 15. März 1954 an Bord. Frostwetter. Vor Stunden noch hatten große russische Fracht- und Passagierschiffe, die zu Reparatur oder Umbau in der Werft meiner Heimatstadt Wismar lagen, meinen Arbeitsalltag bestimmt. Den schwanenweißen Segler sah ich zunächst von vorne, so dass mir die beiden Masten wie ein einziger erschienen. Seit Ende Dezember lag das Schiff im Winterlager. Die Segel und fast das gesamte laufende Gut waren an Land eingelagert. Zwei Jahre zuvor hatte ich das Schiff daheim segelfertig, im Hafen liegend, besichtigen dürfen. Nunmehr glich es einem gerupften Huhn. Aus dem vermutlich warmen hinteren Deckhaus kam eine Person, als ich die Gangway überschritt. Offenbar einer vom Stamm. Er trug eine winterliche Matrosenuniform. Auf dem Kopf die schicke Matrosentellermütze mit der in Goldlettern umlaufenden Bandaufschrift: Segelschulschiff WILHELM PIECK.

Ich stammelte so etwas wie: »Ich möchte mich an Bord zum Lehrgang melden«, nannte auch meinen Namen. Aber bereits mitten im Satz kam sein »Guten Tag« und ein Fingerzeig in Richtung einer Doppelflügeltür an der Rückseite des Mittelschiffsdeckhauses: »Gehn Sie runter ins Zwischendeck, sind schon einige da.« Aha, hier war man per Sie, dachte ich.
Er sagte auch nicht Wohndeck oder Logis, sondern Zwischendeck. Um dorthin zu gelangen, musste man zunächst über eine Schwelle steigen, die sehr hoch war. Sie sollte verhindern, dass an Deck überkommende Wasser ins Innere floss. Wohlige Wärme, tabakgeschwängerte Luft und sächsisches Stimmengewirr schlugen mir entgegen, als ich mit zögernden Schritten die wenigen Stufen in den spartanisch ausgestatteten Raum hinabstieg.

Horst Rickert aus Wismar ging am 15. März 1954 an Bord der WILHELM PIECK. Sein Akkordeon war stets mit dabei.
Rechts: Das Schiff bei seiner Rückkehr aus Wismar in Rostock am 23. Mai 1952. Im Hintergrund die Masten der DAR POMORZA

WILHELM PIECK

Das Zwischendeck, vielleicht 50 Quadratmeter groß, sollte unser Wohn-, Schlaf-, Speise- und Klassenraum sein. Darunter, zwischen Fußboden und dem Kiel, befand sich ein Stauraum, in dem unsere Hängematten lagerten. Über unseren Köpfen war das Hauptdeck.
Vierzehn Wochen würden wir nun Seeleute sein. Und das war unser Zuhause. In der Werft hießen 14 Wochen: achtzigmal Sirenengeheul zu Schichtbeginn.
Wir waren ein übermütiger Kreis, in dem kein Platz zu sein schien für Ernst und Zugeknöpftheit. Die ausgelassenen, fröhlichen Plaudereien kaschierten natürlich ein wenig die eigene Aufregung und Unsicherheit. Wir waren unendlich neugierig und gespannt, was uns erwartete. Von den 36 Kursanten hatten die wenigsten zuvor das Meer oder einen Seehafen gesehen, geschweige denn die Planken eines Seeschiffes betreten. Jene, die sich bereits in Rechlin oder anderenorts kennengelernt hatten, suchten gemeinsam Schlafplätze in der Nähe, man fraktionierte sich bereits für den Zweiwachenbetrieb an Bord, entweder als Backbord- oder als Steuerbordwache. Drei Pullmannsofas an jeder Bordwand ergaben zusammen zwölf Schlafplätze. Für jede der beiden Wachen gab es zwei Tische zwischen Pullmannssofa und sitzgepolsterten Backskisten, die auch als Schlafplatz dienten. Dann gab es noch Hängematten. Mancher drängte geradezu danach, zünftig-seemännisch dort zu nächtigen.
Am frühen Abend erschien Arthur Friedrich, der 1. Offizier, zu einer zwanglosen Begrüßung. Die Hängematten baumelten bald schon von der Decke, alle Schlafstätten waren hergerichtet. Der »Erste« meinte, die Enge sei nicht so schlimm, wie es scheine; wenn wir Seewache

Um 6 Uhr morgens wurde im Hafen »Reise, Reise« gepfiffen: Ende der Nachtruhe. Aufnahme der WILHELM PIECK aus dem Jahre 1951

Arthur Friedrich, der 1. Offizier, erscheint am Abend zur Begrüßung im Zwischendeck und meint, die Enge sei nicht so schlimm. Aber wenn dann auch noch jeder raucht ...
Im übrigen war auch Weitendorfs Stellvertreter ein strenger Nichtraucher

gingen, schliefen ja ohnehin nicht alle zur gleichen Zeit. Gemäß Vorgabe der britischen Admiralität galten wie zu Nelsons Zeiten 14 Zoll als ausreichend zwischen zwei Hängematten. Bei uns ging's nicht ganz so britisch zu. Schlafe eng und denke weit, meinte der »Erste«, dies sei eine alte Seemannsweisheit, und er stellte uns frei, bis 23 Uhr an Land zu gehen. Vom ersten Landgang kamen alle rechtzeitig zurück. Trotz ungewohnter Enge und spärlicher Notbeleuchtung fand jeder schließlich seine neue Schlafstätte. Mancher krachte beim Reinrutschen in die enge Oberkoje mit dem Kopf gegen etwas Hartes, ein anderer schwang sich mit zuviel »Vorausfahrt« in die pendelnde Hängematte, um auf der anderen Seite wieder hinauszusegeln und geräuschvoll auf Deck zu landen. Alles war neu, fremd, abenteuerlich und spannend für uns.

Wir hörten das Wellenplätschern an den Bordwänden, das Schnarchen der Kameraden, die Schritte der Wache auf Oberdeck und die halbstündigen Schläge der Schiffsglocke, die fortan unseren Tagesrhythmus bestimmen sollten. Um 6 Uhr wurde »Reise, Reise«[2] gepfiffen, Ende der Nachtruhe! Es war, obgleich März, winterlich kalt. Die Nachtwache hatte an Oberdeck flache Holzbottiche mit Frischwasser gefüllt, das rasch eine Eishaut überzog. Dort fanden wir uns mit freiem Oberkörper zur Morgentoilette ein. An diesem Tag noch ohne vorherigen Frühsport, das Aufentern über beide Toppen.

Im Vorschiff gab es nur wenige Waschbecken und eine seewassergespeiste Dusche. Wegen der geringen Tankkapazität (12 Tonnen Trinkwasser) war die Forderung, sich gründlich zu waschen, stets gepaart mit dem Selbstauftrag, beim Rasieren und der Mundpflege mit Wasser zu sparen. Selbst die Füllung des kleinen flachen Holzbottichs wurde mehrmals genutzt. Am Vormittag erfolgte die medizinische Seetauglichkeitsuntersuchung, der Befund war die letzte Hürde für die Lehrgangsteilnahme.

Einer musste bekümmert das Schiff verlassen.

M PIECK

Kleider machen Leute

Danach wurden wir an Land eingekleidet. Mit einem prall gefüllten Seesack keuchten wir über die Gangway an Bord zurück. Wir hatten erhalten: eine 1. Garnitur blau, Kollani, Matrosenbluse weiß, blaue Klapphose, Khakizeug, Kieler Hemden, Ölzeug, Troyer, Wollschal, Zebrahemd, Barett, Wollpudel, Bändermütze mit blauem und weißen Bezug, Gummistiefel, Trainingsanzug, Turnhose, Bordschuhe, Turnschuhe ...
Hielt man sich an den Stauplan, passte alles in die winzigen Spinde, die kaum größer als Postschließfächer waren.
Nach dem Einkleiden amüsierten wir uns gemeinsam über unser Aussehen. Eine Uniform veränderte sichtlich den Menschen: Wir sahen plötzlich alle gleich aus. Es wurde sogleich alles an- und ausprobiert. Der Exkragen wurde angelegt, die Matrosenmütze mit der umlaufenden Bandaufschrift, zumeist mit leichter Rechtsneigung, auf den Kopf gestülpt.
Schon beim ersten Landgang in Uniform bekamen die Foto-Ateliers Arppe und Eggert in der Kröpeliner Straße viel Arbeit.
Als die blauen Mützen am 1. Mai durch weiße ersetzt wurden, gab es noch einmal die gleiche Fotografen-Runde. Daheim im Erzgebirge, in Sachsen und Thüringen zeigten Eltern, Geschwister oder Bräute stolz solche Bilder.
Unmittelbar nach der Einkleidung und ersten Sicherheitsbelehrungen für den Borddienst begann die Ausbildung. Anweisungen mussten wiederholt werden, um sicherzustellen, dass sie gehört und vor allem richtig angekommen waren.
»Alle Mann an Deck« und andere Anweisungen wurden mit der Bootsmannspfeife erteilt. Dies ist üblich, seit es Segelschiffe gibt. Auch damals gab es Matrosen verschiedener Nationalitäten auf einem Schiff, die keine gemeinsame Sprache sprachen, wohl aber die Signale der Bootsmannspfeife verstanden. Die PAMIR zum Beispiel rundete als letztes lasttragendes Segelschiff mit Getreide, von Australien kommend, 1949 Kap Hoorn. Sie fuhr unter finnischer Flagge und dem finnischen Kapitän Verner Björkfelt. An Bord waren Seeleute aus Australien, Neuseeland, Großbritannien und Kanada.
Im ersten Unterricht machten wir uns mit den Segelschiffstypen bekannt, danach mit den Aufgaben einzelner Teile. Wir mussten die vielen Namen des Takelwerkes, Funktionen und Positionen erlernen. Selbst bei Dunkelheit sollten wir die verschiedenen Taue und ihre Belegpunkte erkennen und bedienen können. Fünf Kilometer Tauwerk allein in der Takelage! Brassen, Schoten, Fallen, Niederholer, Gordings, Geitaue waren auf Deck an insgesamt 70 Punkten belegt und zu bewegen. Der Belegplan – Tampenplan – musste vorm ersten Auslaufen sitzen.
In kleinen Gruppen den Ausbildern zugeteilt, ging es erst einmal auf Tampenjagd. Dem einzelnen Kursanten wurde die Bezeichnung irgendeines Teils der Takelage zugerufen, das die-

ser rasch herausfinden musste. Das wurde tags wie nachts geübt. Wir flitzten wie die Hasen über die Decks. Die Anforderungen wuchsen peu à peu. Dann ging es ans Aufentern.

Auf jeder Saling warteten Stammmatrosen, um uns Kursanten etwa beim Umsteigen vom Unterwant über die plattformähnliche Saling der Marswant zu helfen.

So ging es höher und höher hinauf. Den einen packte der Höhenrausch, den anderen der Schwindel. Aber nach und nach gewöhnte man sich daran. Es blieb dennoch berauschend, von oben aufs Schiff und übers Meer bis zum Horizont zu schauen.

Ausnahmslos alle Kursanten übten in luftiger Höhe. Sicherheitsgurte gab es nicht, selbst bei Manövern auf See nicht. Lediglich bei komplizierten Taklerarbeiten wurde ein Sicherheitsgurt, den auch Feuerwehrleute benutzten, angelegt. Insbesondere den Stammmatrosen ging das gegen den Strich. Kaum war der Dienst tuende Offizier außer Sicht, entledigten sie sich dieses lästigen Teils. Nun werden gewiss nicht nur die Sicherheitsfachleute aufstöhnen. Ich kann jedoch versichern: In den 39 Dienstjahren der WILHELM PIECK ist nie ein Matrose von der Rahe gestürzt!

In den Folgetagen trainierten wir, ein seeklares, segelfähiges Takelwerk aufzuziehen. Da waren zunächst die Blöcke anzubringen, das laufende Gut zu scheren und alle 13 Segel anzuschlagen.

Das war ein bewegendes Gefühl, als das Schiff sich im Schmuck all seiner Segel zeigte, auch wenn es fest am Kai vertäut lag.

Dem schlossen sich weitere Trockenübungen an.

Jeder Kursant erhielt eine bestimmte Funktion an den Segeln zugewiesen. Dann kam der sogenannte Rollenschwoof, die praktischen Übungen. Diese erfolgten als »Alle Mann«-Handlung oder wachweise.

Jeder von uns wusste fortan, was er beim Segelsetzen oder -bergen zu tun hatte, beim Wen-

Ohne Gurt und Helm ging's zum Segelbergen hinauf. In 39 Dienstjahren ist keiner abgestürzt

den oder Halsen. Beim morgendlichen Frühsport im Hafen ging es über beide Masten ging. Die Schiffsleitung trat die erste Ausfahrt des Schiffes mit einer gut vorbereiteten Schülerbesatzung an.
Das Auftakeln dauerte fast zwei Tage. Das feine Gewebe der Takelage wölbte sich gewaltig. Vom Masttop bis zur Wasserlinie: ein einziges Gedicht. 27 Meter ragten die Masten hinauf. Mir war der Segler groß genug. Was immer in der Ostseewerft zu Wismar die älteren Arbeitskollegen uns erzählten, stets begannen ihre Berichte mit einem Segelschiff. Nun war ich also in der glücklichen Situation, es ihnen nachzutun.
Ich war glücklich.

Reinschiff und Backen & Banken

Jeder Tag begann mit einem gründlichen Reinschiff, vor allem auf den oberen Decks. Auf See sorgte dafür die Wache. Wir gewöhnten uns rasch an den Gebrauch des Besens.
Mehrere Matrosen bildeten eine Kette. Dann kam der warnende Ruf »Wahrschau«[3], wenn mit der Pütz Seewasser vor die Besen geschüttet wurde, und den Besen im Halbkreis schwenkend, wischte sich der Trupp über Deck.
Beim Kommando »Jetzt nicht. Aber nun!« schwenkte das Besenkommando in entgegengesetzte Arbeitsrichtung ein, das Wasser vor sich herschiebend.
Das Meer verlange Sauberkeit, hatte man uns bei der Einweisung erklärt, und wenn man sich dazu Musik vorstelle, fände man schon einen Rhythmus. Wenn diese Säuberung nicht reichte, wurden die Decks mit Sand und Schamottesteinen, den sogenannten Gebetsbüchern, auf den Knien geschrubbt. Dabei wurden die Arme lang und länger.
Nicht zu vergessen: das Messingputzen!
Es ist kaum vorstellbar, wie viele Messingteile es auf einen Schiff geben kann: Bullaugen, Türbeschläge, Glocken, Hauben, Telegrafen, Ruderböcke, die Naben der Steuerräder ...
An einem frostfreien Vormittag wurde Farbe gewaschen – die gestrichenen Aufbauten erhielten eine Grundsäuberung mit Seifenlösung, Schwämmen und Bürsten. Dazu kamen die vielen Windhutzen, die die Räume unter Deck mit Frischluft versorgten. Danach wurden mit einem Wasserschlauch die mit Seifenlösung behandelten Flächen gespült.
Ein Kamerad aus Leipzig, der vermutlich nicht aufgepasst hatte, als wir das Frischluftsystem behandelt hatten, dirigierte den Wasserstrahl in die Windhutze über dem Kapitänssalon. Die Folge war ein Wasserbad auf dem Schreibtisch des Kapitäns. Und ein Donnerwetter.
Backen und Banken heißt an Bord die gemeinschaftliche Esseneinnahme. Und die erfolgt in der Messe. Gleichwohl galten auch auf der WILHELM PIECK die gleichen Regeln und Traditionen wie auf anderen Schiffen. Die Schiffs-

führung speiste in der Offiziersmesse auf dem Achterschiff, der Kapitän allein in seinem Salon, die Stammbesatzung in der Matrosenkammer, der Smutje und Gehilfe beköstigten sich in der Kombüse, und wir Kursanten, gleichsam der Vierte Stand, löffelte die Suppe im Zwischendeck. Aber alle – vom Kapitän bis zum letzten Kursanten – löffelten die gleiche Suppe. Das heißt, es gab keine Extrawürste für wen auch immer.
Die sieben Backschafter, wochenweise von uns Kursanten gestellt, tischten auf und ab. Allein vier bedienten im Zwischendeck. Seeluft macht bekanntlich hungrig. Das Essen war gut und ausreichend. Man füllte die Teller und und plauderte vergnüglich. Es interessierte nicht, ob einer viel oder wenig, ob er schnell oder langsam aß. Nein, ein Kamerad aus Sachsen speiste nicht nur auffällig schnell, sondern auch sehr lange. Das war für den Backschafter ärgerlich: Seine Smoketime wurde dadurch verkürzt, weil er mit dem Abräumen warten musste. Und überdies hatte er die Neigung, sobald der Fleischteller auf die Back kam, nach

Reinschiff mit Seewasser und Schrubber oder traditionell mit dem Ziegel, Sand und Wasser

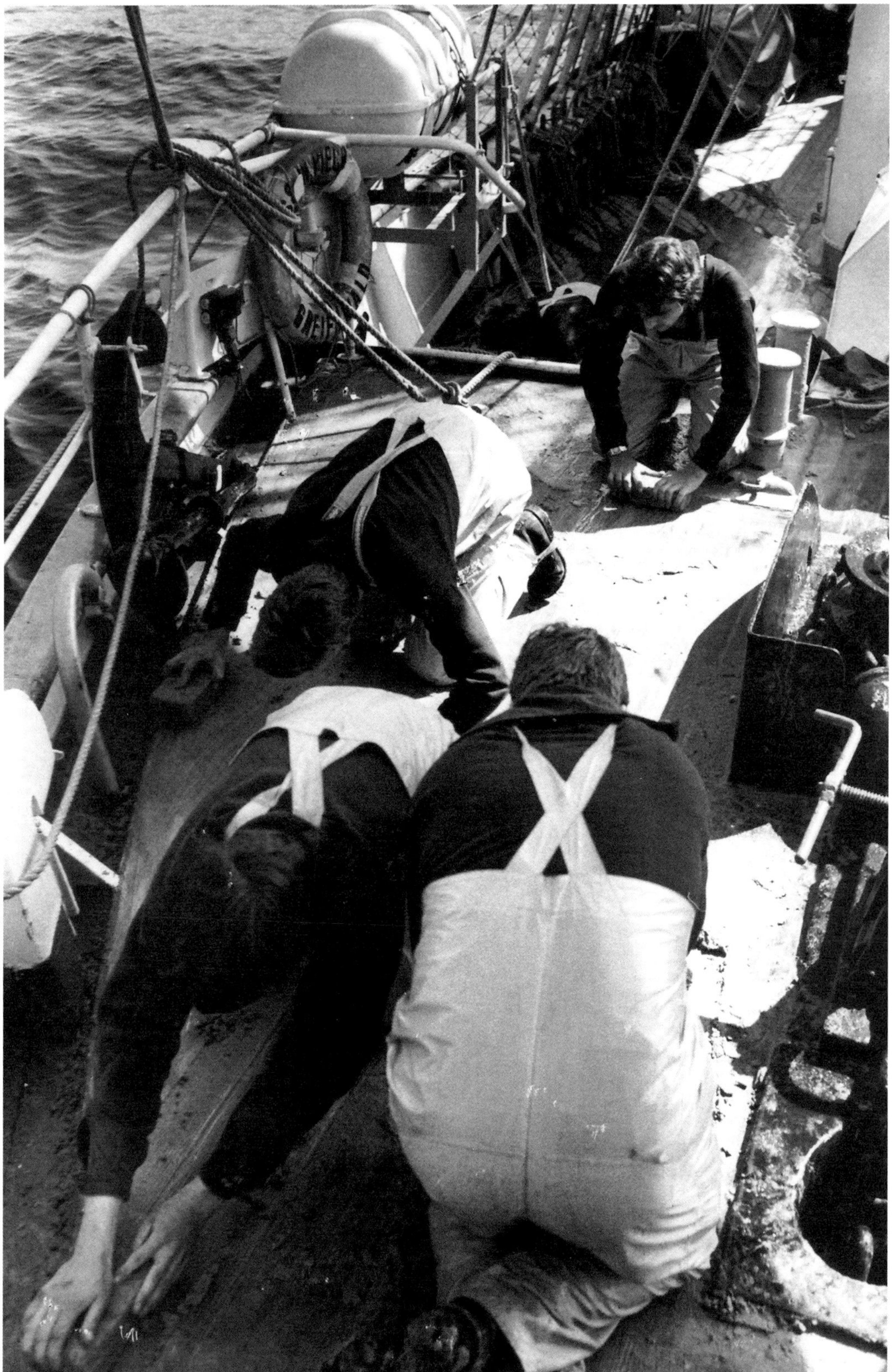

Nicht nur vom Vortop sah das Quarterdeck wie geleckt aus – es war es auch!
Rechte Seite: Ruhe & Arbeit am Ankerspill

dem größten zu langen. Das wurde den anderen auf Dauer zuviel, und sie gewannen den Koch für einen Streich. Der bereitete Koteletts zu, und ein besonders großes packte er obenauf. Wie nicht anders zu erwarten, langte unser gefräßiger Freund sofort danach. Als er die Gabel in das Fleisch bohrte und es mit dem Messer zu zerteilen versuchte, merkte er, was er sich aufgetischt hatte: einen panierten Putzlappen. Die Meute johlte. Der Sachse hatte die Lektion verstanden.

Trotz aller Gleichberechtigung unter den Kursanten wechselte der Kapitänsbackschafter während der Lehrgangsmonate nur einmal. Zu seinen Pflichten gehörte auch das morgendliche Reinschiff im Kapitänssalon.

Der Kapitänsbackschafter wurde beneidet ob seiner Nähe zum Kapitän, der sich aus unserer Sicht ziemlich rar machte. So entstand objektiv zum Alten eine gewisse Distanz, die aber der Backschafter nicht kannte. Dieser war auch das Ohr des Kapitäns »an der Masse«, er war Weitendorfs Back- und Kundschafter zugleich. Wie er aber auch der Spion der Kameraden war.
Die Funktion des Kapitänsbackschafters übernahm in der zweiten Lehrgangshälfte ein Berliner mit dem Spitznamen Mac. Mit vollem Namen hieß er Lothar Macpolowski, den aber mochte kaum einer aussprechen. Lothar war eine Frohnatur und ein Schelm zugleich, der niemand und nichts richtig ernst nahm. Das ganze Gegenteil von Weitendorf, dem Patriarchen. Später, inzwischen selbst Kapitän auf großer Fahrt, erinnerte sich Mac an das erste Zusammentreffen.
»Ich betrat die Kapitänskammer und sagte: Guten Morgen, Kamerad Kapitän. Der lag noch im Bett und fragte, ohne meinen Gruß zu erwidern, nach Windrichtung und -stärke. Ich musste an Deck laufen, um mich sachkundig machen.«[4]
Es war nicht üblich, die Kursanten vorab über Reisen, Ziele und Details der Ausbildung zu informieren. Doch als Kapitänsbackschafter bekam man einiges mit. Und deshalb war Lothar bei den Kameraden ein gefragter Mann.
»Wann laufen wir aus, und wohin?«
»Meine Informationen gewann ich – zufällig – beim Staubwischen auf dem Kapitänsschreibtisch. Dort standen sie im Kalender.«
Half ihm seine Sonderstellung auch im Lehrbetrieb? Mitnichten. Als er während eines Vortrags des 2. Offiziers, Kamerad Leistner, schwatzte, rumste es. »Ich musste mich an Deck beim wachhabenden Offizier melden und dreimal über die Toppen am Achtermast entern.« Als Kapitän räumte Mac später ein, dass eine solche Maßnahme in verschiedener Hinsicht durchaus nützlich gewesen sei.
Ein Vorgänger von Mac hieß Pahl, von dem einige Episoden überliefert sind.
Das Schiff nahm die Segel weg, um über Mittag kurzzeitig zu ankern, danach sollte die Ausbildungsfahrt fortgesetzt werden. Der Anker rasselte in den Grund. Mittagszeit. »Klar zum Backen und Banken, Backschafter zur Kombüse«, wurde ausgepfiffen. Pahl jedoch wurde vom Kapitän noch einmal hinaufgeschickt, um das Gaffeltopsegel ordentlich festzubändseln. Oben verhakte sich seine blaue Pudelmütze mit rotweißem Püschel und flog in hohem Bogen in die See. Weitendorf, der das bemerkt hatte, rief entrüstet: »Pahl, kumm gor nich ierst wedder dahl, du krigst hüt keen Middag.«
Wenn er, wie befohlen, oben bliebe, bekäme auch der Kapitän kein »Middag«. Er war schließlich dessen Backschafter.
Weitendorf ließ ein Schlauchboot aussetzen und die Pudelmütze retten. Und so kam Pahl doch wieder zurück an Deck und durfte einen Teller

In hohem Bogen flog die Pudelmütze ins Meer. Rechts: Kapitän Ernst Weitendorf mit 85 Jahren, 1968

mit Bratkartoffeln und beidseitig gebackenen Spiegeleiern in den Kapitänssalon tragen. Allerdings dümpelte das Schiff ein wenig, was dazu führte, dass die Spiegeleier vom Teller fielen. Pahl wollte sich nicht zum zweiten Mal vom Kapitän anraunzen lassen, und beförderte die Eier, schwuppdiwupp, wieder zurück auf den Teller. Dann klopfte er und stellte dem Kapitän das Gericht vor die Nase, der es auch umgehend verzehrte.

Als Pahl anschließend abräumte, sagte der gesättigte Weitendorf: »Segg mal den Kock, de Päper von de Eier wier bäten to hart.«

Als Weitendorf seinen Abschied nahm und Friedrich an seine Stelle trat, starb auch der Kapitänsbackschafter. Man ging zur »Dreiklassenspeisung« über. Als das Schiff um 1970 den neuen Decksaufbau erhielt, gab es nur noch zwei »Klassen«: Lehrgangsteilnehmer und Stammpersonal.

Arthur Friedrich, 1. Offizier unter Kapitän Weitendorf, wird 1955 dessen Erbe übernehmen

Die Mannschaft 1954

Die Kursanten unseres Lehrgangs verfügten ausnahmslos über einen beruflichen Abschluss und eine gewisse Berufspraxis, 28 besaßen die Seesportbefähigung C, fünf die B.
Zwei Kursanten durften, weil sie die Maschinentechnische Seesportprüfung C besaßen, dem Bordmaschinisten assistieren. Einer hatte die funktechnische C-Qualifikation des Seesports absolviert und ging dem Funker zur Hand.
Übrigens befanden sich unter den Kursanten auch zwei ausgebildete Matrosen der Hochseefischerei aus Saßnitz. Einer von beiden war später als Lotse in Hamburg tätig.
Georg Müller, Hermann Westphal, Rudolf Rössel, Georg Brandt, Karl-Heinz Hübscher, Günter Kaptaina und Gerhard Wulff bildeten die Stammmannschaft. Jeder wurde später Kapitän bei der Deutschen Seereederei.
Ein schmaler Goldstreifen auf dem linken Oberarm der Uniform unterschied sie von uns Kursanten. Jedes weitere Halbjahr trug ihnen einen weiteren Streifen ein.
An der Spitze stand unverändert Kapitän Ernst Weitendorf vom Jahrgang 1883. Dann folgte Arthur Friedrich, Jahrgang 1914, 1. Offizier, ebenfalls Cap Hoornier. 2. Offizier war Harald Leistner, Jahrgang 1924, lernte auf den Segelschulschiffen GROSSHERZOGIN ELISABETH und DEUTSCHLAND; Cap Hoornier und später Kapitän auf Großer Fahrt. Politoffizier war Heinz Born vom Jahrgang 1919, Handelsschiffsmatrose in der Amerikafahrt und Signalgast auf dem Schlachtschiff SCHARNHORST der Kriegsmarine. In den 50er Jahren leitete er eine Seesportschule der GST in Sachsen.
Der Funkoffizier hieß Helmut Büttner, er kam von der DDR-Hochseefischerei, wo er ebenfalls als Funker gearbeitet hatte. Die gleiche Vorgeschichte hatte der Maschinist Helmut Dahms: erst Fischer, dann Segler.
Diese Offiziere vermittelten uns praktische Erfahrungen und theoretische Kenntnisse in der Navigation, Meteorologie, Schiffskunde, im Seerecht und beim Signaldienst.

Fieren des Beibootes mit anschließendem Pullen auf offener See, eine von Weitendorfs Lieblingsübungen nach der Methode: Gelobt sei, was hart macht!
Rechts oben: Bootsmann Willy Schmarbeck, der, wie schon an der Seesportschule Rechlin, über viele Jahre an Bord der WILHELM PIECK Ordnung und Sparsamkeit durchsetzte

Sparsamkeit

Ordnung ist das halbe Leben, sagt der Volksmund. Und an Bord galt das in besonderer Weise. Auf engem Raum mussten viele Menschen miteinander auskommen. Wir hatten Rücksicht zu nehmen, uns in ein Kollektiv ein- und auch unterzuordnen. Wenn zwei nicht miteinander klarkamen, konnten sie sich kaum aus dem Wege gehen wie an Land. Hier war einer auf den anderen angewiesen. Das Leben auf dem Schiff war eine wichtige Schule der Toleranz, der Rücksichtnahme und der wechselseitigen Verantwortung. Dazu gehörte auch, gemeinsam Ordnung zu halten, was bedeutete, nichts zu delegieren, sondern selber Hand anzulegen.

Weitendorfs Augen entging nicht die kleinste Unordnung. Ebenso streng achtete er auf Sparsamkeit, Verschwendung war nicht statthaft. Bei seinen Schiffsrundgängen achtete er auf alles. Seine Männer vom Stamm wussten, dass er immer etwas fand. Das Gewölk über dem Schiff verdichtete sich oft unversehens, um sich aber ebenso rasch wieder zu lichten. Eines Tages kam ein Riesenkrach aus der Kombüse. Vor dem Kohleherd hatte er zahlreiche abgebrannte Streichhölzer entdeckt.

»Wat büst du för een Kock, wenn du nich mal orrig Füer maken kannst? So fangt dat an mit Verswennung und Unordnung.«

Es folgte eine längere Belehrung, die uns amüsierte. Wir fanden ihn schrullig, grotesk. Was kümmerte er sich um ein paar Streichhölzer? War das nicht ein wenig kleinkariert? Er hatte die Welt umsegelt und wahrlich größere Probleme gewälzt als ein paar Streichhölzer.

Nach längerem Nachdenken kam ich auf den Grund für solche Haltung. Natürlich, wer sich mit einem Schiff über die Ozeane kämpft, muss nicht nur mit jedem Tropfen Trinkwasser haushalten, sondern mit allem, was existenziell für die Besatzung ist. Was, wenn die Fahrt länger dauert, es Zwischenfälle gibt?

Die CARL VINNEN, ein Fünfmaster mit 2.400 t Tragfähigkeit, den Weitendorf kommandierte. Das Schiff war knapp 100 m lang und zählte mit ihm 23 Mann Besatzung.
Mitte: ein gestrandetes Schwesternschiff

Sehr viel später, Weitendorf war schon lange tot, geriet mir eine australische Zeitung in die Hände. Unter der Überschrift »The First Shipment of Wheat from Esperance« war ein Porträt von »Captain Ernst Weitendorf« veröffentlicht: gepflegter Bart, hemdsärmlig, mit leichter Weste angetan, schlichte Schiffermütze mit weißem Bezug ohne jegliches Abzeichen steht er vor seinem Fünfmaster, der CARL VINNEN, im soeben eröffneten australischen Hafen Esparanza. Weitendorf und sein Schiff eröffneten den dortigen Umschlagbetrieb. Auf dem Kai liegen Stapel gesackten Getreides, das schon bald die Laderäume füllen wird. Die Zeitung schildert den 43-jährigen Kapitän des Tiefwasserseglers als umsichtigen und tatkräftigen Mann. Nur mit dem Wind der Ozeane und den eigenen Fähigkeiten, gestützt auf eine qualifizierte Mannschaft, würde er einige tausend Tonnen Ladung sicher nach Europa bringen.
Wäre die Aufgabe erfolgreich in der vorgegebenen Zeit erfüllt worden, hätte beispielsweise der Koch keine Streichhölzer gehabt, fragte ich mich.
Mit seiner Unterschrift im Schiffstagebuch bezeugte der Kapitän vor jeder Reise eidesstattlich, dass sein Schiff seetüchtig, ordentlich besetzt, gut ausgerüstet und mit korrekt gestauter und gesicherter Ladung die Reise antreten wird. Die Gewissenhaftigkeit unseres »Captains« hatte tiefe Wurzeln.
Unsere Generation hingegen begann inzwischen großzügiger zu denken und zu handeln. Das sollte, je besser es dem Land ging, noch zunehmen. Jene Generation von Fahrensleuten aber, überhaupt jene, die Krieg, Not und Elend erlebt hatten, sparten und knauserten mit allem. Arthur Friedrich, Weitendorfs 1. Offizier, war kaum weniger auf Sparsamkeit bedacht als sein Master. Einen neuen Pinsel bekam man nicht vom Bootsmann, den holte Friedrich erst nach reiflicher Prüfung des haarlosen alten aus seiner Backskiste. Ausgediente Unterwäsche, frisch gewaschen in Putzlappengröße geteilt, gab Arthur Friedrich nicht ohne Appell zur Sparsamkeit persönlich an den Seemann weiter.

Wenn Friedrich über seine Fahrenszeit auf Schiffen der Reederei Slomann in Hamburg erzählte, machte er deutlich, wie rationell (wir verstanden: geizig) er auf diesen Frachtern zur See gefahren worden war.
Derselbe sparsame Arthur Friedrich konnte aber auch großzügig sein. Wenn die »Jantjes«, seine Stammmatrosen abends an Bord mit leeren Geldbeuteln Mensch-ärgere-dich-nicht oder Skat spielten, statt an Land zu gehen, rückte er ein paar größere Scheine heraus. Als Vorschuss, wie er schmunzelnd erklärte.
Typisch Seemann: sparsam und großzügig zugleich.

Zwischen Ryck und Warnow

Wir fieberten darauf, endlich auf hoher See zu trainieren, doch meist landeten wir im Greifswalder Bodden, den wir verächtlich als »Idiotenwiese« bezeichneten. Das Gewässer zwischen Rügen und Festland war im Durchschnitt lediglich acht Meter tief. Man konnte jederzeit stoppen und Anker werfen, es gab keinen Seegang und andere Störfaktoren, die die Ausbildung behindert hätten.
Diese geradezu idealen Bedingungen hatten schon andere deutsche Segelschulschiffe vor

Der Fünfmastdoppeltopschoner, mit dem Kapitän Ernst Weitendorf Weizen von Australien nach Europa fuhr. Es gab vier Schwesternschiffe (ADOLF VINNEN, CHRISTEL VINNEN, SUSANNE VINNEN und WERNER VINNEN). Dieser hier wurde 1922 in Kiel gebaut

uns genutzt, etwa die SEUTE DEERN[5], was wir aber nicht wussten.
Während der Trainingsfahrten unter Segeln navigierten jeweils zwei Schüler parallel mit Wachoffizier im Kartenhaus. Im April 1954 waren wir wieder einmal im Bodden unterwegs. Die Kameraden auf der Lehrbrücke hatten bereits die drei auffälligen Kirchen in der Silhouette von Greifswald ausgemacht. Und nicht nur sie. Es herrschte eine gespannte Atmosphäre an Bord, als wir wenig später in den der Stadt vorgelagerten idyllischen Fischerhafen Wieck einliefen, um dort vor der Ausflugsgaststätte »Utkiek« festmachten.
Der Seemann denkt, der Kapitän lenkt.
Dieser erwartete Vertreter von Stadt und Hafen an Bord. Ein pferdebespannter Wasserwagen kam, um unsere Trinkwassertanks aufzufüllen. Und wir Kursanten hatten laut Lehrplan Selbststudium im Zwischendeck. Noch vor Einbruch

Große Wäsche an Bord: gewaschen und gespült mit Meerwasser

der Dunkelheit, spätestens jedoch am nächsten Morgen, sollte es wieder seewärts gehen.
Inzwischen aber fanden sich Schaulustige auf der Pier ein, darunter viele hübsche Mädchen, die mit uns durchs offene Bullauge flirteten und für kleinere Gefälligkeiten zu Diensten standen. An Deck waren ein paar Leute vom Stamm sowie der Gangwayposten.
Plötzlich ertönte die Bootsmannspfeife.
»Beide Wachen an Oberdeck antreten«, rief der Wachmatrose. Wir rannten ins Freie, traten an wie befohlen und vernahmen die Meldung an den Kapitän. Der stand mit eisernem Gesicht.
Danach: »Meldung an den Kapitän ...«
Und über uns vorne auf der Back stand dieser nun. Schon auf gleicher Ebene überragte er

wohl jedermann. Berthold Brügge schrieb über ihn auf Plattdeutsch: »Dat ogenfälligst is sien Bort«, berichtete er. »He is lütter as een Spitzbort, kantig snäden un in de Mirr akkurat uteneen böst. An Enn kennt jeder Kaptein Weitendörp, ok wenn he sein Bild man eenmal sehn hett. Und denn sünd dat sien Ogen, de ehr Gegenoewer fasthollen un nicht ihrer wedder

los laten, bit se up de Grund wäst sünd un weten wecker een wör ehr sitt.« Auf Hochdeutsch: »Jemand, der auch nur einmal sein Bild sah, hätte ihn immer wieder erkannt. Augenfällig sein Bart. Kleiner als ein Vollbart, größer als ein Spitzbart, kantig geschnitten und in der Mitte akkurat auseinandergebürstet. Und dann seine Augen, die ihr Gegenüber festhielten und nicht eher wieder losließen, bis sie ergründet hatten und wussten, wer vor ihm stand.«
Dieser Kapitän Ernst Weitendorf hob nun also an: »Ich habe bemerkt, dass ihr euch von den Mädchens habt Bier holen lassen!« Dann machte er eine Pause, jeder wusste, dass Alkohol an Bord untersagt war. »Habt ihr vergessen, wessen Namen ihr an eurer Mütze tragt? Weggetreten.«
Lange Reden war man von ihm nicht gewohnt. Das war fast eine.

Betreten setzten wir uns zur Fortsetzung des Selbststudiums nieder. Nie hat ein kollektiver Anschiss des Kapitäns ein Palaver ausgelöst, selbst wenn eine Vorhaltung unbegründet war. Hin und wieder kam der Alte am Abend zu uns ins Zwischendeck, um aus dem Manuskript seiner Autobiografie vorzulesen. Zunächst mussten wir uns allerdings stets anhören, was er von einem Kalenderblatt vortrug. Das waren Weisheiten wie »Wer niemals ein guter Schiffsjunge war, wird es nicht dahin bringen, ein guter Kapitän zu sein«. Und Weitendorf ergänzte: »Mindestens nicht in der Handelsschifffahrt.« Die seemännische Weisheit, so behauptete Weitendorf, stamme von Jules Verne.
Dann folgte die Lesung. Naturgemäß wäre es ihm leichter gefallen, auf Plattdeutsch die Worte zu meistern. Aber er hatte sich auf Hochdeutsch gequält und trug nun ein wenig monoton seine Seeabenteuer vor. Dabei ging es um Albatrosse, Stürme am Kap Hoorn, den Abschied von der Seemannsfrau und den Kindern,

»Wer kein guter Schiffsjunge war, wird auch kein guter Kapitän.« Und wieder Reinschiff

die er erst nach sieben Jahren wieder in die Arme schließen konnte ...
Weitendorf versuchte uns damit zu zeigen, was seinem Leben Sinn gegeben hatte. Doch schon damals klang sein Vortrag in unseren Ohren wie eine Botschaft aus einer untergegangenen Welt. Das war Vergangenheit und hatte mit uns nur bedingt zu tun. Wir wollten zur See fahren und eigene Erfahrungen sammeln. Natürlich waren die Haltungen, welche Weitendorf verkörperte, bemerkenswert, wir respektierten, ja bewunderten ihn dafür.
Doch uns trieben andere Motive, wir hatten andere Fragen, die uns Weitendorf mit seinen Erinnerungen kaum beantworten konnte. Was, zum Beispiel, bedeutete gesellschaftlicher Umbruch, von dem der Politoffizier sprach, der Aufbau eines neuen, eines sozialistischen Staates? Hatte das Folgen für uns, für die Seefahrt?
Arthur Friedrich, der 1. Offizier, war jünger als Weitendorf, er war die Generation nach ihm und stand darum uns Jungen näher. Er erschien oft im Zwischendeck, wenn wir bereits in den Kojen lagen. Er erkundigte sich, ob alles in Ordnung sei und wünschte eine »Gute Nacht«. Er erschien mit brennender Kerze und – wegen des Brandschutzes – Kerzenteller. Er zog die Zündhölzer aus der Tasche, um mit der Bemerkung, man müsse sparsam sein, auch noch die Notbeleuchtung zu löschen.
Meist erzählte er dann noch etwas aus seinem Leben. Nichts Privates, bewahre. Es ging stets um Seefahrtserlebnisse in seiner Jugendzeit, um Küstensegler, Kap-Hoorn-Rundungen auf der PARMA, Levantereisen auf Frachtern, Erfahrungen und Enttäuschungen im Umgang mit Reedern. Seine Ausführungen würzte er mit französischen, italienischen, spanischen und selten englischen Wendungen. Kriegs- und nachkriegsbedingt hatte er über längere Zeit-

räume unter Franzosen gelebt und gearbeitet. Arthur Friedrich wurde von uns hoch geachtet. Beliebt waren auch seine Fachvorträge. Beispielsweise die Darstellung von Passaten, Monsunen, des Kalmgürtels sowie den Stürmen am Kap Hoorn und deren Bedeutung für die meteorologische Navigation. Dazu kamen oft Fragen aus den Kojen.
Weitendorf und Friedrich imponierten uns nicht zuletzt wegen dieser Geschichten über das harte, oft entbehrungsreiche Leben auf See.
Und die Tatsache, dass sie nie auf einem Kriegsschiff, sondern immer nur auf Handelsschiffen fuhren, berührte uns auch. Beide waren für uns die Verköperung des aufrechten, anständigen, geradlinigen Seemanns.
An jenem Abend in Greifswald-Wieck zog ich nach dem Donnerwetter des Alten auf Nachtwache. Ich hatte von 4 bis 6 Uhr an Oberdeck aufzupassen, Leinen, Lichter und Gangway zu beobachten, dass niemand an Bord schlich oder dergleichen.
Dabei versuchte man, ganz leise übers Oberdeck zu gehen, damit die Schläfer unter Deck nicht gestört wurden. Selbst der Wachoffizier vermied es, die Steuerbordseite der Poopdecks zu betreten, denn darunter schlief der Kapitän. Ich hatte mir ein stilles Plätzchen auf der Back gesucht. Der Morgenwind blies kalt, die Wellen gluckste an die Bordwand, im Osten begann es langsam hell zu werden. Von See kommend zogen schwarzgraue Segel vorbei. Auf dem zweimastiges Zeesenboot[7] standen vor den Segeln unbeweglich zwei Steuerleute. Still kreuzten sie noch ein paar Schläge ryckaufwärts, bevor sie präzise den sehr knapp bemessenen Liegeplatz am heimatlichen Bollwerk einnahmen.
Wohltuende Morgenstunde, Fischerdorf, Fischerboote, Fischerzeesen. Alles in geruhsamer Harmonie. Zwei Mann herrschten wortlos und souverän über fünf Segel, als geschehe dies scheinbar nebenbei. Hinter ihnen lag der Fischfang da draußen. Die Ruhe und Gelassenheit beeindruckten mich. Wie laut hingegen ging es an Bord der WILHELM PIECK mit ihren 13 Segeln mäßiger Größe zu, wenn an die 40 Männer Segelmanöver fuhren?

Enter auf! Und schon geht es in Windeseile aufwärts. Links: Zweimastiges Zeesenboote mit dunklen Segeln

Um den Kursanten die Furcht vor der Höhe zu nehmen, heißt es immer wieder aufentern

Nun ja, dachte ich bei mir, wir wollen erst noch Seeleute werden. Die waren es bereits.
Die beiden »Zeesner« riefen damals in mir Kindheitsbilder wach. Erinnerungen an Schulferien, die ich in einem am Salzhaff gelegenen Dorf bei Verwandten verbrachte. Nicht wenige Dörfler waren Kleinbauern und zugleich auch Fischer. Meine Cousins, die tagsüber die Wiese gemäht hatten, brauchten mich nicht zu überreden, mit ihnen des Nachts zum Zeesen auf das Salzhaff hinaus zu segeln. Zum Fischen driftete das Boot, mit dichtgesetzten Segeln und gehobenem Schwert fast quer vor dem Wind liegend, lautlos dahin. Immer auf der Steuerbordseite zog es in Luv das Fanggeschirr mit Grundschleppnetz, die Zeese hinter oder besser neben sich her. Die Zeese wurde achtern an einer über den Achtersteven hinausragenden Stange, dem Driftbaum, und vorne am Klüverbaum befestigt und dadurch aufgespreizt. Gefischt wurde meist nachts ohne Positionslichter. Eine Drift dauerte etwa zwei Stunden, dann wurde zurückgekreuzt und mit der nächsten Drift begonnen.
Viel gesprochen wurde dabei nicht, die Cousins verstanden ihr Handwerk. Ab und an begegnete uns im Dunkel ein ebenfalls unbeleuchtetes Zeesenboot.
Natürlich war ich bald müde. In der Kajüte, dem Vörünner, gab es zwei Kojen, in denen es sich wunderbar schlafen und von der großen Seefahrt träumen ließ. Die See ist aus meiner Kindheit nicht wegzudenken, damals erwachte meine große Liebe.
So träumte ich denn in meiner Nachtwache vor mich hin.
Bei der Heimfahrt nach Rostock kreuzten wir mühsam gegen einen schwachen Westwind an. Gewohnter Wachrhythmus, gewohnter Wachdienst. Der jeweilige Wachoffizier übernahm die Schiffsführung und kommandierte die gebotenen Segelmanöver.
Auf See schlief der Kapitän des Nachts meist im Kartenhaus. Ansonsten sah man ihn auf

dem Quarterdeck, und das stets in Luv, auf und ab spazieren, wachen Blickes auf die Segelführung. Die Offiziere hielten Distanz, vermieden es, ihm zu begegnen, so sie nicht gerufen wurden. Bei Motorfahrten blieb dem Alten die Steuerbordseite des Poopdecks vorbehalten.
Er lebte an Bord, wie mir schien, generell ein wenig für sich, hielt sich abseits und fühlte sich wohl wegen seines Alters nicht mehr denen emotional zugehörig, die an Bord waren.
Unsere Gedanken eilten dem Segler voraus, zum Heimathafen. Der schien greifbar nahe zu sein, aber: Segeln heißt, sich in Geduld fassen. Eben noch spiegelte sich das Blau des Himmels im Meer, als dunkle Wolken heranflogen und die Sonne verdeckten. Wir enterten auf, um die Segelfläche zu verringern. Wind kam auf. Sprühender Gischtnebel nahm uns bald die Sicht.

Flaute, kein Hauch geht

Trotz geringer Segelfläche geriet das Schiff in beängstigende Schräglage, es folgte dem Auf und Ab der Wellen, stampfte und schüttelte das Schiff durch. Und dazu kamen immer neue Segelmanöver ...
Auf schlingerndem Kurs fuhren wir durch die enge Moleneinfahrt in die Warnow. Dabei verlor das Schiff seine Schwingungen und glitt mit tuckerndem Motor stromaufwärts. Wohltuende Ruhe kehrte ein. Die interessante Revierfahrt hatte begonnen. An Bord herrschte nun eine andere Stimmung. Vorbereitungen zum Anlegen wurden getroffen. In vollem Ornat, das Fernglas griffbereit vor der Brust, stand der Kapitän auf der Brücke und kommandierte. Sobald an Backbord auf dem Gehlsdorfer Ufer eine Häuserlücke die Sicht auf sein landeinwärts gelegenes Wohnhaus freigab, gab er mit dem Signalhorn eigenhändig drei lange Töne ab. Durchs Fernglas verfolgte er, ob seine Frau das Zeichen vernommen hatte und zum Zeichen, dass es so war, mit dem Tuch winkte. »Mudding, ik bün wedder doar«, spöttelte einer, obgleich auch ihn die anrührende Geste bewegte.
Spannend am Ende der Fahrt warnowaufwärts war stets das Anlegemanöver am knapp bemessenen Liegeplatz zwischen Baggern, Schleppern und Schuten hinter den großen Hafensilos. Unser Leinenkommando war, wie üblich, dem Schiff mit dem Boot voraus gerudert.
Vorm Anlegen musste die Fahrt des Schiffes aufgestoppt werden. Weitendorf gab dabei in der Seefahrt einmalige Kommandos an den Motorenmann: »Voll zurück, aber ganz langsam.« Wenig später folgte: »Stopping!«
Nie sagte er: »Maschine stopp!«
War die Rückwärtswirkung zu stark, meckerte er: »Heff ik nich seggt: ganz langsam?«
Reichte sie nicht aus, kam: »Heff ik nich seggt: vull taurück?«
Schuld war immer der Mann an der Maschine.
Während der zwei Tage im Hafen war obligatorisch für alle: der Besuch der Warmbadanstalt, Zeugdienst, Ergänzung der persönlichen Vorräte, Friseurbesuch, Kinobesuch, abendlicher Kneipenbummel.
Bald schon würde es wieder seewärts gehen.

Erstmals Hafengast in Greifswald

Überraschend liefen wir am 26. April 1954 zur Ausbildungsfahrt mit einem Stopp in Greifswald aus. Die Stadt habe Schiff und Besatzung zum 1. Mai zur Teilnahme an den dortigen Feierlichkeiten eingeladen, erfuhren wir aus einem an den Kapitän gerichteten Einladungsschreiben, das er uns vorlas. Flussaufwärts solle es gehen, um im Stadthafen anzulegen. Erstmals würde sich unser Segler in dieser alten Hansestadt präsentieren. Es war gewiss sehr lange her, dass dort andere Rahsegler gesehen worden waren. Ein Segelschulschiff wohl noch nie. Nach zwei Seetagen machten wir zunächst im Vorhafen Wieck fest. Wir waren gespannt auf die bevorstehende Fahrt auf der Ryck, mehr noch auf den Stadtaufenthalt. Nicht nur das Schiff war herauszuputzen. Es gab Zeugdienst und Anzugkontrollen, das Paradieren auf den Rahen, den Salings und in den Wanten wurde trainiert. Die Offiziere hatten Weitendorf die Zustimmung zum Paradieren abringen müssen. »Aber nur noch dies eine Mal«, soll er gesagt haben. Und dann sollte die Besatzung noch am Maiumzug teilnehmen. In Viererreihen sollten wir uns einordnen. Diese Formation übten wir ebenfalls. Von den Greifswalder Seesportlern hatte der Kapitän zwei Ruderkutter erbeten, damit auch der Bootsdienst nicht zu kurz käme. In diesem Fall ging es mehr um die Erkundung flussaufwärts, bei der auch die Wassertiefe am vorgesehenen Schiffsliegeplatz ausgelotet wurde. Bei ihrer Rückkehr schwärmten die Teilnehmer weniger von den naturbelassenen Ufern als vielmehr von der Tatsache, dass es vom Liegeplatz bis zur Kneipe nur ein paar Schritte waren, das hieß Landgang ohne Umwege.

Die Schiffsleitung hatte andere Sorgen. Da war die enge Klappbrücke, deren Hubteile sich nicht ganz in die Senkrechte bringen ließen, und ein

Die Klappbrücke von 1887 über den Fluss Ryck, nach holländischem Vorbild errichtet

kurvenreiches Fahrwasser, das dem Schiff nicht viel Freiraum unterm Kiel ließ. Schließlich die Hafenenge selbst. Und es gab eine Telefonleitung der Sowjets zum Übungsgelände Ladebow, die den Fluss in geringer Höhe überquerte. Irgendwie konnten die Oberen der Stadt den sowjetischen Kommandeur bewegen, das Hindernis beseitigen zu lassen.

Am Freitag, dem 30. April, legte das flaggengeschmückte Schiff am Vormittag in Wieck ab. Die Rahen für Fock- und Marssegel waren mittels ihrer Dumper so gestellt worden, dass sie nicht über die Schiffsbreite hinausragten. In Millimeterarbeit passierten wir die Brückendurchfahrt. Aufatmen an Bord. Rasch wurden die Rahen vierkant gebrasst und spezielle Manntaue für das Paradieren auf denselben angebracht.

Der Segler tuckerte zur Genugtuung unser beiden Motorenschüler flussaufwärts. Dunst lag noch über den niedrigen Ufern.

Bei der Kommandoübernahme hatte Kapitän Weitendorf auf die Anfertigung eines Wimpels gedrängt, der als Gösch dem Schiff bei Revierfahrten voranflatterte und bei Hafenaufenthalten zum täglichen Flaggenschmuck zählte. Der Wimpel zeigte das Rostocker Wappentier, einen schwarzen Greif auf gelbem Grund. 1803 hatte ihn der Rostocker Rat als Seeflagge eingeführt, wobei dieses Wappentier bereits seit 1307 nachweisbar war. Unser Kapitän war Rostocker. Von seiner Heimatstadt aus war er in die Welt hinausgefahren. Auf dieses Symbol legte er großen Wert. So auch bei diesem Hafenanlauf. Bei schönstem Wetter steuerten wir dem Ziel entgegen. Zunächst säumten unverbaute Ufer unser Fahrwasser. Dann tauchten unter den hoch aufragenden Türmen der Kirchen Hafensilos, Lagerhallen und die ersten Häuser der Stadt auf.

Mit Front zur Stadt hatte wir in Weiß gekleideten Kursanten an Oberdeck Aufstellung genommen. Die Schiffsoffiziere hatten uns am Vortag bei einer Bordversammlung auf den Besuch vorbereitet. Sie teilten uns Verhaltensregeln mit,

30. April 1954: erstmals im Hafen Greifswald-Wieck

Paradeaufstellung – so ging es stromaufwärts nach Greifswald

erzählten ein wenig über die Stadtgeschichte, von der Universität und die kampflose Übergabe der Stadt im Frühjahr 1945 an die Rote Armee. Und wir hörten etwas von den großen Söhnen der Stadt, dem Maler Caspar David Friedrich und dem Dichter Ernst Moritz Arndt.

Vor Erreichen des Altstadtgebietes kam das Kommando: »Zur Paradeaufstellung – Enter auf.« Wie aus einem Munde kam es zurück: »Enter auf.« Wir erkletterten alle vier Wanten, verweilten kurz in Erwartung des Folgekommandos: »Auslegen zur Paradeaufstellung.« Sechsunddreißig weißgekleidete Matrosen ließen das Takelwerk als weiße Pyramide erscheinen. Allein im Vormast standen 22 von uns auf den vier Rahen. Andere standen auf der Signalrah des Großmastes und auf dessen Saling. Auch in den Wanten nahmen einige von uns Aufstellung.

Die Passanten an Land verfolgten alles mit sichtlichem Vergnügen.

Wir hingegen hatten von oben eine tolle Aussicht auf Logger und Binnenfahrgastschiffe. Mehrere Binnenwerften sorgten hier für die seegerechte Endmontage dieser Fahrzeuge, die in die Sowjetunion gingen. Am Nordufer lagen 24-Meter-Kutter der Saßnitzer Fangflotte. Alle Schiffe trugen Flaggenschmuck. Mit Sirenengeheul und dem Dippen der Flaggen wurde die WILHELM PIECK begrüßt. Uns wehte eine leichte Brise ins Gesicht, die Mützenbänder flatterten. Vorbei ging es an stadteinwärts führenden Straßen, in die man während der Vorüberfahrt kurz Einblick erhielt. Parallel zum östlichen Flussufer, vom Hafenkai durch Fahrbahn und Bürgersteig getrennt, verlief eine alte Häuserzeile. An den Fassaden konnte man verblichene Namen der Schiffshändler, Schiffsmakler und Kneipen entziffern. Wir standen nicht zum ersten Mal paradierend in der Takelage. Noch nie aber konnten wir dabei den Leuten in die Wohnungen schauen. Eine Menschenansammlung

Festgemacht wird vor dem Ausflugslokal »Utkiek«. Die Greifswalder nutzen die Gelegenheit, zum ersten Mal das Schulschiff aus der Nähe in Augenschein zu nehmen

erwartete uns bereits am Liegeplatz. Sie begrüßte uns mit Applaus. Dann kam das Kommando: »Enter nieder!« Abwärts ging es, wir nahmen Aufstellung an Deck. Schließlich wurden die Leinen an die Greifswalder Seesportler übergeben, die das Schiff vertäuten.
Am nächsten Tag, einem Samstag, nahmen wir an der traditionellen Maidemonstration teil. Dicht gedrängt standen Menschen an Straßenrändern und winkten uns zu. Es flogen humorvolle Zurufe hin und her, die Stimmung war heiter und gelöst. Irgendwann erreichten wir den Marktplatz. Parolen und Marschmusik dröhnten aus Lautsprechern, Neben dem Rathaus standen auf einer Tribüne die Oberen der Stadt. Und wir erkannten auch unseren Kapitän in reichlich goldgerändertem Marineblau. Als unsere Schiffsbesatzung, von großem Beifall begleitet, an der Tribüne vorbeizog, lösten sich aus ihrer Formation zwei Kursanten, die die Geschenke des Schiffes Weitendorf übergaben, der diese wie geplant an den Oberbürgermeister übergab. Er dankte im Namen der Besatzung für die Einladung.

Am Nachmittag öffneten wir das Schiff für Besucher aus Greifswald. Ursprünglich wollten wir die Gäste mit Seemannsliedern begrüßen, doch der Alte befand: »De Chorgesang, dat is Vageltütelkrams.«
Nach drei Tagen verließen wir den Greifswalder Hafen zu einer Ausbildungsfahrt ins Seegebiet östlich Bornholms.
Dann passierte es.
Der Kapitän hatte sich mit einer Fahrwassertonne vertan, worauf das Schiff den Gehorsam verweigerte. Es reagierte weder auf Ruderlage noch auf Propellerschlag. Wir saßen fest. Die Maschinen wurden abgestellt. Stille an Bord. Durch kristallklares Wasser sahen wir den Meeresgrund. Feiner heller Sand, auf dem der Kiel des Schiffes auflag. Der Kapitän stand auf dem Achterdeck. Und war doppelt sauer. Als er sich außenbords gebeugt hatte, war ihm seine goldene Schweizer Armbanduhr ins Wasser gefallen. Einer von den Kursanten entledigte sich seiner Sachen und sprang ins Wasser. Und tatsächlich: Er holte sie herauf und überreichte sie voller Stolz dem Besitzer. Der aber brubbelte nur etwas von Disziplinlosigkeit. Hinterher aber übergab er den Taucher einen 50-Mark-Schein. Das verwunderte alle noch mehr.
Wer am Grunde fest kommt, sollte auch wissen, wie er wieder flott wird. Diese alte Seemannsweisheit beherrschte Weitendorf auch. Zur Tiefwasserseite ließ er an langer Leine einen Warpanker ausbringen und uns an Oberdeck auf Pfiff von einer Bordseite zur anderen laufen. Hinüber und herüber, immer wieder. Der Segler geriet daraufhin in Rollbewegungen, die den Kiel freikommen ließen. Die Ankerleine bewirkte ein Übriges.
Schon bald waren wir wieder auf Kurs.
Nach Passieren der Südspitze Bornholms segelten wir schließlich einige hundert Seemeilen nordostwärts, so als wollten wir an Öland vorbei nach Gotland.
Der Bordbetrieb erfolgte im Zweiwachsystem. Gewöhnungstraining hieß das. Die jeweilige Schülerwache stellte bei stündlichem Wechsel den Rudergänger und den Ausguck. Zwei wei-

1. Mai 1954: Morgenappell, bevor es losgeht. Die Unterrahen sind wegen der Klappbrückenpassage aufgetoppt. Rechts: Kletterkunst am Mast beim Festmachen eines Zwischenstagsegels

»Schwere Böen trafen das Schiff, der Wind pfiff durch das Rigg. unser Zweimaster neigte sich auf die Seite, als wolle auch er vor dem Sturm in Deckung gehen. Der Kapitän blieb ruhig. Erst jetzt fühlte er sich in seinem Element.«

tere Kameraden navigierten unter Anleitung eines Wachoffiziers auf der Lehrbrücke mit, registrierten die meteorologischen Daten und führten parallel zur Schiffsleitung auch ein Navigationstagebuch.

Neben dem obligatorischen Reinschiff am Morgen beschäftigen wir uns mit seemännischen Handarbeiten, etwa der Instandhaltung. Es wurde auch Lichtmorsen trainiert. Entsprechende Signallampen waren reichlich vorhanden. Mit Segelmanövern war ohnehin ständig zu rechnen, auch mit Bootsübungen und Rettungsmanövern. Nachts fand man ein stilles Plätzchen zum Klönsnack, für Smoketime oder ein kleines Nickerchen. Der ungewohnte Wachwechsel brachte den Schlafrhythmus durcheinander. In Freiwachen wurde geruht.

Als wir den Bug nach einigen Seetagen heimwärts richtete, verschlechterte sich das Wetter. Mühsames Aufkreuzen war angesagt, ohne dass wir recht vorankamen. Der Himmel verdunkelte sich zusehends, Windböen jagten über Dünung und Wellenkämme und peitschten weiße Gischt auf, die uns in die Gesichter schlug. Wir suchten hinter den Aufbauten Schutz. Zunächst kreuzten wir mit reduzierter Segelfläche gegen den Sturm an. Schwere Böen trafen das Schiff, der Wind pfiff durch das Rigg. Unser Zweimaster neigte sich auf die Seite, als wolle auch er vor dem Sturm in Deckung gehen. Der Kapitän blieb ruhig. Erst jetzt fühlte er sich in seinem Element.

Seine Segelkommandos zum Aufentern gingen nur noch an die Männer vom Stamm und an ausgewählte Freiwillige. »Eine Hand für das Schiff und eine Hand für den Mann«, hieß es. Bis auf die hart angebrasste Mars, die Stagfock und das Großstengestagsegel ließ Weitendorf alles Tuch wegnehmen.

Das Schiff blieb so gerade noch steuerfähig, ohne sichtbar Fahrt voraus zu machen. Stattdessen driftete es leewärts, erzeugte so an seiner Luvseite eine Sogwirkung, die den dort anrollenden hohen Sturzseen Kraft und Wirkung nahm.

Obwohl das Schiff weiter rollte, neigten sich die Masten nur noch langsam, sie schwangen

Unwetter überstanden, es geht bei ruhiger See heimwärts

geringfügig hin und her. Durch den starken Winddruck auf die Restbesegelung behielt das Schiff eine gleichbleibende Krängung. Wir lagen beigedreht!
Es verwunderte uns, dass nunmehr eine körperliche und geistige Erleichterung an Bord eintrat, obgleich doch der Storm unverändert brauste und die schweren Wellen gegen das Schiff schlugen.
Unsere Hochachtung vor dem Können des Kapitäns wuchs in Unermessliche.
Stunden später besserte sich das Wetter. Der Wind flaute ab und die See beruhigte sich, als wäre er nie zuvor aufgewühlt gewesen.
Unter vollen Segeln ging es schließlich heimwärts.

Hiev Anker auf der Trabrennbahn

Vor Anker liegend, auf See oder des Abends im Hafen fand man sich gern zu einer Runde auf der Back ein. Wir plauderten, sangen, rauchten, spielten Gitarre oder Akkordeon.
Gerne sangen wir Shanties, in welchen es um den Mythos Kap Hoorn ging. Seeleute, die das Inferno überstanden hatten, galten uns als Vorbild. Natürlich war das alles Vergangenheit. Aber wir waren Kursanten auf einem Rahsegler, und das Kommando führte ein Kap-Hoornfahrer. Auch dessen Stellvertreter hatte das Hoorn zweimal umschifft.
Der Politoffizier bemühte sich, System in unsere Singerei zu bringen, und verteilte Lieder-

Der Shanty-Chor gibt sein Bestes. Hier im Wiecker Gasthof »Zur Fähre«

texte. Ein Stammmatrose wurde als Vorsänger bestimmt und gab uns Gesangsunterricht. Den Hintergrund für solch musisches Interesse erfuhren wir bald. Unsere Singerei hatte sich bis zum GST-Vorstand rumgesprochen. Und dort hatte man befunden, wir sollten Anfang Juni auf dem II. Deutschlandtreffen[8] in Berlin als Shanty-Chor auftreten.
Heute gibt es Shanty-Chöre wie Sand am Meer. Damals waren sie nahezu unbekannt.
So kunst- und musikverständig unser aus Dresden stammender Polit auch sein mochte, mit unserem Matrosenchor ging es nicht so recht voran. Erzgebirgler meinten gar, plattdeutsche Texte kämen dem Chinesischen nahe. Dem wären ihre Zungen nicht gewachsen.
Die Sorgenfalten des Polit entgingen selbst dem Kapitän nicht.

Der Dampfer VORWÄRTS war am 13. Oktober 1950 als erstes Schiff der Deutschen Seereederei Rostock in Dienst gestellt worden

»Hebben Sei de VORWÄRTS nicht liggen seihn«, fragte er, nachdem wir nach einer Ausbildungsfahrt wieder zurückgekehrt waren.
Was habe dieser alte Dampfer mit unserem Chorgesang zu tun, erkundigte er sich.
»Nun ja, dor gahn Sei man hen und reden mit Kapitän Zinn. Vielleicht leiht der uns seinen Matrosen Wulff[9], einen unserer ehemaligen Leichtmatrosen, aus. Der Junge hat Erfahrung mit so was. Das ist so'n Künstlerischer.«
Es folgte ein Bordbesuch auf dem Dampfer. Kapitän Zinn zeigte Verständnis. Auch Gerhard Wulff war einverstanden. Und so geschah es. Die Deutsche Seereederei lieh den vormaligen Leichtmatrosen der WILHELM PIECK, den man

Kapitänsbild von Marinemaler W. Bartels von 1985, im Besitz von Kapitän Gerd Peters

auf der VORWÄRTS als Matrose gemustert hatte, an Kapitän Weitendorf aus, um ihn erneut auf dem Segler anmustern zu lassen. Als Matrose, versteht sich.
Gerhard Wulff war somit der erste Schulschiffabsolvent, der als Matrose auf der WILHELM PIECK angemustert wurde.
Der meldete sich beim Alten zum Dienst. Der unterbrach ihn gleich. »Na, Wulff, dor büst du ja nu wedder. Un wat ick noch seggen wull, du makst mi in Berlin denn Kutterrees.«
Ende der Durchsage.
Zu Gerhard schauten wir auf. Erstens kannte er unser Schiff wie kein Zweiter. Zweitens war er der erste Kursant, der nach Fahrenszeit in der Stammbesatzung des Seglers bereits als Handelsschiffsmatrose in die Welt hinaus gefahren war. Und drittens schließlich brachte er sowohl den Shanty-Chor als auch unsere Wettkampfmannschaft für den Kutterrees in Fahrt.
Gerhard Wulff war voller Temperament, Humor

und Spritzigkeit. Er sollte später als Kapitän der DDR-Handelsflotte wie auch als Lotse von sich reden machen. Er wurde in dieser Funktion auch in Algerien tätig.
Inzwischen war unser Ankerspill mit seinen 11 Vertikalspaken nach Weitendorfs Order in Leichtbauweise exakt nachgebaut worden, zum Musik-Karussell meinten wir damals. Auf dem Spillkopf saß der Akkordeonspieler. 11 Männer an den Spaken, 28 Sänger dahinter: So sollten wir uns in der Öffentlichkeit mit Shanties und frohem Seemannsgesang präsentieren. »A-B-C-D, vorwärts nah See, Lüüd hievt denn Anker up«, hieß es in einem Lied mit der Schlusszeile: »Hurra so geiht hei good, Käpt'n swenkt sein'n niegen Hoot.« Oder wir sangen: »Juchei lustig seggt hei, ick bün Kock seggt hei.«
Unser erster öffentlicher Auftritt erfolgte auf der Trabrennbahn Berlin-Karlshorst im Rahmen eines längeren Kulturprogramms. Die Zuschauerränge waren gut besetzt.
Wir wurden als Matrosenchor der WILHELM PIECK angesagt.
Wo sonst Pferdegetrappel zu hören war, standen nun wir 40 Matrosen in Weiß mit flatternden Mützenbändern. Wir sangen, während wir einen Anker hievten: Elf von uns schoben

II. *Deutschlandtreffen in Berlin, Pfingsten 1954*

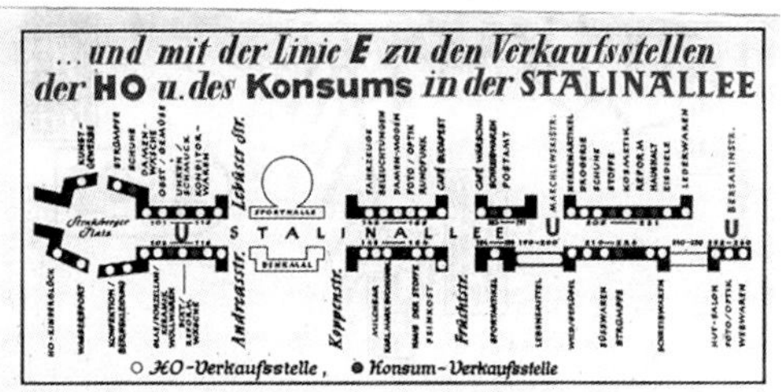

in gebückter Haltung die Handspaken. Immer rund, rund um die Achse des »Musik-Karussells«, auf dem der Akkordeonspieler saß. Alles live und ohne Playback.
Unser Erster hatte uns mit auf den Weg gegeben: »A sailor is in the position to raise his voice.« Es kam Stimmung auf, dann wurde heftig applaudiert. Erleichtert wankten wir in die Garderobe.

Kutterrees in Berlin-Grünau

Und natürlich gab es am Rande des Deutschlandtreffens auch einen Kutterrees. Nachdem wir zweimal in Leipzig, einmal in Stralsund und 1953 bei den Seesportmeisterschaften gewonnen hatten, galt die Mannschaft der WILHELM PIECK als unschlagbar.
Doch die anderen hatten nicht geschlafen. Gerhard Wulff sagte, in den Vorläufen sollten wir Zweiter werden. Wir waren beleidigt. Eh, Gerhard, willst du uns verschaukeln? Nun, seine Taktik ging auf, im Finale glaubte die Konkurrenz, wir wären doch zu besiegen. Doch da sollten sie sich getäuscht haben.
Geschickt erhöhten wir rechtzeitig das Tempo. Wir rissen in makellosem Schlag an unseren Riemen und waren von der Anstrengung so benommen, dass wir die anderen Boote nicht mehr wahrnahmen. Präzise wie ein Uhrwerk befolgten wir alle Kommandos des Bootsführers. Wir jagten als Erste durchs Ziel. Beifall von den Zuschauerrängen.
Anlegen zur Siegerehrung.
Mit kräftigem Riemenschlag schoss der Kutter bei schäumender Bugwelle nahezu im rechten

GESELLSCHAFT FÜR SPORT UND TECHNIK

URKUNDE

VERGLEICHSWETTKAMPF IM SEESPORT
ANLÄSSLICH DES
II. DEUTSCHLANDTREFFENS DER JUGEND
FÜR
FRIEDEN, EINHEIT UND FREIHEIT

ERRANG DEN
1. PLATZ
Disziplin: Kutterrudern
REGATTASTRECKE BERLIN - GRÜNAU
1000m

BERLIN, PFINGSTEN 1954

Sieger-Urkunde vom Kutterrees in Grünau beim Deutschlandtreffen, 1954

Winkel auf die Tribüne zu. Zuschauer und Offizielle erhoben sich von den Bänken und drängten zur Seite, als fürchteten sie einen Rammstoß. Wir jedoch machten einen scharfen Linksschwung und kamen präzise an den Liegeplatz. »Steuerbordseite auf Riemen, Riemen ein!«, kommandierte Wulff. »Halt Wasser, an Backbord!«
Mit hartem, kraftvollem Gegendruck stemmten sich die Ruderer der Backbordseite mit ihren Ruderblättern der Bootsfahrtrichtung entgegen. Bei gleichzeitig hart backbord gelegtem Ruder schwenkte das Fahrzeug in kurzem Bogen um die eigene Achse, brauchte durch diesen Dreh die eigene Restfahrt auf und gelangte so in voller Länge seiner Bordwand überraschend sanft auf das Bollwerk. Zwei Männer hielten es in aller Ruhe mit ihren Bootshaken an Land fest, bevor die Leinen übergeben wurde.
Für dieses Bilderbuchanlegemanöver, das jedem Admiral zur Freude gereicht hätte, gab es noch mehr Applaus als für den Sieg.
Kapitän Ernst Weitendorf konnte stolz auf uns sein.

Warum die Tellermütze Tellermütze heißt

Waren des Seemanns Lohn nicht auch immer fremde Häfen und ferne Länder? Gewiss, sagte der Kapitän, aber erst einmal sollten wir die eigene Heimat kennenlernen. Zum Abschluss des Lehrgangs verfügte er eine Bäderreise entlang der heimischen Ostseeküste. Wir sollten die Schönheit der eigenen Küste kennen- und lieben lernen, ließ der Polit durchblicken. Auf dem Programm standen Aufenthalte vor Heringsdorf und Zinnowitz, die Umrundung der Insel Rügen, und Besuche in Boltenhagen und Heiligendamm ...

Ein oder zwei Tage ankerte die WILHELM PIECK unmittelbar vor diesen Ostseebädern, und für uns gab es Landgang. 1954 erfolgten in den Ostseebädern ortsnahe Segelfahrten für Feriengäste. Damit verdienten sich die Fischer ein Zubrot. Mancher betrieb auch einen Verleih von Ruderbooten. Diese beiden Umstände führten dazu, dass unser Schiff stets von einer Armada umlagert war. So hatten alle Beteiligten ihren Spaß und unser Schiff reichlich Werbung.

Große Wäsche an Bord der WILHELM PIECK

Bädertour 1954: Ankunft im Ostseebad Heiligendamm. Urlauber, Kurgäste und Anwohner begrüßen Mannschaft und Schiff

Das Wasser bzw. dessen Mangel an Bord erwies sich zunehmend als Problem. Unsere Tanks fassten zwölf Tonnen. Damit mussten etwa 50 Mann auskommen. Ein 10.000-Tonner wie die MAX REICHPIETSCH mit 45 Mann Besatzung hatte 50 Tonnen Wasser in seinen Tanks. Der Alte sorgte darum nicht nur für sparsamen Umgang, sondern sann auch nach Alternativen.

Der Salzgehalt der Ostsee ist östlich Rügens erheblich geringer als etwa vor Heiligendamm. Also setzte der Kapitän dort Großreinigung an. Wir füllten unsere Waschbaljen – jene Gefäße also, die wir morgens zur Körperpflege nutzten – mit Seewasser und wuschen darin unsere blauen und weißen Arbeitsanzüge, die Leibwäsche und die Mützenbezüge mit grüner Seife und dem Industriewaschpulver P3. Die Wäsche war nach Seemannsbrauch zu knobeln, d. h. eigenhändig zu waschen. Weitendorf ging von Balje zu Balje, die sich mehrere Kursanten zu teilen hatten, um zu zeigen, wie man richtig knobelte.

Die Wäsche wurde, an einer Leine hängend, außenbords gespült, dann gebändselt und zu

den Toppen hinaufgehievt. Die Takelage sah sehr putzig aus. Unsere Hosen und Hemden flatterten im Ostseewind und trockneten in Windeseile.
An Bord gab es natürlich kein Bügeleisen. Damit jedoch mindestens die Mützen ihre Form behielten, holten wir uns aus der Kombüse Teller, über die wir die Mützenbezüge zogen. Die stellten wir schließlich zum Bleichen und Trocknen auf das Dach des Kartenhauses. So kam also die Kopfbedeckung zu ihrem Namen: Tellermütze.
Allerdings wurde es später Mode, die Bezüge zu ziehen und sie in schnittige Längsform zu bringen. Das verstieß gegen die Dienstvorschrift der Marine, aber in dieser Hinsicht drückten die meisten Vorgesetzten ein Auge zu. Wenn jeder den gleichen kreisrunden Teller auf dem Kopf hatte, war's ja auch langweilig.

Kursanten und Offiziere der WILHELM PIECK in Zinnowitz, 1954

Die Politik und die WILHELM PIECK

Im ersten Jahr des Schiffes hatte die DEFA einen Dokumentarfilm an Bord gedreht. »Kapitäne von Morgen. Ein Tag auf dem Segelschulschiff WILHELM PIECK« sollte natürlich für einen Beruf auf See werben. Jeder von uns hatte den Film mindestens einmal gesehen. Doch keiner sah sich so, wie es der Film suggerierte. Sollten wir schon morgen Kapitäne sein? Das hielten wir alle für übertrieben.
Ebenso die seit 1952 propagierte Vorstellung von einer sozialistischen Seefahrt. Erstens wusste kaum einer von uns, was »sozialistisch« ist,

Kranzniederlegung in Warschau im September 1952: die wohl schwerste politische Mission der WILHELM PIECK. Sieben Jahre nach Kriegsende reist erstmals eine deutsche Delegation in Uniform ins Nachbarland. Es ist der Versuch, Brücken der Verständigung und Versöhnung, der Freundschaft und des Friedens zu schlagen. Auf dem Programm stehen bewusst Auschwitz und andere Schreckensorte, die mit deutschem Namen verbunden sind

und zweitens: Was sollte an Bord neu sein? Alles war traditionell. Rituale, Uniformen, Befehle – alles folgte internationalen Regeln, die zumeist aus der britischen Seefahrt stammten. Der Kieler Kragen mit den drei weißen Streifen – die standen für die Siege Admiral Nelsons (1758-1805) bei Aboukir (1798), Kopenhagen (1801) und Trafalgar (1805). Der schwarze Halsknoten, gewunden aus einem dreieckigen Seidentuch – Symbol der Trauer nach Nelsons Tod bei Trafalgar, die weiße Schleife darauf für deren Ende. Die kaiserliche deutsche Marine und auch andere Seestreitkräfte folgten der Royal Navy, und so pflanzten sich diese Elemente fort bis in die Marine der DDR und deren Umfeld. Was, bitteschön, sollte daran sozialistisch sein?

Auch die hierarchischen Strukturen waren uralt. Und sprachen nicht auch die Offiziere einschließlich Kapitän von der »christlichen Seefahrt«?

Die politischen Überzeugungen wuchsen erst im Laufe der Jahre. Der stürmische Aufbruch des Landes, der Aufbau der Flotte in den 50er Jahren, die Aufmerksamkeit und Unterstützung für die Nachwuchsgewinnung – all das stärkte die Bindung an dieses Land und deren stärkste politische Kraft. Der Schriftsteller Erwin Strittmatter schrieb später dazu: »Es war damals fast unlogisch, nicht SEDist zu sein, wenn man zuvor nichts hatte, später, als man dann mehr und mehr wusste.«

Nicht wenige von uns schlossen sich aus Überzeugung dieser Partei an. Nur einige gingen in den Westen – aber nicht, weil sie den politischen Kurs nicht gebilligt hätten, sondern weil es ihnen nicht schnell genug ging mit dem Aufbau der Handelsflotte in der DDR. In Hamburg, Bremen, Kiel hofften sie rascher, ihren Traum von der großen Fahrt verwirklichen zu können.

Sie erinnerten sich dort gern und öffentlich an ihre Fahrenszeit auf der WILHELM PIECK. Und die Leute vom Fach würdigten die Ausbildung auf dem Segelschulschiff der DDR durchaus. 1988 hieß es in einer Laudatio des Vereins der Kapitäne und nautischen Schiffsoffiziere zu

Heinrich Mutschler, im FDJ-Zentralrat Sektorenleiter für Wasserfahrtsport, ab Herbst 1952 im Zentralvorstand der GST für diesen Bereich und damit auch für die WILHELM PIECK zuständig

Hamburg auf Kapitän Joachim Schwarzenberg: »Mit einer abgeschlossenen Stahlschiffbauerlehre auf der Mathias-Thesen-Werft Wismar und nach seemännischer Grundausbildung mit dem Abschluss praktischer Segelschiffsfahrzeit auf dem Segelschulschiff WILHELM PIECK wechselte er im Dezember 1956 in die Bundesrepublik, um von hier zur See zu fahren.«[10]

Ganz oben: ein Teil der Besatzung in der Gedenkstätte in Warschau, Dritter von links Helmut Sieger. Darunter: 1981 Wiedersehen: Dr. Helmut Sieger, Manfred Tomuschat, Heinz Born und Horst Rickert (von links nach rechts)

Tanz auf der Straße. In Warschau kommt es tatsächlich zu offenen, herzlichen Begegnungen zwischen jungen Polen und jungen Deutschen aus der DDR. Das Eis ist gebrochen, ein Neuanfang der Beziehungen zwischen beiden Völkern scheint möglich

Aus meiner Kursanten-Crew, dem ersten Lehrgang 1954, gingen Gräfe, Benthien, Eisenschmidt und Köhler nach Lehrgangsschluss in die Bundesrepublik. Sie wurden später dort Kapitäne und Seelotsen.

Wie schon einige Hundert Kameraden vor uns erlebten auch wir den Lehrgangsabschluss. Die Schiffsleitung unterhielt sich mit jedem einzelnen. Später hieß so etwas Kadergespräch. Darin ging es um die Perspektiven des Kursanten und um die Anforderungen aus den verschiedenen maritimen Bereichen. Eigene Bewerbungen für das Segelschulschiff wurden zur Kenntnis genommen, doch die Aussicht war gering, die Plätze waren rar.

Man respektierte auch den Wunsch auf Rückkehr in den bisherigen Beruf oder in die heimatliche Seesportgruppe. Es wurde nicht auf Biegen und Brechen für eine Tätigkeit in der Handelsmarine, der Fischerei oder in den Seestreitkräften geworben.

Aber natürlich war die WILHELM PIECK auch Teil der politischen Gesellschaft der DDR mir

Polnische und deutsche Matrosen und Kursanten in Gdynia. Ausgelassen gehen sie miteinander um und tauschen Teile ihrer Uniformen

einer politischen Aufgabe. Diese war nach außen wie nach innen gerichtet. Auf der einen Seite ging es zunehmend um die Nachwuchsgewinnung für die Volksmarine, also die Seestreitkräfte der DDR. Hier leistete das Segelschulschiff Erziehungsarbeit. Es ging sowohl um die seemännische und vormilitärische Ausbildung als auch um die pädagogische und politische Erziehung der Kursanten.

Die außenpolitische Wirkung zielte auf Völkerfreundschaft und -verständigung. Die wohl wichtigste Mission absolvierte die WILHELM PIECK und ihre Besatzung im September 1952. Sie fuhren auf Einladung polnischer Seeleute nach Gdynia, besuchten Auschwitz und die Ruinen in Warschau. Es waren die ersten Deutschen in Uniform, die in das 1939 von Hitlerdeutschland überfallene Nachbarland reisten. Sie schlugen nach dem unseligen Krieg Brücken der Verständigung und demonstrierten überzeugend, dass sie dafür sorgen wollen, dass nie wieder von deutschem Boden ein Krieg ausgehen würde.

Eine andere nicht weniger diplomatische Reise ging über Atlantik und Mittelmeer über achttausend Seemeilen 1957 in das Schwarze Meer und wieder zurück nach Greifswald-Wieck. Es

Die festlich beleuchtete WILHELM PIECK am Alten Strom in Warnemünde, 1969
Links: An der GST-Marineschule Greifswald-Wieck wird ab drei Mann marschiert und gesungen. Bis auf wenige Ausnahmen kommen die Vorsitzenden der Gesellschaft für Sport und Technik und ihre Stellvertreter aus der NVA. Seit 1963 werden auf dem Segelschulschiff vorwiegend Offiziers- und Unteroffiziersbewerber auf ihren Dienst in der Volksmarine vorbereitet. Die nächst größere Gruppe der Lehrgangsteilnehmer sind Vollmatrosenlehrlinge mit Abitur von der DSR

sollte die längste Reise der WILHELM PIECK werden. Später beschränkte sie sich auf Törns in der Ostsee.

Der Ausflug wurde international beachtet und erzielte durchaus die erwünschte Wirkung. Die DDR meldete sich, ehe sie mit einer stetig wachsenden Handelsflotte in die Welt reiste, als Seefahrerland an. Über diese Reise wird noch in diesem Buch ausführlich berichtet.

In den nachfolgenden Jahrzehnten verschoben sich die Akzente und Aufgaben des Schiffes. Führung und Stammbesatzung konzentrierten sich vor allem auf die Ausbildung des seemännischen Nachwuchses. Dennoch blieben Besuche in Ostseeanrainerstaaten und die Teilnahme in internationalen Regatten weiterhin im Termin- und Ausbildungskalender.

Ja, die WILHELM PIECK war ein Politikum, wie es wohl jedes Schulschiff war und ist. Im Unterschied zu anderen deutschen Schulschiffen, etwa der SCHLESWIG-HOLSTEIN, die am 1. September 1939 auf der Danziger Westerplatte mit ihren Schüssen den Zweiten Weltkrieg einläutete, kann das Segelschulschiff der DDR für sich beanspruchen, nie in einen Krieg einbezogen worden zu sein. Und ihre Schüler, die später die Uniform der Volksmarine anzogen, wurden ausgebildet, Frieden zu stiften und nicht zu brechen. Auch dieser Auftrag wurde von ihnen in Ehren erfüllt.

Insofern müssen sich all jene, die auf der WILHELM PIECK fuhren, ob dieser Tätigkeit nicht schämen. Im Gegenteil: Sie können auf diese Zeit mit Stolz zurückblicken.

1971: Kapitän Ernst Weitendorf und Generalmajor Günter Teller, Vorsitzender der GST, beim 20. Geburtstag der WILHELM PIECK. In der Mitte Helmut Sieger

Am Kapitäns-Tisch

Der Kapitän verließ das Schiff stets unmittelbar nach Ankunft im Heimathafen. Es zog ihn nach Hause, zu seiner Ehefrau und zu seinen Verpflichtungen in Gehlsdorf. So auch diesmal. Bei der Verleihung der Hochseeleistungsabzeichen an uns Lehrgangsteilnehmer war er schon nicht mehr zugegen. Wir wollten ihm dennoch persönlich danken und schickten zwei aus unserer Mitte, aus jeder Wache einen, mit Blumentopf nach Gehlsdorf.
Die Offiziere hatten uns geraten, mit der Straßenbahnlinie 11 bis Gehlsdorf zu fahren. Und das Kapitänshaus könne man nicht verfehlen: im Vorgarten läge ein Anker und stehe ein Flaggenmast. So war es.

Manche Übung diente nur der Beschäftigung

Gehlsdorf am gegenüberliegenden Ufer der Warnow, Heimat von Kapitän Ernst Weitendorf

Frau Weitendorf ließ uns ein und nahm uns die Blumen ab. Wie es schien, erwartete uns der Kapitän bereits. Er saß auf dem Sofa, hinter ihm das Bild eines Segelschiffes an der Wand.
»Na, was fällt euch auf an dem Schiff?«
»Es ist gerade so, als wenn das Schiff an uns vorübersegelt, Kamerad Kapitän.« Wir waren auf die Frage vorbereitet, denn sie stellte er jedem, der ihn besuchte.
Er war mit der Antwort zufrieden.
Wir dankten ihm mit einiger Aufregung für seinen maßgebenden Beitrag an unserer seemännischen Ausbildung. Wir hätten, was nicht gelogen war, viel von ihm gelernt.
Dann erschien seine Frau mit der Kaffeekanne, und jeder erhielt ein kleines Stück Platenkauken.
Da wir Fragen stellen sollten, erkundigten wir uns ein wenig verlegen nach seinem Fünfmaster von einst. Darauf wollte er offenbar nicht eingehen. »Üm doröver tau räden, is disse Stuuw woll väl tau lütt. Nich, Mudding?«
Er redete lieber über die schlechten Zeiten nach dem Krieg 1914/18. Da wäre es mit Großseglern nicht gut bestellt gewesen. Viele Seeleute lagen mit ihren großen Patenten an Land.
Dem rechten Seemann wäre kein Schiff zu groß gewesen, aber auch keines zu klein. Wir wussten aus seinen Lesungen, dass Weitendorf in jener Zeit als einfacher Matrose, obgleich doch Kapitän auf Großer Fahrt, auf einem Fischdampfer angemustert hatte. Dann hatte ein auslaufklarer, holzbeladener Schoner von 220 Ton-

Seemännische Ausbildung auf dem Land. Unten: Weitendorfs Wohnhaus: Klaus-Groth-Straße

nen einen Kapitän gesucht. Die Besatzung: fünf Mann – Kapitän, Steuermann, Koch und zwei Matrosen. Jeder musste alles tun. »Und mit diesem lütten Schoner zwischen Island, Schottland und Marokko, ging es durch die Biskaya und an der Küste Portugals entlang und zurück.«

Weitendorf, Sohn eines Hafenarbeiters, stammte aus sehr ärmlichen Verhältnissen. In harten, entbehrungsreichen Seemannsjahren hatte er sich Taler für Taler vom Munde abgespart, um sich seinen Kindheitstraum zu erfüllen und die Eltern zu erfreuen. Die Schiffsjungenjahre wären die allerhärtesten gewesen. Voll Demütigungen und rücksichtsloser Ausbeutung.

Wir hätten unvergleichlich bessere Bedingungen, sagte Weitendorf. Und: Auf einem Segelschiff lerne man Dinge, die in keinem noch so schlauen Buch zu finden wären. Davon könnten wir profitieren. Wir würden uns, auf welchem Schiff auch immer, leicht in jede Mannschaft einfügen.

Weitendorf wäre aber nicht Weitendorf gewesen, hätte er uns nicht an dieser Stelle auf die nötige »Dissisplin« verwiesen. Wir sollten rechtzeitig zum Schiff zurückkehren und uns nicht verspäten, was wie die Aufforderung zum Gehen klang. Wir erhoben uns auch umgehend und verabschiedeten uns artig.

Sommerliches Lehrgangsende

Die Stimmung in den Stunden des Abschieds an Bord war, bei aller Wehmut, heiter und ausgelassen. Die Monate, welche wir gemeinsam verbrachten, hatten uns nicht nur viel Wissen vermittelt, sondern auch einmalige Erlebnisse verschafft. Die Wochen auf dem Schiff waren wie im Fluge vergangen, vorübergerauscht wie einst die berühmten Teeklipper. Das Bordleben war einfach gewesen, alles organisiert, der Tag klar strukturiert. Nun musste das jeder wieder in die eigene Hand nehmen.

Ich kehrte in die Werft nach Wismar mit der festen Absicht zurück, meinen Beruf an den Nagel zu hängen und Seemann zu werden. Man hatte mir im Kadergespräch angeboten, nach Berlin zu gehen, um in der Redaktion der Zeitschrift *Seesport* zu arbeiten. Der Vorschlag hatte mich geradezu erschreckt. Ich lehnte dankend ab.

Dann zog die Schiffsleitung ein zweites Angebot aus dem Ärmel. Um die Zahl der Ausbildungsplätze zu erhöhen, wolle man kurzfristig einige Hochseeschuljachten in Dienst stellen. Man könne sich vorstellen, das ich eine solche führe. Eventuell wäre später ein Wechsel in die Stammbesatzung der PIECK möglich. Einen Haken hätte die Sache allerdings: Ich müsse mich sofort entscheiden. Nichts leichter als das! Sobald ich die Einstellungspapiere erhielte, würde ich in Wismar kündigen.

Gleichwohl hatte ich ein schlechtes Gewissen. Die Werft hatte mich nach Rechlin geschickt und ein Vierteljahr mein Gehalt gezahlt. Sie finanzierte mich, als ich auf der WILHELM PIECK segelte. Und von der Ledertasche, die

ich als Auszeichnung wegen des guten Abschlusses an Bord erhalten hatte, wollte ich erst recht nichts sagen. War es da nicht ein wenig schoflig, Adieu zu sagen? Nun, die Kollegen in Wismar zeigten sich einsichtig und ließen mich ohne Vorhaltung ziehen.

Hochseejachtenstützpunkt Wieck

Die WILHELM PIECK lag im Rostocker Hafen zwischen Baggern, Prahmen, Schuten und Schleppern an einem niedrigen Bollwerk, aus deren Balken und Pfählen gefährlich Bolzen herausragten. Der Liegeplatz war überdies hinter Hafensilos versteckt. Wahrlich keine angemessene Umgebung für die elegante, weiße Schonerbrigg und auch politisch missverständlich bezüglich des gesellschaftlichen Stellenwerts der jungen Generation: das Schiff der Jugend, abgeschoben in den letzten Hafenwinkel?

Hinzu kam noch etwas. Anfang 1954 gab es eine Sturmflut, die den Pegel und damit die Schiffe um 175 Zentimeter hatte ansteigen lassen. Weitendorf war in der schlimmsten Nacht vor Ort, um mit Balken, Holzkeilen und Fendern zu verhindern, dass das Schiff leck schlug.

Oben: Flottillenchef und Jachtenführer der ERNST THÄLMANN beim Fachsimpeln. Rechts oben: Der neue Liegeplatz Greifswald-Wieck. Darunter: das Flaggschiff der Segelschulboote

Beide Momente führten zu der Entscheidung, einen anderen, sichereren und besseren Liegeplatz für die WILHELM PIECK ausfindig machen zu müssen. Die Zentrale der GST, der Reeder, hatte Anfang 1954 entschieden, an der Mündung der Ryck bei Greifswald einen Stützpunkt für Hochseejachten einzurichten. Dort sollte seemännischer Nachwuchs ausgebildet werden. Als »Hochseejachtenstützpunkt Wieck bei Greifswald«[11] nahm die Einrichtung am 1. Juli 1954 den Ausbildungsbetrieb auf.
Folgerichtig entschied man, auch die WILHELM PIECK dorthin zu verlegen. Das geschah noch im Sommer 1954.
Zum Stützpunkt gehörten bereits die Segelschulboote ERNST THÄLMANN, ein 18,5 Meter langer Seefahrtskreuzer mit 150 Quadratmeter Segel; der Spitzgattgaffelkutter HELGOLAND (ex BEOWULF), elf Meter lang und mit einer Segelfläche von 70 Quadratmeter, die MAX

REICHPIETSCH, eine 12,2 Meter lange Yawl mit 80 Quadratmetern Segelfläche; die ALBIN KÖBIS sowie der Seefahrtskreuzer KNECHTSAND (ex BEATRIX), Länge 12,5 Meter, Segelfläche 70 Qudratmeter.
Später kam noch die Spreizgaffelketch JONNY SCHEER (ex NIRWANA) hinzu. Sie war 15 Meter lang und hatte eine Segelfläche von 130 Quadratmetern.
Die ERNST THÄLMANN verfügte als Flaggschiff der Flottille über einen Hilfsantrieb von 26,5 PS, alle anderen waren ohne Diesel.
Der Seefahrtskreuzer wurde 1954 auf der Rostocker Neptunwerft gebaut, er war der einzige hochseefähige Schulsegler der Station. Es hieß, die Jacht sei von einem Kanadier in Auftrag gegeben und nicht abgeholt worden, was die edle Ausstattung zu bestätigen schien: Die elf Schlafplätze waren geradezu luxuriös, es mangelte an Bord nicht an edlen Hölzern, Messing und Chrom. Selbst das Geschirr war vom Feinsten.
Mit der WILHELM PIECK und der ERNST THÄLMANN verfügte die GST über geeignete Fahrzeuge, um Ausbildungsfahrten auf der Ostsee und in das benachbarte Ausland vorzunehmen, und der Hafenstützpunkt erwies sich ebenfalls als ideal.
Und: Auf den Hochseejachten können nun auch junge Frauen ein Seepraktikum absolvieren. Die

Anker klar zum Fallen – an Bord des Seefahrtskreuzers ERNST THÄLMANN
Rechts: Das Boot an der Pier

Die ERNST THÄLMANN in voller Fahrt
Oben: Mädchen dringen in die traditionelle Männerdomäne vor. Auch das entspricht dem neuen Geist, der inzwischen überall weht

erste Schülerbesatzung auf dem Seefahrtskreuzer ERNST THÄLMANN war weiblich. Es waren überwiegend Oberschülerinnen aus Senftenberg in der Lausitz.
Schon bald setzte man die ALBIN KÖBIS ausschließlich für die Mädchenausbildung ein. Das Kommando übertrug man einer jungen Greifswalderin. Sie besaß Segelerfahrung mit Kuttern des Typs K 10, hatte nach dreimonatigem Lehrgang in Rechlin die C-Prüfung gemacht und ein Praktikum auf dem 150er Seefahrtskreuzer absolviert.
Aus Kapazitätsgründen wurden Bewerber für die WILHELM PIECK nunmehr auf die Jachten »umgelenkt«. Auch dort fand eine solide maritime Grundausbildung statt und erfolgte die Bekanntschaft mit der offenen See. Bereits in der Weimarer Republik, als der Versailler Vertrag Deutschlands Flotte begrenzte, hatte man den Nachwuchs auf kleinen Segelfahrzeugen ausgebildet.[12]
In den Lehrgängen auf den Jachten wurden Seemannschaft, Terrestrische Navigation, Segeltheorie und Seerecht unterrichtet. Nach vorausgegangenen Seesportprüfungen konnten in Wieck auch Segelberechtigungsscheine für die Seefahrt erworben werden. Der Unter-

1955 bezieht die JONNY SCHEER (r.) in Wieck ihren Liegeplatz. Jachtenführer Rickert wird von Bootsmann Wilhelm Kaiser (»Kaiser Wilhelm«) begrüßt. Links außen Jachtenführer Horst Berkowitz, in der Mitte Segelmacher Altenburg. Dritter von rechts: der Hafenmeister, daneben ein Grenzer und der Dorflehrer

richt fand im Saal des Ausflugslokals »Utkiek« statt. Höhepunkt der Ausbildung war eine Geschwaderfahrt um die Insel Rügen mit Aufenthalten in Stralsund und Saßnitz. Gelegentlich ankerte der Verband auch vor Hiddensee. Mit Schlauchboot setzten dort die Besatzungen über. Die Jachten wurden gut verproviantiert. Kochen mussten allerdings die Lehrgangsteilnehmer entweder auf Spiritus- oder auf Propangaskochern selbst. Geschirr wurde außenbords gewaschen. Das lief, wen überrascht es, bei den jungen Frauen besonders gut.
Mancher temporäre Smutje scheiterte jedoch grandios. So sollte es auf der HELGOLAND

Schnitzel geben. Kein Problem: Fett in die Pfanne, Fleisch hinterher. Schon bald jedoch zog Gestank über Deck. Offenbar stimmte etwas mit den Schnitzeln nicht. Wie sich zeigte, hatte der »Koch« anstelle des Fetts Bohnerwachs in die Pfanne gehauen ...
Im Sommer 1955 kam die JONNY SCHEER als siebte Jacht dazu. Unter den elf Schülern des ersten Lehrgangs war Robert Uecker[13], der 1957 in die Stammbesatzung der WILHELM PIECK aufrücken sollte. Er war der erste Seemann an Bord, der nie zuvor auf dem Segelschulschiff gefahren war.
Die Verlegung der WILHELM PIECK von Rostock nach Greifswald bedeutete die Mitnahme von Kleidung, Lehrmaterial, Segeltuch, Tauwerk, Farben, Ersatzteilen und Ausrüstungsgegenständen aller Art. Auch das vom Wirtschaftsleiter des Schiffes betriebene Büro musste aufgelöst und transportiert werden. Die Menge des Materials, das von Rostock nach Greifswald verlegt werden sollte, war beachtlich. Dafür wurden mehrer LKW geordert. Weitendorf lehnte ab. »Wotau hebben wie dat Schipp?«, fragte er und ließ in der nächsten Lehrgangspause Ladebereitschaft im Zwischendeck herstellen. So wurde die PIECK zum Lastensegler.
Am 25. September 1954 machte sie am neuen Liegeplatz fest. Wie die GST-Boote lag sie an der öffentlichen Hafenstraße. Landwärts dehnte sich eine Wiesenlandschaft. In aller Eile hatte man dort eine Holzbaracke errichtet. An deren Stirnseite war zu lesen »GST-Hochseejachtenstützpunkt Wieck bei Greifswald«.
Im Barackeninneren befanden sich einige winzige Räume für das Stationspersonal, ein Unterrichtsraum, das Zimmer für die Wachleute sowie Lagerräume für die Schiffe. Eine Segellast bot zugleich dem Segelmacher einen Arbeitsplatz. Es gab eine Kleiderkammer – aber weder einen Trinkwasseranschluss noch Kanalisation. Im Vergleich zu den Seesportschulen schien dieser Stützpunkt ein Provisorium.
Unmittelbar nach Ankunft ließ der 1. Offizier die Ladung – »den ganzen Klöterkrams« – in der Baracke einlagern. Die Trinkwasserversorgung erfolgte mit einem Wasserwagen, der solange stehen blieb, bis »Opa« sein Pferd einspannte, um für Nachschub zu sorgen. Das war

Die Schuljachten in Wieck ohne JONNY SCHEER, zur Begrüßung über die Toppen geflaggt

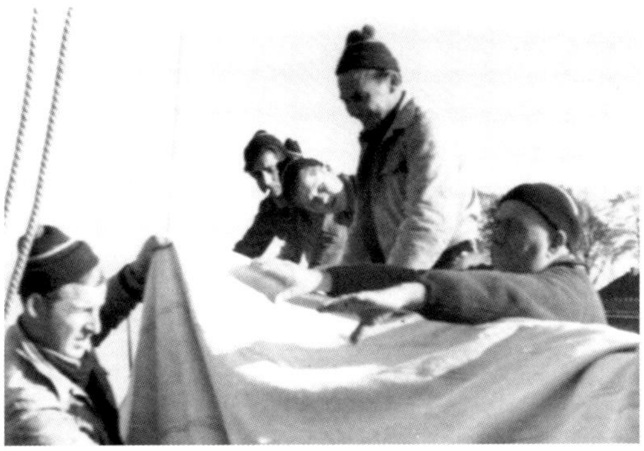

Segelverpacken. Oben: die ERNST THÄLMANN (Mitte) und das Schwesternschiff HORST LIEBIG (l.) von der Volkspolizei-See

nichts für Weitendorf. Er fuhr fortan regelmäßig flussaufwärts an einen Liegeplatz am Pulverturm und zapfte das Greifswalder Stadtnetz an. Dort hieß es auch: Landgang für alle. Und der war immer verbunden mit einem Besuch der städtischen Warmbadeanstalt.
Hinsichtlich der Toiletten war die WILHELM PIECK autark. Für das Stationspersonal und die Schuljachtenbesatzungen hatte man Plumpsklos errichtet. Sie hießen »der Sechszylinder«. Und der wurde seewindgekühlt.

Wieck

Was konnte den ohnehin idyllischen Hafen noch mehr schmücken als der Mastenwald von Segelschiffen? Am Hafenbollwerk der Wiecker Seite, unmittelbar hinter der Mole, lag vorn die Schonerbrigg, das Flaggschiff gewissermaßen. Dahinter war die Flottille der Hochseeschuljachten vertäut. Zehn Masten ragten in den Himmel. Schmucke weiße Schiffe, wie Perlen aneinandergereiht, ein Postkartenmotiv. Leben war ins Fischerdorf gekommen, ohne Aufregung zu erregen. Dennoch grassierte eine gewisse Skepsis unter den Fischern.
Die Segeljachten nannten sie »Lustkutter«. Und dann die jungen Leute an Bord! Sprachen nicht mal Platt. Berlinerten oder sächselten stattdessen. Dass das Segelschulschiff von einem Großkapitän geführt wurde, versöhnte sie ein wenig. Und als dann aus dem Dorf drei Personen als Wachleute und ein erfahrener Segelmacher Arbeit auf dem Stützpunkt bekamen, war alles geritzt. Später kamen noch zwei Motorbarkassen und ein einheimischer Schiffsführer hinzu. Die Männer aus Wieck, Hochseefischer im Ruhestand, waren schon bald gefragte Ratge-

ber. Allerdings gab es unter diesen auch eine Hierarchie: Je länger einer auf See war, desto höher stand er im Ansehen.

Die Segelschulschiffsmatrosen gingen voller Hingabe dem Segelmacher zur Hand. Nirgendwo konnten sie mehr hinzulernen als bei ihm. Einer der tüchtigsten Stammmatrosen verdarb es sich allerdings für alle Zeiten mit dem ihm, als er dessen echte englische Segelnadel mit der Prägung *1875* zerbrach. Das ging dem Segelmacher sehr nahe. »Von so'n Seelüd as du dat büst bruken wie nich noch mihr«, lautete sein Bannfluch. »So'ne Nadel gifft in de ganze Welt nich noch eenmoal!«

Das letzte Eis taute, als die Schulschiffsbesatzung auf ihrer Schwarzmeer-Reise vielen Menschen in Europa den Segler aus ihrem Dorf zeigten. Es war gewiss lange her, dass ein Greifswalder Rahsegler in den Ryck-Fluss zurückgekehrt war. Im August 1957 begrüßten selbst jene Wiecker Fischer, die sich bislang zurückgehalten hatten, das Schiff im Heimathafen.

Die Zuneigung wuchs stetig. Und schon bald erkundigten sich die Menschen in den Umgebung beim Nachbarn, wenn das Jahr sich neigte: »Ob dat Schaulschipp woll wedder denn illuminierten Dannenboom to Wiehnachten up denn Masttopp bringt?«

Wilhelm Haase aus Wieck, 1. Offizier auf der WILHELM PIECK (oben)
Rechts: Während der Werftprobefahrt im Cockpit der JONNY SCHEER

Blick auf das Vorschiff der ERNST THÄLMANN

1955 begann man in Rostock am Breitling mit dem Bau einer Zentralen Seesportschule mit Schiffsliegeplätzen. Das bedeutete die Rückkehr des Segelschulschiffes an die Warnow.

Zeitgleich jedoch suchte die DDR-Führung nach einem Standort für einen Überseehafen. 1957 fiel die Entscheidung. In Rostock-Warnemünde sollte der künftige Tiefwasserhafen entstehen. Damit waren alle Überlegungen, die GST-Flotte von Greifswald-Wieck nach Rostock zu verlegen, hinfällig.

Nach gründlichen Recherchen wurde 1958 beschlossen, die Seesportschule auf der Eldenaer Ryck-Seite zu errichten. Somit war der Gasthafen nach vier Jahren zum endgültigen Heimathafen der WILHELM PIECK geworden. Selbst der leidenschaftliche Rostocker, Kapitän Weitendorf, war über diese Entscheidung befriedigt. Er wusste die Vorzüge des Standorts für das Segelschulschiff zu schätzen. Nicht zuletzt war der Greifswalder Bodden ein ideales Übungsgebiet.

1 Dietrich Hildebrandt, Mein Weg zur Schifffahrt, Erinnerungen. Altenhagen bei Kröpelin, Oktober 2002.

2 Mit einem langgezogenen Pfeifen und dem Ruf »Reise, Reise« wird an Bord geweckt. Das ist eine Verballhornung des englischen »to rise«, was ja »reisen« oder »aufbrechen« bedeutet.

3 »Wahrschau« ist der Warnruf unter Seeleuten und die Aufforderung, genau hinzuschauen. Das ruft man, wenn man einen Niedergang hinauf- oder hinabsteigt, wenn ein Durchgang zu niedrig ist und man den Kopf einziehen soll.

4 Kapitän Lothar Macpolowski, Erinnerungsbericht. Stralsund 2005.

5 SEUTE DEERN lief 1919 als Viermast-Gaffelschoner »Elisabeth Bandi« in den USA vom Stapel und fuhr bis 1931 unter US-Flagge als Holztransporter nach Europa, dann Verkauf an einen finnischen Reeder. Der verkaufte das Schiff 1938 an einen Hamburger Reeder für 26.500 Reichsmark. Der ließ es vollständig runderneuern und gab der Bark den Namen SEUTE DEERN. Es wurde bis 1945 in der Ostsee und angrenzenden Gewässern als frachtfahrendes Ausbildungsschiff eingesetzt. Das Kriegsende erlebte das Schiff in Lübeck. Nach einigen Jahren als Hotel- und Restaurantschiff in Hamburg wurde es nach Holland verkauft, wo es als PIETER A. KOERTS eine schwimmende Jugendherberge war. Neue Eignerin wurde 1964 die Emder Gastwirtin Erna Hardisty, neuer Heimathafen Emden. Das Schiff erhielt wieder seinen vorigen Namen SEUTE DEERN. 1965 wurde es am einen Helgoländer Kaufmann verkauft. 1972 erhielt das »Deutsche Schiffahrtsmuseum Bremerhaven« die Bark als Gründungsgeschenk von der Stadt Bremerhaven. Beide Städte des Landes, Bremerhaven und Bremen, ließen die SEUTE DEERN erneut gründlich überholen umbauen. Die Bark liegt seit 1983 als Restaurant-, Museums- und Trauungsschiff in Bremerhaven vor dem Columbus Center vor Anker. Im Laufe der Zeit ist sie zu einem Wahrzeichen der Stadt Bremerhaven geworden.

6 Berthold Brügge: Mit Oll Topp bi Kap Huurn, Hinstorff, Rostock 1979, S. 147.

7 Ein Zeesenboot, plattdeutsch »Zeesboot« oder »Zeeskahn«, ist ein meist zehn Meter langes, breitrumpfiges Segelboot, das für relativ geschützte, flache Gewässer geeignet ist. Es wurde als Fischereifahrzeug für die Zeesenfischerei konstruiert. Heute werden Zeesenboote überwiegend als Freizeitsegelboote genutzt. Sie wurden seit dem 15. Jahrhundert in pommerschen Boddengewässern und im Stettiner Haff eingesetzt. In einer frühen urkundlichen Erwähnung wird 1449 in Stralsund von einem »sezekan« gesprochen.

8 Es gab insgesamt drei Deutschlandtreffen in der DDR-Hauptstadt: 1950, 1954 und 1964. Das letzte blieb deshalb bis über das Ende der DDR präsent, als damals das Jugendradio *DT 64* sein Programm begann. An diesen Treffen nahmen Jugendliche aus der DDR und aus der BRD teil.

9 Gerhard Wulff, geboren am 7. Juli 1933 in Demmin, 1947 Volksschulabschluss und anschließend Lehre als Bootsbauer in Demmin. 1949 Wechsel als Bootsmann zur Binnenschiffahrt. 1950/51 Fortsetzung der Bootsbauerlehre mit Berufsabschluss in der Volkswerft Stralsund. 1950 Teilnahme am 1. Wasserfahrtsportlehrgang, in Schwerin. Gründungsmitglied der Interessengemeinschaft Wasserfahrtsport der Volkswerft Stralsund. 1951 Teilnahme am Zentralen Wassersportlehrgang in Rostock-Gehlsdorf und am 2. Lehrgang auf dem Segelschulschiff WILHELM PIECK, Erwerb des Hochseeleistungsabzeichens der FDJ. Aufgrund des erfolgreichen Lehrgangsabschlusses Aufnahme in die Stammbesatzung und Musterung am 1. Oktober 1951 als Leichtmatrose. Anfang 1953 Unteroffizierslehrgang, ab Oktober 1953 Matrose auf dem ersten DDR-Handelsschiff, dem Dampfer VORWÄRTS. Rückkehr auf die WILHELM PIECK vom 11. Mai 1954 bis zum 9. Juni 1954. Am 16. Juni 1954 Musterung als Matrose auf der ROSTOCK, dem ersten Neubau für die DDR-Handelsflotte. Abmus-

terung Sommer 1955. Von September 1955 bis Juli 1956 Studium an der Seefahrtsschule Wustrow zum Patenterwerb »Kapitän auf Kleiner Fahrt«. Am 25. Juli 1956 Aushändigung des Steuermannpatentes A2. Steuermann auf der MS SASSNITZ (1956/57) und der MS ANKLAM (1957/58), am 4. Oktober 1958 Aushändigung A3 (Kapitän auf Kleiner Fahrt). Einsatz in der Kapitänsfunktion auf der MS BARHÖFT (1958-1961), MS DENEBOLA (1961-1964) und MS FALKE (1965). 1965 bis 1967 Studium an der Seefahrtschule Wustrow mit Abschluss »Kapitän auf Großer Fahrt«. Studienreise auf MS FICHTE (1966), gleichzeitig gemustert als 4. Offizier. Kapitän auf der MS BARTH (1966/67), 1967 Aushändigung Patent A6. Kapitän MS SPERBER (1967/68), MS WEIDA (1968/69), MS SAALE (1970). Ab 1. Juli 1970 Lotse in Rostock. Auf Bitte der algerischen Regierung von 1978 bis 1980 Lotse in Algerien. 1981 bis 1997 Lotse und Oberlotse in Rostock. Am 1. August 1997 trat Kapitän Wulff in den Ruhestand.

10 Aus: *Schiff und Hafen/Kommandobrücke*, Heft 7, 1988, S. 71.

11 Die Seesportbasis trug in der Folgezeit verschiedene Namen: ab 1955 GST-Hochseejachtenstation Greifswald-Wieck, 1959 GST-Seesportschule Greifswald-Wieck und seit 1969 GST-Marineschule Greifswald-Wieck.

12 Gerd Peters, Der Hochseesportverein »Hansa e.V.«, in: *Hanse-Anzeiger*, Wochenblatt für Rostock und Umgebung.

13 Robert Uecker, Jahrgang 1936, geboren in Ueckermünde. Nach Abschluss der Volksschule 1951 Bootsbauer-Lehre in der Schiffs- und Bootswerft Rechlin und aktive Mitarbeit in der Interessengemeinschaft Wasserfahrtsport. Das weckte den Wunsch, Seemann zu werden. Besuch eines Lehrgangs an der GST-Hochseejachtenstation Greifswald-Wieck vom 19. August bis 4. September 1955 auf der JONNY SCHEER. Nach zwischenzeitlicher Zimmermannstätigkeit in Ueckermünde im April 1957 Einstellung als Matrose für die Motorschulschiffe PATRIOT und FREUNDSCHAFT. Übernahme der Führung der Hochseeschuljacht HELGOLAND (monatliches Gehalt: 500 Mark plus 50 Mark Bordzulage). Wechsel als Stammmatrose der WILHELM PIECK im August 1957 (monatliches Gehalt: 330 Mark plus 30 Mark Bordzulage). Nach einem Jahr ging Uecker zum VEB Deutsche Seereederei Rostock. Es folgten verschiedene Schiffe, auf denen Uecker als Matrose fuhr. 1961/62 studierte er an der Seefahrtsschule Wustrow und erwarb das Patent A3 »Kapitän auf Kleiner Fahrt«, danach das Patent A5/II (Befähigung bis zum 2. Nautischen Offizier der Großen Fahrt). In der Folgezeit war Uecker als Nautischer Offizier auf verschiedenen Frachtern eingesetzt, von 1966 bis 1969 war er Kapitän des MS FLAMINGO, dann des MS WOLGAST. 1970 erneut Studium an der Seefahrtsschule Wustrow und Erwerb des Befähigungszeugnisses A6 (»Kapitän auf großer Fahrt«). Von Juni 1971 bis März 1976 Kapitän auf dem MS RHÖN, von Oktober 1967 bis Mai 1977 Kapitän MS ARTERN, danach drei Monate Kapitän MS WERRA, zwei Monate Kapitän MS ROSENORT, zwei Monate MS MULDE, ein Monat MS HAVEL. Es folgte ein erneuter Einsatz auf MS ROSENORT als Kapitän bis 1979. Danach wurde er wegen Westverwandtschaft als Kapitän abberufen. Fortan wurde er nur noch als 2. Offizier auf DSR-Schiffen in DDR-Häfen und -Werften eingesetzt. Dieser mehr als ungerechte Umgang verletzte Uecker sehr. Am 6. April 1990 wurde ihm ein neues vom Seefahrtsamt der DDR ausgestelltes Seefahrtsbuch übergeben, seine Degradierung als widerrechtlich eingestuft und er vollständig rehabiliert. Mit diesem Seefahrtsbuch der DDR musterte er im Juni 1991 in Hamburg auf der MV RENATE an. In der Folgezeit führte er mehrere internationale Schiffe als Kapitän. 1993 ging er nach 36 Jahren Fahrenszeit für immer von Bord.

Obwohl es ihm nach einer Operation 2001 nicht sonderlich gut ging, kam er zum 50. Geburtstag der WILHELM PIECK nach Greifswald-Wieck. Befragt, welche Rolle die WILHELM Pieck in seinem Seemannsleben gespielt habe, wies er auf ein Bild des Segelschulschiffes an seiner Wand, das er selbst gemalt hatte, und auf ein Buddelschiff. Unter vollen Segeln (ohne Skysegel über der Royal, denn das mochte er nicht anerkennen) stand die WILHELM PIECK vor der Silhouette des Rostocker Hafenviertels mit St. Petri im Hintergrund. »Man muss und kann stolz darauf sein, wenn man auf diesem Schiff fahren durfte«, sagte er. Kapitän Robert UECKER starb am 3. Januar 2004 in Rostock.

1955, das fünfte Dienstjahr

Der Kapitän geht von Bord

Weitendorf wollte, wie er 1951 erklärte, das Segelschulschiff nur ein paar Wochen »einfahren«. Jahre später war er noch immer dessen Kapitän. Und vermutlich hätte er das Schiff noch eine ganze Weile geführt, wenn denn nicht das Alter seinen Tribut gefordert hätte. Der »Alte« war es nunmehr auch den Lebensjahren nach: Am 12. März 1955 wurde er 72. An Bord fiel längst auf, dass er inzwischen ziemlich schlecht sah, ob bei der Seekartenarbeit, beim Auffassen von Zielen am Horizont oder auch in der Nähe. Es schien, dass er sich auch an gewisse Annehmlichkeiten gewöhnt hatte. Etwa an das personengebundene Auto. Auch dort war er »Master next God«.

Keine Autofahrt ohne griffbereites Fernglas. Dem Fahrer hatte er grundsätzlich befohlen: »Wenn Wild in Sicht kommt, anhalten, Motor abstellen, Fenster öffnen!«

Eines Tages rief er laut »Halt«. Der Fahrer stoppte umgehend und fragte nach dem Grund.

»Wenn ik segg anholln, denn heit dat ok anholln, und zwors sofort. Dor steiht 'n Reh, hebben Sei dat överseihn?«

»Sie haben sicherlich das Sagen, Herr Kapitän, över wat dor an'n Busch steiht, dat is 'ne Zääch.«

Nachdem sich Weitendorf davon überzeugt hatte, dass das vermeintliche Reh eine Ziege war, befahl er die Weiterfahrt und brubbelte, er werde wohl das Glas dem Optiker zur Reparatur bringen müssen.

Im Februar 1955 übergab Weitendorf »sein Haus« geordnet. Im Hochseejachtenstützpunkt Wieck bei Greifswald, seit einem halben Jahr Basishafen des Segelschulschiffes, lagen sechs Hochseeschuljachten der GST. Befehligt wurden die kleinen Schulsegler ausnahmslos von

Arthur Friedrich, bis dato 1. Offizier unter Weitendorf, übernimmt die WILHELM PIECK. Rechts: Ernst Weitendorf 88-jährig, 1971

ehemaligen Kursanten Weitendorfs. Zwölf hatten sich nach einer dreimonatigen Ausbildung an der Seesportschule und einer dreimonatigen Ausbildung auf der WILHELM PIECK hinlänglich qualifiziert, Ausbildungsfahrzeuge unter Segel zu führen. Sieben von diesen zwölf Jachtenführern erwarben später ein Kapitänspatent für den Dienst auf den Handelsschiffen. Einer wurde Segelschulschiffskapitän.
Bei der Kommandoübergabe zeigte Ernst Weitendorf wie gewohnt Haltung. Ein wenig in sich gekehrt, sprach er ein paar Abschiedsworte, reichte jedem Einzelnen der in Reihe angetretenen Stammbesatzung die Hand. Der Eine oder Andere musste sich wohlgemeinte knappe Ratschläge für das weitere Seemannsleben anhören. Fast alle sollten einige Jahre später Handelsschiffskapitäne der DSR sein. Als Kapitän primarius übergab er die Schiffsführung an den bisherigen Ersten Offizier, Arthur Friedrich. Letztmalig wurde dem scheidenden Kapitän Seite gepfiffen, jene Ehrenbezeugung mit Boots-

Auszeichnungsveranstaltung zum 20. Jahrestag der Indienststellung des Schiffes, 1971

Der Zentralvorstand
der Gesellschaft für Sport und Technik

beehrt sich,
Sie zur Veranstaltung anläßlich des

20. Jahrestages
der Indienststellung des
Segelschulschiffes »Wilhelm Pieck«

am 14. August 1971
nach Rostock-Warnemünde
einzuladen

Wir bitten Sie, sich am 14. August 1971, um 8.00 Uhr
im Gästebüro der GST in Warnemünde,
Hotel »Neptun« einzufinden

Programm

Sonnabend, den 14. August 1971

7.30–8.30 Uhr
Platzkonzert »Am Alten Strom«

8.15 Uhr
Begrüßung der Gäste durch den Vorsitzenden des ZV der GST

9.00–10.30 Uhr
Besichtigung des Wettkampfes 10000 m Kutterrudern

11.00–12.00 Uhr
Festappell »Am Alten Strom«

12.00–13.00 Uhr
Besichtigung des Segelschulschiffes »Wilhelm Pieck«

13.00–14.00 Uhr Mittagessen

AG 217/107/71

Die GST, Rostock und die ganze Republik feiern den 20. Geburtstag des Segelschulschiffes. Ernst Weitendorf steht im Mittelpunkt der ganztägigen Feier

mannspfeife, wenn ein Offizier über die Gangway schreitet. Die Offiziere führten die Hand an die Seemannsmützen.
Weitendorf ging, sein damals geäußerter Wunsch (»Ach Mudding, eenmal noch rut na'm Atlantik! Eenmal noch!«) blieb unerfüllt. Erst seinem Nachfolger Arthur Friedrich sollte es vergönnt sein, mit der WILHELM PIECK hinaus auf den Ozean zu fahren.
Ernst Weitendorf jedoch hatte bei der Ausbildung des seemännischen Nachwuchses in der DDR Maßstäbe gesetzt. Er hatte sie quasi mit begründet und das Schiff, welches ihm anvertraut war, nicht minder geformt. Seine großen Erfahrungen führten zu Veränderungen und Umbauten an Bord. Er organisierte einen professionellen Bord- und Ausbildungsbetrieb, der von seinen Nachfolgern weitergeführt wurde. Unter seiner Leitung erfolgte auch die erste Auslandsreise, eine äußerst heikle Mission. Sieben Jahre nach Kriegsende, dreizehn Jahre nach dem Überfall Deutschlands auf seinen Nachbarn, fuhr die WILHELM PIECK nach Gdynia. Die jungen Seeleute fuhren nach Auschwitz und besuchten die Ruinen des Warschauer Ghettos. Sie waren die ersten jungen Deutschen, die in Polen die Häupter senkten und die Knie beugten. Mit ihrem Auftreten taten sie viel für die Aussöhnung der beiden Völker. Ihre Mission verdient in den Geschichtsbüchern Aufmerksamkeit, die sie bislang nicht gefunden hat.
In seinem Denken und Handeln war Weitendorf konservativ. Er hielt an Traditionen fest und gab jene weiter, die es verdienten. Und er war kauzig und ein wenig schrullig, was vielleicht seinem Alter geschuldet war. Für Schmeicheleien war er durchaus empfänglich, er wusste, wer er war und was er wert war. Das ließ er sich gern bestätigen. Gleichwohl hob er nie ab. Er blieb vom Wesen her bescheiden und sparsam, er hatte sein Maß. Und obgleich er mit ganzer Leidenschaft Rostocker war, folgte er der Notwendigkeit und ging nach Greifswald. Ohne sein Zutun wäre der 1954 gebildeten »Hochseejachtenstützpunkt Wieck bei Greifswald« nicht das geworden, was er schließlich war. De facto gehörte er zu dessen Mitbegründern. Und was für ihn die vier Jahre auf der WILHELM PIECK waren, konnte man in seinen 1956 erschienenen Erinnerungen nachlesen: »Dass ich meine Arbeitserfahrungen dieser Jugend als Kapitän eines Schiffes vermitteln durfte, darin sehe ich die Erfüllung meines Seemannslebens.«
Kapitän Ernst Weitendorf stand am Beginn der Seefahrt im Osten Deutschlands. Er erzog die erste, die wichtigste Generation von Seeleuten, die später die Schiffe der DDR führten. Die DDR

Medaille zum 20. Geburtstag des Schiffes.
Rechts oben: Die WILHELM PIECK hat, wieder einmal, vor dem Warnemünder »Seehund« festgemacht
Links: Kapitän Dr. jur. Rolf Schillig, Herbert Jark, Heinz Born, Kapitän Horst Rickert, Dr. Heinz Beyer und Kapitän Ernst Weitendorf

wusste, was sie ihm schuldete und dankte es ihm mit dem Vaterländischen Verdienstorden und anderen hohen Auszeichnungen, mit Ehrenpensionen und Geschenken. Und sie sorgte dafür, dass es nie um ihn einsam wurde, nachdem er von der WILHELM PIECK abgestiegen war. Bis ans Ende seiner Tage wurde er nicht vergessen.

Die Verbindung zum Segelschulschiff riss nie ab. Stets war er geladen, wenn es um die Seefahrt ging, oder man besuchte ihn daheim oder am Krankenlager, wie die nachfolgende Chronik bezeugt:

2. August 1961: 10. Jahrestag der Indienststellung. Unter den Ehrengästen Arthur Pieck, Generalmajor Staimer, Konteradmiral Scheffler, Heinz Schreiber und Kapitän Weitendorf. (Wilhelm Pieck war 1960 verstorben, Arthur war sein Sohn.)

3. März 1963: Zum 80. Geburtstag erhält er im Rahmen einer festlichen Veranstaltung die Verdienstmedaille der DDR.

2. August 1966: Anlässlich des 15. Jahrestages der Schiffsindienststellung werden Ernst Weitendorf und Chefkonstrukteur Wilhelm Schröder mit der Ernst-Schneller-Medaille in Gold geehrt.

April 1968: Die Segelschulschiffoffiziere der Indiensstellungsbesatzung nehmen an der Feier zur Diamantenen Hochzeit Weitendorfs mit seiner Frau Elsa im Rostocker Rathaus teil.

3. März 1968: Die Feier zum 85. Geburtstag Weitendorf muss wegen Erkrankung des Jubilars abgesagt werden.

2. August 1971: 20. Jahrestag der Schiffsindienststellung. Großer Appell in Warnemünde. Die Kapitäne Weitendorf, Heiden, Jark, Schillig und Rickert werden mit der Ernst-Schneller-Medaille geehrt.

Dezember 1971: Kapitän Weitendorfs Ehefrau Elsa verstirbt. GST-Zentralvorstand und Segelschulschiffkapitän kondolieren und gewähren E. W. Unterstützung für die Beisetzung.

12. März 1973: Aus Anlass des 90. Geburtstages Kapitän Weitendorfs gibt Generalleutnant Günter Teller, Vorsitzender der GST, einen Empfang, Auszeichnung mit dem Vaterländischen Verdienstorden.

27. Juni 1975: E. W. stirbt 92-jährig. Vertreter des GST-Zentralvorstandes und des Segelschulschiffes geben ihm das letzte Geleit.

»Uns Schipp is doch kein Kahlenprahm«, befand 1966 Weitendorf angesichts dieser Entgleisung

Die schwarze WILHELM PIECK

»Weißer Schwan« nannte man gelegentlich unser Schiff. Der Vergleich zielte sowohl auf die Färbung wie auf seine elegante Anmutung. Nun sind, wie man weiß, die meisten Segel- und Passagier-Schiffe weiß, was mit Signalwirkung zusammenhängt. Außerdem ist ein heller Anstrich stets freundlicher als ein dunkler. Allerdings hat dies den Nachteil, dass jeder Rostfleck auf der Außenhaut sichtbar wird. In diesem Kontext sollten wir uns auch daran erinnern, dass in den 50er, 60er Jahren noch das Meer als ein unendlich aufnahmefähiger Mülleimer verstanden wurde. Umweltschutz war noch kein vordringliches Thema.

Die Schiffe besaßen weder Fäkalientanks noch wartete man mit dem Reinigen der Tanks oder dem Lenzen der Bilge, dem tiefsten Raum im Schiffsinnern, bis zum Einlaufen im Hafen. Die Kieljauche ging außenbords wie alles andere auch. Heutzutage ist das Gefahrstoff und muss auch als solcher entsorgt werden. Das Rollen und Stampfen des Schiffes lässt das Bilgenwasser hin und her schwappen, was ein schmatzendes Geräusch erzeugt. Das sei das Kielschwein, erklären die Matrosen den naiven Neulingen, und schicken diese in die Bilge, um es füttern zu lassen. Das aber nur nebenbei ...

Im Sommer 1966, ich fuhr als 1. Offizier auf der VÖLKERFREUNDSCHAFT, traf ich Ernst Weitendorf zufällig in Rostock. Auf dem FDGB-Urlauberschiff wechselten die Passagiere, ich hatte einige Stunden frei. Wir hatten uns einige Jahre nicht gesehen und klönten miteinander. Weitendorf erkundigte sich, auf welchem Schiff ich gerade fahre, und ich antwortete ihm. Er schwieg einen Moment, dann brach es aus ihm raus. Wir sollten unser Schiff nicht auch schwarz anmalen.

Die Bemerkung irritierte mich. Wieso »schwarz« und warum »auch«?

Auf meine Nachfrage erklärte Weitendorf, er habe gehört, dass sie »das Schulschipp« schwarz übermalt hätten.

Ich hielt es für einen Scherz und meinte ironisch, dass das vielleicht ganz gut aussehe. Außerdem müsse man weniger oft die Außenhaut waschen und streichen.

»Uns Schipp is doch kein Kahlenprahm – un eins is gewiss, upt Schwatte schieten die Fleigen witt, un upt Witte äben schwart.« Das habe ihm einmal ein Maler gesagt.
»Allens Farwversvennung, wat sall diese Verännerung?«
Gut, es handelte sich also um Farbverschwendung, deren Grund Weitendorf nicht kannte. Ich ebenfalls nicht.
Unser Gespräch fiel schon bald dem Vergessen anheim. Ich ging der Sache nicht nach. Bis mir Jahre später ein Beitrag von Karl-Heinz Schaefer in einer GST-Zeitschrift[1] aus dem Jahr 1966 in die Hände fiel.
Schaefer, zu jenem Zeitpunkt 1. Offizier auf dem Segelschulschiff, berichtete: »Unsere diesjährige Auslandsfahrt führte uns nach Leningrad, Klaipeda und Gdynia. Während der 30 Tage dauernden Fahrt qualifizierten sich die einen als Instrukteure des GST-Marinesports, bereiteten sich die anderen auf den Ehrendienst in der Volksmarine vor. Nur unvollkommen können die Tagebuchnotizen die ernsthafte Arbeit und das große Erlebnis unserer Fahrt widerspiegeln.« Stichpunktartig erwähnte er die Begegnung auf See mit den – weißen – DDR-Urlauberschiffen VÖLKERFREUNDSCHAFT und FRITZ HECKERT, die aus Riga bzw. Leningrad zurückkehrten. An diese Vorbeifahrt konnte ich mich ebenfalls noch erinnern. Der Blick auf unseren »Weißen Schwan«, auf dem ich zuletzt Kapitän war, erwärmte mir das Herz. Fünf Tage

Vorbild für die Schwarzaktion war unter anderem die sowjetische KRUSENSTERN (oben)

später hieß es jedoch bei Schaefer: »8. Juni – Das Schiff wird gepönt, der weiße Schiffskörper erhält einen zweckmäßigen schwarzen Anstrich.«
Was sich hinter »zweckmäßig« verbarg, konnte ich ahnen.
Achtmal war bis dato die WILHELM PIECK in Leningrad gewesen. Achtmal war uns ein Liegenplatz im hinteren Teil des Hafens zugewiesen worden, wo die Massengüter umgeschlagen wurden und sich kein Publikum verirrte. Und selbst wenn: Stets sorgten bewaffnete Grenzsoldaten auf der Pier dafür, dass wir von ihm in Ruhe gelassen wurden. Achtmal hatten wir uns auf dem öligen, verdreckten Hafenwasser zwischen all den Barkassen, Schleppern und Schiffen hindurchgeschlängelt, und achtmal anschließend auf offener See den Schmutzrand von der weißen Außenwand zu entfernen versucht. Wir wussten nun, weshalb der sowjetische Großsegler KRUSENSTERN schwarz war wie der Atomeisbrecher LENIN und andere Schiffe, die in solchen sowjetischen Häfen lagen.
Diesen Hinweis wie auch den Umstand, dass die Abgase des Schiffsdiesels oberhalb der Wasserlinie austraten und für hässliche Flecken auf der Außenwand sorgten, führte die Schiffsleitung als Bergündung ins Feld, die Außenhaut des Schiffes zu färben. Auf See!
Karl-Heinz Schaefer notierte: »Wir wurden in Leningrad am 10. Juni erwartet und waren schneller als geplant. Am 8. Juni befahl Kapitän Gerhard Samuel[2], im Finnischen Meerbusen in Lee der Insel Seiskari zu ankern und einen schwarzen Außenbordanstrich anzubringen.«
Samuel, der im Leben vor der Seefahrt als gelernter Maler gearbeitet hatte, ließ von einem seitlich ausgebrachten Warpanker eine Leine zu einem am Untermastoberende befestigten Block spannen und zog diese längs über Deck zum Ankerspill. Wie beim Segeln mit Seitenwind ließ sich nun leicht das Schiff in Krängung versetzen. So konnte auch unterhalb der Wasserlinie das Schiff schwarz gestrichen werden. Echte Hempels-Farbe aus dem Westen hatte er vorher an Bord genommen.

Die geschwärzte Schonerbrigg im Hafen von Gdynia. Die schellen, schnittigen Brigantinen des 19. Jahrhunderts trugen ebenfalls Schwarz. Insbesondere Schmuggler setzten auf diese Tarnung

In kurzer Zeit war der »Weiße Schwan« schwarz. Am 10. Juni lief das Schiff planmäßig im Leningrader Handelshafen ein. Schaefer: »Große Kaihöhe. Kleines Schiff. Wiederbegegnung mit vertrauten Gastgebern. Zurückhaltender Kommentar zur farblichen Veränderung.«

Vom 18. bis 23. Juni besuchte die WILHELM PIECK erstmals Klaipeda in Litauen, vormals Memel in Ostpreußen. Von dort ging es weiter nach Gdynia. Zum neunten Mal.

»Am 25. Juni lagen wir vor Zopot vor Anker und erwarteten unseren Abruf. Jan Kaufmann, Leiter des regionalen polnischen Seesportes, sollte uns wie verabredet in das Hafenbecken neben der Seefahrtschule lotsen lassen. Wir setzten Lotsenflagge und Flaggenschmuck, jedoch nahm niemand Notiz von uns. UKW-Funk gab es nicht, professioneller Funkverkehr in Hoheitsgewässern war unstatthaft. Sollten wir etwa seewärts ablaufen, um uns per Funk aus internationalen Gewässern bemerkbar zu machen? Verdammt, wir waren doch nicht zum ersten Mal vor Gdynia.«

Am 26. Juni erschien mit 24-stündiger Verspätung Jan Kaufmann kopfschüttelnd an Bord. »Was habt ihr nur mit eurem Schiff

Kapitän Gerhard Samuel auf der Brücke. Vom ungedeckten Ruderstand hat man einen freien Blick. »Am Wind« wird nach nach den Segel gesteuert. Das Seitenliek der Royal (Luvseite) zeigt an, ob der Wind umschlägt. Ein erfahrener Seemann spürt die kleinste Windveränderung auf der Haut

gemacht?« Er hatte, wie er gestand, das Schiff gestern durchaus gesehen, aber nicht als die WILHELM PIECK identifiziert und ignoriert.
Der Schiffsmediziner Dr. Klaus Mannchen[3], 1956 Kursant auf der PIECK, inzwischen in Berlin lebend, aber noch immer segelnd, befand sich im Juni 1966 zufällig im Hafen. Er schrieb: »In Gdynia mussten wir tanken. Dieser Hafen war bei gutem Wind bald erreicht, wir machten im Jachtclub fest. Als ich am nächsten Morgen aus der Kajüte kroch und unseren Liegeplatz in Augenschein nahm, traute ich meinen Augen nicht. Gegenüber, an der Pier der Seefahrtsschule, lag ein schwarzer Segler. Der sah der WILHELM PIECK verdammt ähnlich. Nein es war sie. Daran konnte kein Zweifel bestehen. O Gott. Ich umrundete das Hafenbecken und fragte den Bordingenieur nach dem Grund.«
Auch im Heimathafen Wieck fiel das Echo nicht eben freundlich aus. Es wurde gemeckert. Es murrten die Greifswalder. Besucher zeigten sich eher verwundert als begeistert. Die Presse rea-

Standortbestimmung mit Sextant. Oben: Die WILHELM PIECK wieder weiß – andere versuchten es mit Tragflächenbooten

»Wellen, Wind und weiße Segel« heißt ein Film, den die DEFA 1955 auf der Hochseeschuljacht ERNST THÄLMANN dreht. Horst Rickert am Kochtopf ...

gierte negativ, organisierte Leserbriefe, in denen ehemalige Spender und Miterbauer ihr Missfallen bekundeten.

Post traf auch in der Seesportschule ein, die die Briefe umgehend zur Beantwortung an das Schiff weiterleitete. Kapitän Samuel befand sich im Urlaub. Schaefer durfte die vielen Unmutsbekundungen beantworten. Sie zeigten allerdings auch, dass das Schiff inzwischen in des Wortes eigentlicher Bedeutung Volkseigentum geworden war. Das Eigentümerbewusstsein regte sich allenthalben, die Mitbesitzer forderten Mitsprache ein.

Oberst Kurt Lohberger, der Chef der GST und damit Reeder, rief aus Halle an. Was ist da bei euch los, erkundigte sich. So und so.

»Die WILHELM PIECK ist ein Traditionsschiff und nichts anderes«, rief er ins Telefon. »Bis zum 15. Jahrestag der Indienststellung ist der Ausgangszustand wieder hergestellt!«

Das war ein Befehl.

Und so machte man sich bei laufender Ausbildung daran, das Schiff neuerlich zu streichen. Dr. Mannchen berichtete: »Beim Einlaufen in die Boddengewässer zu Ende des Törns begegneten wir der WILHELM PIECK noch einmal. Das schwarze Schiff lag bei Nordperd vor Anker. Wir dippten die Flagge und drehten eine Ehrenrunde, um uns noch einmal zu bedanken. Als wir die dem Land zugewandte Seite erblickten, erstrahlte diese in frischem Weiß. Hatten wir Halluzinationen? Wir drehten eine zweite Runde. Es blieb dabei: eine Seite war schwarz, die andere weiß.«

Am 2. August 1966 präsentierte sich die Schonerbrigg in gewohntem Weiß, und alle waren zufrieden. Nur Chefkonstrukteur Wilhelm Gustav Otto Schröder schien unglücklich. Mit einem Zollstock maß er den Freibord des Schiffes. Aufgrund der vielen Um- und Einbauten hatte dieser inzwischen bedenklich abgenommen. Das Schiff lag tief im Wasser.

Als Ehrengäste begrüßte Kapitän Samuel seinen Vorgänger Ernst Weitendorf, Klaus Heiden, einst 1. Offizier bei der Indienststellung, inzwischen Chefinspektor der Deutschen Seereederei, sowie die ehemaligen Kursanten Kapitänleutnant Wegner, Korvettenkapitän Everding und Kapitän Siegfried Münn, Inspektor der DSR.

Das »Kapitänsrigg«[4]

Mit 70 hatte Weitendorf noch die Takelage geentert, um nach dem Rechten zu sehen. 1968, inzwischen 85 Jahre alt, war er aus den Wanten gefallen. Ein Birnbaum im Garten war ihm kurz nach seiner Diamantenen Hochzeit zum Verhängnis geworden.
Er kam in die Klinik und in Gips. Er war, was ihm doppelt missfiel, nun auf die Hilfe anderer angewiesen und zur Untätigkeit verurteilt. Der Professor erklärte fortgesetzt: »Geduld müssen Sie haben, Herr Kapitän, Geduld wie früher auf langen Segelschiffsreisen, wenn der Wind nicht mitspielen wollte.«
Was wusste dieser Knochenbrecher von der Seefahrt und vom Segeln? Selbst bei Flauten gab es an Bord genug zu tun. Hier aber war er nicht auf See. Das Krankenbett, sein vermeintliches Schiff, trug weder Masten, Rahen, Spieren noch Takelwerk. Wenn er zur Decke hinaufsah, tauchten dort aber bestimmte Bilder immer öfter auf: hoch aufragende Masten, die prall gefüllte Segel unter freiem Himmel führten. Ihm erschienen deutlich Stagen, Spieren, Schoten, Brassen, Gordings, Geitaue. Manchmal war ihm, als schipperte er mit den Rouring Fourties in den Segeln zwischen dem Kap der Guten Hoffnung und Australien. Ja, was verstand der Weißkittel schon davon? Rein nichts. *Oh, those white robed criminals.*
Tauwerk, Blockwerk richtete man mit Routine auch mit geringer *manpower* her, halbtot oder mit Fieber. Er hatte sich immer zu helfen gewusst. Hier aber sollte er um Hilfe klingeln, nur um seine Position im Bett zu korrigieren? Es fehlte ganz einfach die rechte Takelage.
Na, der Herr Professor sollte sich noch wundern! Und nicht nur dieser. Weitendorf hatte seinen Plan schon längst im Kopf.
Als Kapitän Karl-Heinz Schaefer zu Besuch kam, wurde er bereits sehnsüchtig von Weitendorf erwartet. Der hatte einen Takelplan für sein Krankenlager skizziert. Eine Stückliste beschied dem verdutzten Schaefer, was er herbeizuschaffen sollte. Natürlich vom Segelschulschiff! Kleine ein- und mehrscheibige Blöcke, dünnes Leinengut, Schäkel und etliches mehr. Schließlich noch dünnes Segeltuch, das eingeliekt und mit Gatjen versehen zu einer Lasche werden sollte, die ihn samt Matratze zu unterfangen hätte.
Mit diesem Equipment wollte Weitendorf das Kommando über seine Mobilität erlangen.
Ein Rohrbügel, den der Segelschiffsmotorist fertigte, wurde zum tragenden Teil des »Kapitänsrigg«, das in der Klinik zu heller Aufregung führte. Der Professor schaute verdutzt drein. Mit wenigen Handgriffen führte Weitendorf ihm vor, wie er das Matratzenkopfteil mühelos bis zur Senkrechten bewegen und in jedem Winkel arretieren konnte. Zudem konnte er sich drehen und wenden und das Bein anheben.
Die Neuerung sprach sich in Rostock schnell herum. Weitendorf bekam fortan Besuch von

medizinischem Fachpersonal und anderen Neugierigen, die einen Blick auf das Rigg und seinen Konstrukteur werfen wollten.

Weitendorfs letzte Reise

Über Jahrzehnte hinweg war den Rostockern das Ausflugslokal »Onkel Toms Hütte« oberhalb des Warnowufers auf der Gehlsdorfer Seite eine beliebte Adresse. Mit der Fähre gelangte man schnell hinüber und herüber. Dort ließ sich Weitendorf, dessem Haus unweit von dem Lokal lag, gelegentlich einen Platenkuchen backen.

Ende Juni 1973 war er wieder dort. Weitendorf erwartete etliche Cap Hoorniers, auch aus dem Westen. Das Treffen war ein offizielles der *Internationalen Vereinigung der Cap Hoorniers* (AICH), der er als »Albatros« angehörte. Diesen Ehrentitel trugen nur Mitglieder, die als Kapitän ein Segelschiff um Kap Hoorn gesteuert hatten. So ging also Albatros Weitendorf in »Onkel Toms Hütte« und rief: »Wirt, back mi 'nen Platenkauken, över denn Besten von allen. Dat is de Letzt.«
War's nur so dahin gesagt oder die Ahnung?
Am 27. Juni verstarb Erst Weitendorf daheim im Alter von 90 Jahren.
Viele Weggefährten vom Segelschulschiff begleiteten ihn auf seiner letzten Reise.

Die WILHELM PIECK in ihrem ersten Jahr, als sie Ernst Weitendorf übernahm (links)

Seine letzte Ruhestätte fand er auf dem Friedhof in Rostock-Gehlsdorf (Grabfeld 614/615). Sein Grabstein verschwand nach einer Bereinigung des Gottesackers vor wenigen Jahren. Trotz intensiver Suche blieb er verschollen.[5]

Das Segelschulschiff und die Handelsschifffahrt der DSR

Weitendorf stand an der Wiege der am 1. Juli 1952 in Rostock gegründeten Deutschen Seereederei (DSR). Diese verfügte zunächst über den 1903 gebauten Dampfer VORWÄRTS und das Segelschulschiff WILHELM PIECK. Deren beide Kapitäne, Willi Beykirch und Ernst Weitendorf, waren gleichsam die Väter der DDR-Handelsschifffahrt.

Die VORWÄRTS wurde nach einer schweren Kesselhavarie am 15. Mai 1954 außer Dienst gestellt, weil sich die Reparatur des betagten Dampfers nicht mehr lohnte. Auch der Seeleichter FORTSCHRITT aus dem Jahre 1904, der am 1. März 1953 in Dienst gestellt worden war, lag im Rostocker Christinenhafen auf. Somit war die DSR kurzzeitig ohne eigenes Schiff. Erst am 11. Oktober 1954 wurde der Dampfer ROSTOCK, der erste Neubau der Deutschen Seereederei, übernommen. Am 30. November lief er mit 3.000 Tonnen Ammoniumsulfat nach Alexandria aus. Bis Ende 1960 sollte die Flotte der DSR auf 47 Schiffe mit 277.394 tdw anwachsen.

1974 wurden die beiden Reedereien der DDR, die DSR und der 1970 gebildete VEB Deutfracht, zum VEB Deutfracht/Seereederei Rostock verschmolzen. Die Staatsreederei führte am 1. Januar 1990, im letzten Jahr der DDR, 172 Frachtschiffe mit 1,13 Millionen BRT, das war ein Fünftel der deutschen Tonnage. Trotz der Umwandlung des Unternehmens in eine Kapitalgesellschaft am Tage der Währungsunion hatte die DSR GmbH keine Chance. Nach Verkäufen durch die Treuhand und Ausflaggen der Schiffe wurde am 31. Dezember 1998 die Marke DSR aus allen

Matrose beim Setzen der Gösch, der Bugflagge, die im Hafen angebracht wird
Links: ein Warpanker, ein Wurfanker (warp = werfen) zum Verholen des Schiffes

Zehntausende Menschen sind dabei, als am 30. April 1960 die MS SCHWERIN (unter Kapitän Arthur Friedrich), ein Zehntausendtonner, entladen wird. Damit ist der Rostocker Überseehafen offiziell eröffnet. Der erste Spatenstich für den Hochseehafen war am 26. Oktober 1957 erfolgt. In der Rekordbauzeit von dreißig Monaten, acht Monate früher als geplant, wird der Betrieb aufgenommen. In der ganzen Republik waren 65.000 Tonnen Feldsteine für die Ostmole gesammelt worden. Die Welt *erinnerte 40 Jahre später: »Auf dem sumpfigen Weideland bei Petersdorf arbeiteten 2.000 Leute in drei Schichten. Bis 1960 waren dann auch sieben Kilometer Seekanal geschafft, 500 Meter Ostmole aufgeschüttet, 1.200 Meter Kailänge betoniert und ein Hafenbecken auf 10,5 Meter Tiefe ausgehoben. In einer Hauruck-Aktion wurde auch der Hafenbahnhof mit 43 Kilometer Gleisen und 205 Weichen gebaut.«*

Papieren gestrichen, am 17. Februar 1999 die DSR Holding GmbH aufgelöst. Die Frage ist bis heute unbeantwortet: Wie viel verdiente die Treuhand an den DDR-Schiffen?

Ende 1967 überschritt die DSR mit der Übernahme des MS BLANKENBURG bei der Tonnage die Millionengrenze.

Mit diesem Auschwung in den ersten anderthalb Jahrzehnten hielt die DSR-Lehrlingsausbildung nicht Schritt. Das Problem der Personalbeschaffung wurde für die Reederei immer prekärer. Bis 1960 waren etwa 300 nautische und technische Offiziere und rund 2.000 Mann Besatzung für Deck, Maschine und Wirtschaft gesucht worden. Die Lehrgangsabsolventen der WILHELM PIECK waren dabei äußerst wichtig und willkommen. Deshalb schlossen bereits am 14. Dezember 1955 das Verkehrsministerium und die GST eine Vereinbarung, die die Anerkennung der Seefahrtszeit auf der WILHELM PIECK und den Hochseeschuljachten der GST, die Ablegung von staatlich normierten Matrosenprüfungen und die Gewährleistung von Studienplätzen an der Seefahrtsschule Wustrow zum Gegenstand hatte.

Mit dieser staatliche Regelung erfolgte die Integration des Segelschulschiffes in das Lehr- und Ausbildungssystem der DDR.

Zwischen 1951 und 1954 war das Segelschulschiff vorrangig Ausbildungsstätte für Marinebewerber, Seesportausbilder, Hochseesegler und andere maritim interessierte junge Menschen gewesen. Und weil eine eigene Handelsflotte noch nicht existierte, gingen Absolventen notgedrungen in den Westen. Die meisten Kursanten jedoch gingen in die Stammbesatzung bzw. auf die Hochseeschuljachten der GST oder musterten vorübergehend auf den Schiffen des Seehydrografischen Dienstes (SHD) an.

Zwischen 1954 und 1961 traten Kursanten, Stammmatrosen sowie SHD-Fahrer in den Dienst der DSR ein. Viele musterten bei der DSR als Matrosen an. Man schätzte das seemännisch gut vorgebildete Personal von der GST, welches zudem die geforderten 36 Monate Seefahrtszeit für ein Seefahrtsschulstudium zumindest teilweise schon hatte.

Nach zweieinhalbjährigem Studium und zweijährigem Offiziersdienst wurden die Männer Kapitäne auf Großer Fahrt.

Als man ab 1957 zwei große Fracht- und Lehrschiffe für jeweils 120 Lehrlinge in Dienst nahm, kamen beispielsweise auf einem von diesen allein fünf ehemalige Stammmatrosen des Seglers als Lehrbootsleute zum Einsatz, einer davon als Lehroberbootsmann.

Segelschulschiffsabsolventen verfügten bereits vor Seefahrtsbeginn über einen Berufsabschluss. Einen weiteren erwarben sie bei der DSR durch sofortige Zuerkennung der Qualifikation »Vollmatrose der Handelsflotte« bzw. nach einer kurzen Bordfahrenszeit.

Die Absolventen der ersten Jahre fanden den ehemals klassischen Einstieg in den Seemannsberuf: über ein Segelschiff. Das an den Seesportschulen vermittelte Fachwissen erleichterte das Studium an der Seefahrtschule nicht unerheblich. Die zum Studium Delegierten erreichten ausnahmslos die angestrebten Bildungsziele.

Eine im Jahre 1966 von der DSR-Personalabteilung zusammengestellte Liste weist aus, das

Morgenappell an Deck einer Hochseeschuljacht. Flottillenchef der Hochseeschuljachten Otto Löwe begrüßt seine Männer mit Handschlag

bis dahin 35 Kapitänspatentträger, drei Funkoffiziere, drei Verwaltungsoffiziere und ein Politoffizier vom Segelschulschiff kamen.
Eine spätere Erhebung liegt mir nicht vor.
Zwischen 1957 und 1961 stellte die DSR die ersten Großschiffe einer Serie von zwölf Zehntausendtonnern in Dienst, die allein schon wegen ihrer schiffbaulichen Eleganz und Ästhetik Seefahrerherzen höher schlagen ließen. Kapitän Gerd Peters, einst 1. Offizier des Segelschulschiffes, Kursant des ersten Lehrgangs, setzte diesen Schiffen mit einem Buch ein

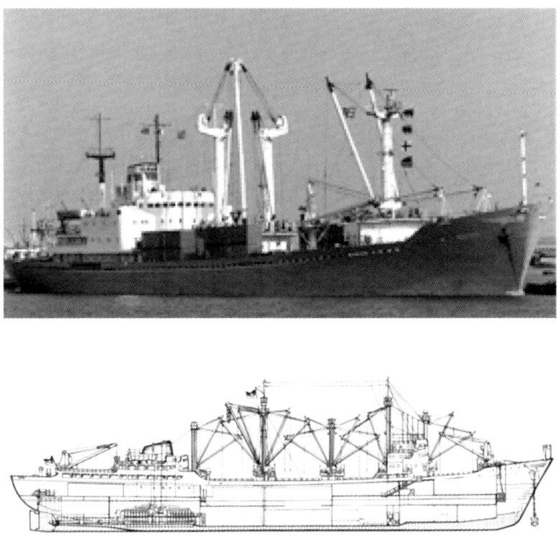

Mit dem Typ IV baute die Warnow-Werft Warnemünde insgesamt 15 Stück- und Massengutfrachter. Die ersten vier trugen die Namen FRIEDEN, VÖLKERFREUNDSCHAFT, FREUNDSCHAFT und SOLIDARITÄT

Denkmal.[6] Die Indienststellungskapitäne werden darin mit Porträt und Kurzbiografie gewürdigt. Sieben der vorgestellten Schiffsführer kamen über das Segelschulschiff zur DSR.
Mit der Ostasienreise des MS FREUNDSCHAFT 1958 trat die DDR-Reederei in den weltweiten Überseeverkehr ein. Peters dazu: »Allein vier Mann aus der Decksgang hatten eine Ausbildung auf dem Segelschulschiff hinter sich. Dazu gehörte Dieter Schönfelder, ein vorbildlicher Seemann (*später Kapitän auf Großer Fahrt und Chefkapitän der DR-Fährschiffe – H. R.*). Ferner der Matrose Peter Weinhold, Kursant unter Weitendorf und Friedrichs Bootsmann während der Schwarzmeer-Reise der Schonerbrigg. Erst vor wenigen Wochen hatte er vom Segelschulschiff abgemustert. Ferner war Georg Müller dabei (später DSR-Chefinspektor). Nach der Reise erhielt er sein Patent als Kapitän auf Kleiner Fahrt ausgehändigt, da er erst dann die vorgeschriebene Matrosenfahrzeit hinter sich hatte.
Auch der Matrose Werner Pflug fuhr zuvor auf der WILHELM PIECK. Der 1. Offizier, Herbert Jark, gehörte 1951 zur Indienststellungsbesatzung des Seglers. Auch der Politoffizier Heinz Born war bereits in gleicher Funktion auf der WILHELM PIECK tätig.«
Sechs ehemalige Segelschulschiffsmänner waren also bei der ersten DSR-Ostasienreise dabei.
Am 12. März 1967 beschloss der Rat des Bezirkes Rostock, das Segelschulschiff WILHELM PIECK als Denkmal der Produktions- und Verkehrsgeschichte in die Denkmalliste des Bezirkes aufzunehmen.
Die Ausbildung des seemännischen Nachwuchses hatte sich nachweislich verlagert.
1965 war an der Betriebsschule der DSR Rostock die Berufsausbildung mit Abitur (BmA) für Matrosenlehrlinge eingeführt worden. Die Lehrzeit betrug drei Jahre. Die Absolventen waren vornehmlich für ein Hochschulstudium als Offizier und Kapitän der Handelsflotte vorgesehen. Von 1968 bis 1989 absolvierten jährlich etwa 100 dieser angehenden Seeleute – in Ergänzung ihrer Ausbildung auf Hochseeschiffen – auch einen Lehrgang auf dem Segelschulschiff.
Diese Ausbildungskombination fußte auf einem Vertrag zwischen GST-Marineschule und DSR-Betriebsschule. Diese übernahm damit auch einen Teil der Betriebskosten der WILHELM PIECK. Den Hintergrund für diese Entwicklung offenbarte Kapitän Karl-Heinz Schaefer: »Mit der Lehrgangsbeschickung von Seesportlern war es inzwischen schwierig geworden, denn die Betriebe wollten eine bezahlte Freistellung nicht mehr tragen. Die Anzahl der Offiziersbewerber für die Volksmarine reichte auch nicht mehr aus, um den Segler auszulasten.«

Blick über die Ryck zur Marineschule der GST »August Lütgens« in Greifswald-Wieck. Davor die WILHELM PIECK an ihrem Liegeplatz, seit 1967 bereits Denkmal der Produktions- und Verkehrsgeschichte und eingefroren im Winter 1954/55

Das Staatssekretariat für Berufsbildung integrierte die vormilitärische Ausbildung zunehmend in die Lehrausbildung. Die Teilnahme an einem Lehrgang auf dem Segelschulschiff erfüllte für die DSR-Lehrlinge diese Auflage.
Aus der Sicht der DSR-Berufskommission für seemännische Ausbildung wäre es wünschenswert gewesen, wenn die Matrosenlehrlinge der Reederei – also die Teilnehmer der Facharbeiterausbildung ohne Abitur – ebenfalls eine Segelschulschiffsausbildung erhalten hätten. Das war bei durchschnittlich 500 Neueinstellungen von Matrosenlehrlingen pro Jahr aus Kapazitätsgründen unmöglich, obwohl inzwischen die Lehrgangsdauer auf dem Segler nur noch knapp einen Monat betrug.

Am 2. Oktober 1990 wurde die gleichzeitig als Handelsflagge dienende Staatsflagge der DDR auf den Handelsschiffen und auf der WILHELM PIECK niedergeholt. Schwarz-Rot-Gold bestimmte wieder die Szene an Bord der Schiffe auch des mecklenburgisch-vorpommerschen

Bei Frost muss der Schiffskörper von der eisigen Umklammerung befreit werden, damit er nicht Schaden nimmt. Im Hintergrund die hölzerne Klappbrücke über die Ryck

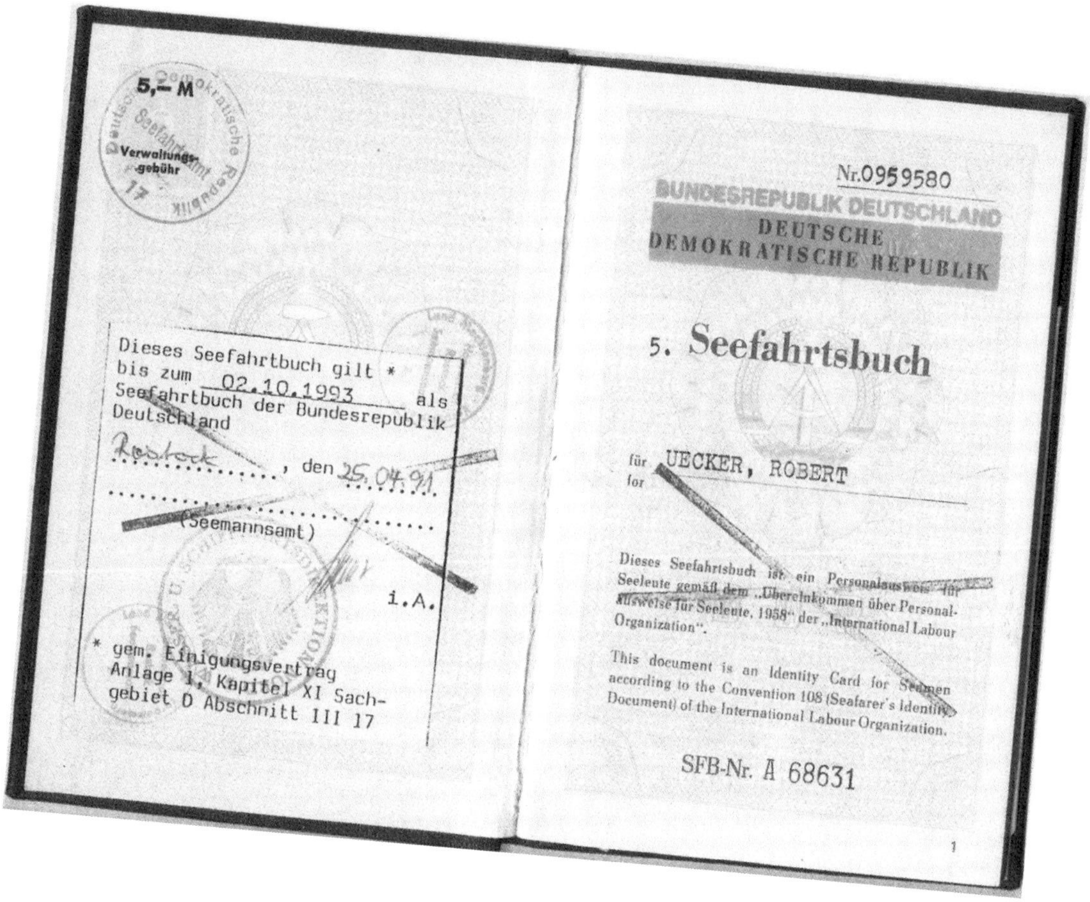

Küstenabschnittes. Das Schiff selbst blieb uns erhalten und sollte künftig seine Rolle spielen. Denn immer, wenn die GREIF ex WILHELM PIECK ausläuft, segelt ein Stück Geschichte mit.

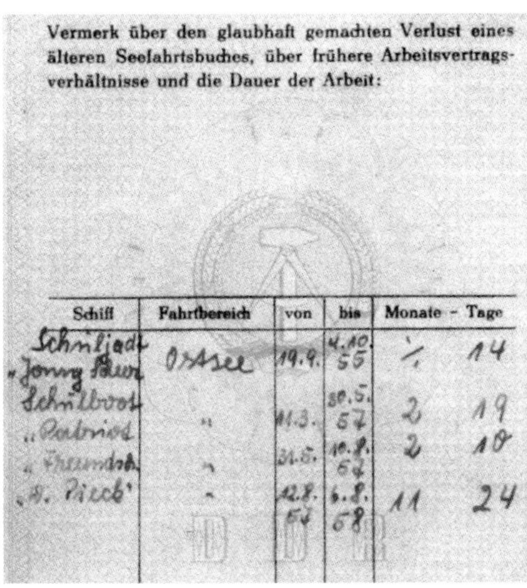

Vermerk über den glaubhaft gemachten Verlust eines älteren Seefahrtsbuches, über frühere Arbeitsvertragsverhältnisse und die Dauer der Arbeit:

Schiff	Fahrtbereich	von	bis	Monate	Tage
Schuljacht „Junge Welt"	Ostsee	19.9.	4.10. 55	./.	14
Schulboot „Patriot"	"	11.3.	30.5. 57	2	19
„Freundschaft"	"	31.5.	10.8. 64	2	10
„W. Pieck"	"	12.8. 64	6.8. 68	11	24

Eintrag in Ueckers Seefahrtsbuch

1 Karl-Heinz Schaefer, Tagebuch einer großen Fahrt, in: *Sport und Technik*, 29/1966, Seite 3.

2 Gerhard Samuel war von 1960 bis 1967 mit kurzzeitiger Unterbrechung Kapitän der WILHELM PIECK.

3 Klaus Mannchen, Jahrgang 1939, war als Berliner Oberschüler anderthalb Monate im Sommer 1956 Kursant auf dem Segelschulschiff, während seine drei Freunde auf den Schuljachten ausgebildet wurden. Er studierte zunächst Seefunk in Wustrow, wechselte dann aber zum Medizinstudium, um Schiffsarzt zu werden. Bis 1990 übte er eine leitende Tätigkeit im Verkehrsmedizinischen Dienst der DDR aus. In seiner Freizeit war er Hochseesegler. Zu seinen schwersten Aufgaben gehörte 1990 die Überbringung der Nachricht an seine Kolleginnen und Kollegen in Rostock, dass der Medizinische Dienst des Verkehrswesens liquidiert werde und sie damit arbeitslos seien.

4 Rigg ist die seemännische Bezeichnung für die Takelage eines Schiffes, also die Gesamteinheit von Segel, Mast, Mastfuß und Gabelbaum.

5 Siehe Ronald Piechulek: Der Kap Hoornier, der zu einem Schulschiff kam. In: *Norddeutsche Neueste Nachrichten*, Mecklenburg-Magazin, 1999, Nr. 4, S. 13.

6 Gerd Peters: Typ IV, die legendären Frachter der DSR. Hamburg 1998

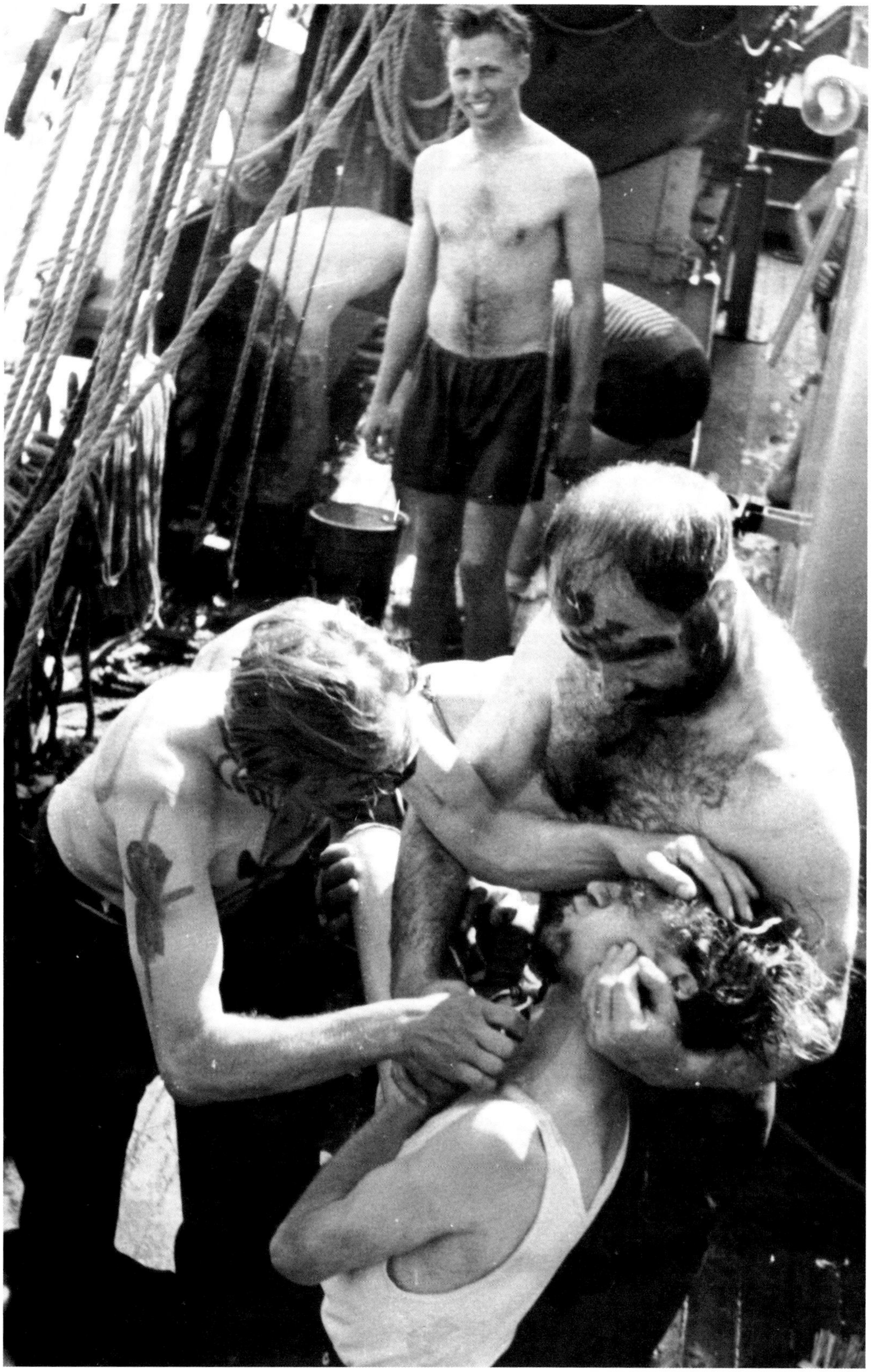

Die längste Reise der WILHELM PIECK

Am 15. Mai 1957 stach die WILHELM PIECK in See. An Bord waren 33 Mann, unter ihnen Helmut Sieger[1]. Er erinnert sich:

»Die Reise führte vom Heimathafen Greifswald-Wieck durch Ost- und Nordsee, Atlantik, Mittelmeer, Ionisches Meer, Adriatisches Meer, Ägäisches Meer bis zum Schwarzen Meer und zurück.

Wir passierten Wasserstraßen und Meerengen, den Nord-Ostsee-Kanal, die Straße von Dover und Calais, den Englischen Kanal, die Straße von Gibraltar, die Straße von Messina, die Dardanellen, das Marmarameer und den Bosporus sowie auf der Rückreise auch die Straßen von Malta und Sizilien.

In 99 Tagen vom 15. Mai bis 22. August 1957 haben wir 8.789 Seemeilen, meist unter Segel, zurückgelegt. Wir besuchten die Häfen Gibraltar/Britische Kronkolonie, Durres/Albanien, Varna/Bulgarien, Odessa/Ukraine und Constanza/Rumänien.

Wir waren 33 Mann Besatzung an Bord, davon 18 Männer für ein seemännisch nautisches und zwei Männer für ein masch.-technisches Praktikum.

Im Wachdienst wechselten wir bei unserem Praktikum die Rollen im Deckdienst, bei Segelmanövern in der Takelage, als Rudergänger, als Ausguck, als Koppelgast und nautischer Wachoffiziers-Assistent auf der Brücke bzw. als Maschinen-Assistent.

Vom täglichen seemännischen Borddienst bis zur Schiffsführung mit Beobachtungen zur terrestrischen und astronomischen Navigation sowie Wetteranalysen war es eine tolle unvergessliche Praxis der Seefahrt. Eine Lebensschule für den Charakter. Alle für Einen – Einer für alle. Eine Hand für dich und eine Hand fürs Schiff. Erlebnis und Bewährung in heißer Mittelmeersonne sowie in stürmischen Tagen und Nächten im Atlantik. Wir haben Länder, Häfen und Kulturen anderer Völker und Menschen kennen gelernt. Ich habe mein ganzes Berufs-

Rechts: Dr. Helmut Sieger, 1971

Eng ist es unter Deck. Und dort muss man es nun 99 Tage aushalten ...

leben von dieser Reise gezehrt. An Kapitän und Besatzung wurden hohe Anforderungen gestellt, Belastungen bewältigt und ein solides Ausbildungsprogramm absolviert.«
Korvettenkapitän a. D. Sieger verweist auch auf die internationale Lage. Der Kalte Krieg war ziemlich scharf geworden. Noch wenige Monate zuvor, im Herbst 1956, war um den Suezkanal gekämpft worden. Israel, Großbritannien und Frankreich hatten am 29. Oktober Ägypten angegriffen und die Großmächte Sowjetunion und USA Druck über die UNO ausgeübt. Zwei Tage vor Weihnachten zogen die Aggressionstruppen ab. Dennoch fiel Alexandria, das ursprünglich auf der Reiseroute der WILHELM PIECK stand, aus. Auch Jugoslawien war von der Reiseroute gestrichen worden. Stalin hatte in den 40er Jahren Tito und seine Partei »exkommuniziert«, weil sie nicht dem sowjetischen Modell folgen mochten. Die DDR hatte diesen Kurs, wenngleich widerwillig, mitgemacht und suchte nun den Kontakt zu Belgrad; ein Besuch der WILHELM PIECK wäre da sehr nützlich gewesen. Wie etwa Jahre zuvor in Polen. Doch am Ende siegte die Bündnistreue, Jugoslawien wurde gestrichen.
Albanien war auch bedenklich, denn Tirana schaute nur nach Peking, Und Mao Tes-tung

Die Schiffsführung (von links nach rechts): Kapitän Arthur Friedrich, Ausbildungsoffizier Wolfgang Schicksnuß, Steuermann Wilhelm Haase und Horst Rickert, beide Wachoffiziere bei der längsten Reise des Segelschulschiffes

war auch einem Verdikt aus Moskau unterworfen, also ... Da gab es jedoch Richard Staimer[2], Ex-Schwiegersohn Wilhelm Piecks, einst Spanienkämpfer und seit 1955 Chef der GST. Der kannte nicht nur den Chef der albanischen Wehrsportorganisation SHNUM, General Spiromosio, sondern war mit diesem auch befreundet. Also regelte man den Besuch des Schulschiffs »auf dem kurzen Dienstweg«.
Ferner hatte es zur gleichen Zeit blutige innenpolitische Auseinandersetzungen in Ungarn gegeben, die durch eine militärische Intervention der Sowjetunion beendet wurde. Ungarn hatte zuvor Anstrengungen unternommen, aus dem im Vorjahr gegründeten östlichen Bündnissystem, dem Warschauer Pakt, auszutreten. Die politische Großwetterlage war also nicht gerade entspannt.
Außerdem: Die formal zwar selbständige DDR hatte nicht nur einen Vormund in Moskau, sondern auch auch den in Bonn. Die Bundesrepublik reklamierte für sich, für »alle Deutschen« zu sprechen, also auch für die Bürger der DDR. Diesen Staat erkannte sie nicht an. Die Haltung war nach dem Staatssekretär Walter Hallstein (CDU) benannt worden und galt seit 1955.

Die Nordsee empfängt die WILHELM PIECK zunächst ruhig. Oben: Durch den Nord-Ostsee-Kanal, knapp 100 Kilometer lang, von 13 Brücken überquert – die am stärksten frequentierte künstliche Wasserstraße der Welt. An den Schleusen schauten stets Neugierige ins Schiff

Wie bei Seefahrten üblich: Gruppenfoto mit Rettungsring, der den Schiffsnamen zeigt. Die Mannschaft mit Fes, der Kapitän mit Hut beim Verlassen des albanischen Hafen Durres 1957 und 1987 beim Treffen der Veteranen in Greifswald-Wieck.
Rechts: Verschiedene Momente bei schwerer See auf der Reise durch den Atlantik. Der Sturm erreichte in Böen die Stärke 11 – aber die WILHELM PIECK behauptet sich. Ein englischer Dampfer sinkt, wenig später und einige Hundert Kilometer weiter auch die PAMIR

Wenn ein Staat diplomatische Beziehungen zur »Sowjetzone« aufnahm, musste er mit politischen Sanktionen bis hin zum Abbruch der Kontakte rechnen. Der Sinn dieses Druckmittels war klar: Die DDR sollte außenpolitisch isoliert und wirtschaftlich geschwächt werden. Bekanntlich sollte die Hallstein-Doktrin erst 1969 durch Bundeskanzler Willy Brandt (SPD) gestrichen werden; BRD und DDR wurden 1973 gemeinsam in die UNO aufgenommen. In der DDR-Hauptstadt ließen sich über hundert Botschafter akkreditieren. Davon konnte nicht nur die Besatzung der WILHELM PIECK träumen, als sie im Mai 1957 zu ihrer großen Reise aufbrach. Sie war, wenn man so will, eine Art Blockadebrecher. Wir mussten an Küsten und Häfen vorbeifahren, in denen es weder eine konsularische bzw. diplomatische Vertretung noch die Möglichkeit gab, Proviant zu kaufen.

»Hinzu kamen eine – verglichen mit den heutigen Standards – einfache und bescheidene nautische und technische Ausrüstung unseres Segelschulschiffes« schreibt Sieger weiter. »Um so mehr wogen damals Mut und Können von Kapitän Arthur Friedrich, seiner Steuerleute Wilhelm Haase und Horst Rickert sowie des entschlossenen Oberbootsmannes Peter Weinhold. Und insgesamt die Einsatzbereitschaft und der Teamgeist der gesamten Besatzung.

In mein Tagebuch schrieb ich am 10. August 1957: Heute scheint der Atlantiksturm seinen Höhepunkt zu erreichen. Windstärke 8-9 in Böen Stärke 10-11. Es steht eine unheimliche See. Ich habe wieder Brückendienst. Aufmerksam beobachte ich die Bewegungen des Schiffes. Es ist schon toll, als Wachoffiziers-Assistent auf dem Achterdeck zu stehen und Mitverantwortung für das Schiff zu tragen. Ich achte auf die Segelstellung und den Kurs des Schiffes. Ein Brecher nach dem anderen schlägt mit Wucht auf Deck. Wir sind im Sturmtief. Der Kapitän ist ernster geworden, er weiß, was auf dem Spiel steht. Im Dunklen kontrolliert er mit seiner Taschenlampe die Rettungsboote. Der Großmast knarrt und arbeitet in seiner Halterung. Die einfallenden Böen erschüttern das Schiff. Es pfeift in der Takelage.

Immer wieder kommt der Gedanke – hoffentlich nur heil aus dieser Hölle raus! Hoffentlich hält der Großmast mit gerefftem Großsegel. Weiterhin sind am Fockmast Fock, Mars und zwei Klüver gesetzt.

Wir machen 8 bis 9 Knoten Fahrt. – Es heißt immer wieder vorwärts.

Eine See kam wieder von Backbord über das Kartenhaus. Ich stand an Steuerbord auf dem Achterdeck. Ich habe nur kurz die Augen zugemacht – vielleicht ist es die letzte? Der Rudergänger ist festgebunden. Strecktaue machen es der Besatzung möglich, sich über Deck zu bewegen.

Eine Böe mit einer Flugsee von etwa Stärke 11 bis12 ist eingefallen – mir verschlägt es die Stimme. Eine solche Gewalt habe ich noch nie so gespürt. Doch ich bin selbst erstaunt über die Ruhe, die wir haben. Man darf dabei nicht an Zuhause denken. Uns erreichen laufende Seenotmeldungen von verschiedenen Schiffen. Ein englischer Dampfer ist im Sturm gesunken. Die Rettungsarbeiten werden eingestellt. Keine Hoffnung mehr. Hier und dort ist ein Mann über Bord gegangen – an alle Schiffe geht die Bitte um Hilfe.

Um 24.00 Uhr gehe ich schlafen. Die letzte und furchtbarste Nacht im Atlantik. Ich versuche zu schlafen. Noch rollen die Wassermassen über Deck. Das Schiff holt über – fast bis an den Kenterpunkt von 48 Grad. Die Nerven arbeiten – wann wird es zum letzten Mal überholen und kommt nicht mehr zurück? Doch das Schiff ist stabil. Ein Lob den Schiffbauern und dem Können von Kapitän und Besatzung.«

An Bord ist auch der Schriftsteller Götz R. Richter. In seinem Buch »Segel in Sonne und Sturm«

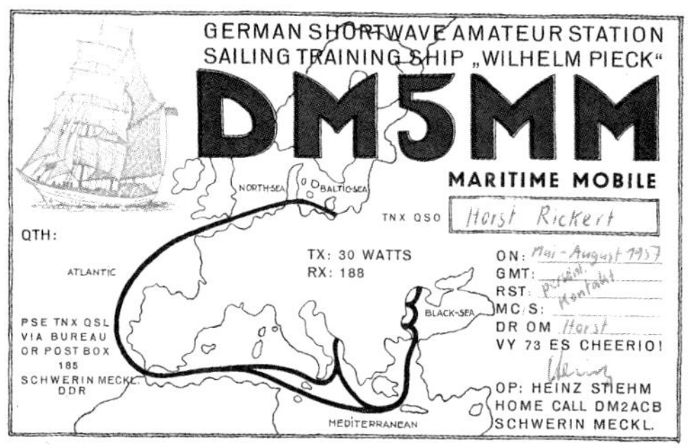

Entspannung im Mittelmeer: mit Musik auf dem Backdeck. Funkkontaktkarte Heinz Stiehms

Erste Station auf der Reise ist Gibraltar, der Felsen am Eingang zum Mittelmeer, britisches Territorium und Möglichkeit zu bunkern: Dieselkraftstoff und Proviant. Die WILHELM PIECK geht auf Reede vor Anker, Horst Rickert und der Koch gehen an Land

setzte er dieser Reise ein Denkmal. Der Amateurfunker Heinz Stiehm aus Schwerin saß Tage und Nächte an seiner Funkstation DM5MM und knüpfte über tausend Funkkontakte in alle Welt. Den Funkamateuren wurde, wie üblich, auf einer Karte ihr Kontakt bestätigt.

Sieger über die Rückfahrt: »Mit Erreichen des Englischen Kanals war unser Klüverbaum wieder auf Kurs Heimat gerichtet. Nach Passieren des Nord-Ostsee-Kanals am 17. August 1957 ging am Kieler Feuerschiff gegen 0.30 Uhr der Lotse von Bord. Er sprach voller Anerkennung über unser Schiff und seine Besatzung. Auch war er begeistert, als Lotse endlich wieder an Bord eines Segelschiffes zu sein.

Als Mitglied des Kieler Lotsenchores stimmte er zum Abschied mit seinem Megaphon, bereits im Lotsenboot stehend, den Song der Segelschifffahrt *Rolling Home* an. Begeistert sangen wir zusammen in den nächtlichen Ostseehimmel den Refrain *Rolling home, rolling home, rolling home across the sea.*

Mancher von uns unterdrückt seine Freudentränen. Immer, wenn ich heute diesen Shanty höre oder singe, sehe ich unsere Schonerbrigg und den Kieler Lotsen.«

Soweit Sieger und nun wieder ich: Die Reise war mit Hilfe der Londoner Maklerfirma Cory Brothers Ltd. zustande gekommen. Das britische Unternehmen hatte den Auftrag des VEB Schiffsmaklerei Rostock engegengenommen und dafür gesorgt, das in Porto (Portugal), Gibraltar und Messina (Italien) unsere Versorgung sichergestellt wurde.

An Bord befanden sich nicht die üblichen 32 Kursanten und die 14 Mann von der Stammbesatzung, sondern insgesamt dreizehn Personen weniger. Bei den 15 Kursanten handelte es sich um hauptamtliche oder ehrenamtliche Seesportausbilder, die sich bei der Reise als Seesportinstrukteur qualifizieren sollten. Diese Funktion war unmittelbar vor der Reise geschaffen worden.

Den Kapitän sollte ein Delegationsleiter insbesondere bei Besuchen unterstützen, ferner war erstmals ein zusätzlicher Amateurfunker aufgestiegen, eben Heinz Stiehm aus Schwerin. Er

Ein Leichter von Shell geht an der WILHELM PIECK längsseits und pumpt Diesel in den Bauch des Segelschiffes. Links: Rickert auf der Barkasse der britischen Maklerei, unterwegs zum Einkaufen auf Gibraltar

half nicht nur unserem Mann, sondern sorgte dafür, dass weltweit unter der Amateurfunkgemeinde publik wurde, dass es uns gab.
Wie üblich gehörten zur Besatzung ein Maschinist, ein Koch und ein Kochsmaat.
Ich selbst war 22 Jahre alt und kam soeben von der Seefahrtsschule. Kapitän Arthur Friedrich und sein Stellvertreter Wilhelm Haase, der 1. Wachleiter, waren um die Fünfzig und seit mehr als dreißig Jahren auf den Meeren unterwegs. Von ihnen gingen Sicherheit und Vertrauen aus. Ich sollte, was ich damals noch nicht wissen konnte, zweieinhalb Jahre unter Kapitän Friedrich fahren. Wir blieben bis zu seinem frühen Tod miteinander verbunden.
Die Schiffsführung orientierte sich hinsichtlich Ausrüstung, Verproviantierung, Unterbringung und Rettungsmitteln nicht am bereits üblichen Standard der Handelsschiffe, sondern an dem der früheren Windjammer. Darum, so sagten sie, wären wir weitaus besser dran als frühere Generationen von Seglern. Friedrich, der Cap Hoornier, stimmte uns auf die Reise ein und gab auch praktische Tips.
Wir besaßen keinen Kühlschrank an Bord. Es gab Pökelfleisch in Fässern und den Fleischsack im Großtop. Die Vorräte wurden zwischen den Spanten gelagert. So sollten sie 25 Grad und mehr im Mittelmeer überstehen. Die Konserven waren überschaubar, ebenso der Vorrat an Babymilchpulver *Babysan*. Es sollte für vier Monate, so lange hatten wir geplant, reichen.
Den Diesel nannten wir wegen seine geringen Leistung nur »Flautenschieber«, wir richteten uns darauf ein, die meiste Zeit nur zu segeln.
Es gab kein GPS oder dergleichen, nicht mal einen Sputnik kannten wir – der sollte erst am 4. Oktober 1957 ins All fliegen. Wir würden navigieren mit Sextant, Magnetkompass, Stoppuhr, Chronometer, Handlog, mit einem Echolot

für maximal 100 Meter Wassertiefe, mit Windmesser und Windfähnchen. Zur Geschwindigkeitsbestimmung warfen wir, sofern es die See zuließ, zwei- bis dreimal die Stunde ein Holz von der Back und stoppten die Zeit, die es brauchte, um am Schiff vorbeizuziehen. Wenn Willem, der 1. Offizier, mit seinem Schritt dem Stöckchen folgen konnte, rief er: »Schriew man drei Knoten.« Also sechs Kilometer pro Stunde. Wenn Willem nach vier Stunden die Wache an mich übergab, sagte er bescheiden: »Wi hebben twölf Mielen maakt, äwer ick hew blot elwen anschräben.«
Wir legten in Greifswald-Wieck um 11 Uhr am 15. Mai 1957 ab, nachdem zuvor eine zweiköpfige Abnahmekommission der GST-Führung alles überprüft hatte: vom Ankerspill bis zum Kojenbau. Das wirkte ein wenig albern.
Unsere erste Station sollte Warnemünde sein. Dann ging es durch den Nord-Ostsee-Kanal von Holtenau bis Brunsbüttel, wo wir nach neun Stunden Motorfahrt Diesel aufnahmen. Der Himmel war bedeckt, die See stürmisch, die ersten begannen die Fische zu füttern.

Den Wellen getrotzt – mit vollen Segeln geht's voran

Bei Windstärke 5 ging es mit acht Knoten an Dover vorbei. Bald machte sich die Atlantik-Dünung bemerkbar. Sie verlieh unserem Schiff bislang unbekannte Bewegungen. Das Schiff nahm diese Wogen an, seine Eigenbewegungen wirkten harmonisch, angenehm, sympathisch. In der Biskaya steuerten wir Südwest. Der Wind aus nördlichen Richtungen erreichte Sturmstärke. Die Wellen wuchsen zu schaumigen Mauern, türmten sich zu steilen Wänden, zu denen man vom Heck argwöhnisch hinaufschaute. Kracht die Woge aufs Deck? Doch nein, das Schiff hob sich, die Welle rauschte unter uns durch und hinterließ ein Tal. Und wieder kam

Ankunft in Durres, der zweitgrößten Stadt Albaniens und der wichtigste Hafen des Landes. Von links nach rechts: Steuermann Haase, Maschinist Dahms, Steuermann Rickert

Begegnung mit einem italienischen Tanker. Links unten: Insel in der Ägäis.
Auf der linken Seite: Ausflug nach Tirana. Mit Kamera: der Schriftsteller Götz R. Richter

Im Bosporus: eine U-Boot-Sperre quer durch die Meerenge. Das NATO-Land Türkei macht für sowjetische U-Boote das Schwarze Meer an mehreren Stellen dicht

In Varna am 25. Juni 1957. Unten: rumänische Begleiter in den Küstengewässern

die nächste Woge. Die ganze Nacht stürmte das Schiff weiter, rauschte durch die Nacht. Zeitweise schnellte es wie besessen durchs Wasser, Schaum flog vorüber.

Am Sonntag, dem 26. Mai, standen wir mitten in der Biskaya, hatten Meersalz auf den Lippen und etwa 5.000 Meter Wasser unterm Kiel. In 24 Stunden machten wir 191 Seemeilen. In Sturmfahrt flogen wir an Portugals Küste vorüber. Elf Knoten wurden wiederholt geloggt.

Am Himmelfahrtstage, am 30. Mai, passierten wir die Straße von Gibraltar. Das Schiff führte alle Segel, im Vortop wehte die Fahne Großbritanniens. Der englische Lotse freute sich, mit Kapitän Friedrich ein wenig parlieren zu können. Der Alte sprach auch Italienisch, Französisch und ein wenig Spanisch. Bis Gibraltar in nur elf Tagen? Congratulations!

Landgang, und Post aus der Heimat war auch schon da. Eine Barkasse der Londoner Agentur setzte den Schiffskoch und mich über, das Schiff verblieb auf Reede. So nah wollte man uns, bei aller Freundlichkeit, denn doch nicht kommen.

Von hier bis zu den Dardanellen waren es an die viertausend Kilometer Luftlinie, das Mittelmeer ist doch etwas größer als die Ostsee. Aber der Himmel war blau, die Luft angenehm mild. Und ständig wechselten die Winde. Obgleich ich schon mit der WILHELM PIECK oft unterwegs war, merkte ich jetzt: Das Meer riecht bei Windstille anders als bei Sturm, bei Nebel, Sonne oder bei trübem Wetter. Und die Windrichtungen wechselten hier ständig. Die Rahen waren kaum herumgebrasst, pustete der

URKUNDE

Wir
Neptun, Herrscher aller Meere,
Seen, Flüsse, Bäche, Teiche, Tümpel
und Pfützen bescheinigen hiermit,
daß der Täufling:

Horst Rickert

die Mitte des Mittelmeeres passiert hat,
und am heutigen Tage von Tang u. Schlick
der nördl. Gewässer gereinigt worden ist.
Wir verleihen ihm den Namen:

Springtide

Gegeben an Bord d. Schulschiffes
„Wilhelm Pieck"
am 9. Juni 1957

Für die Richtigkeit:
I. Admiral

NEPTUN + Herrscher aller Meere +

Neptun

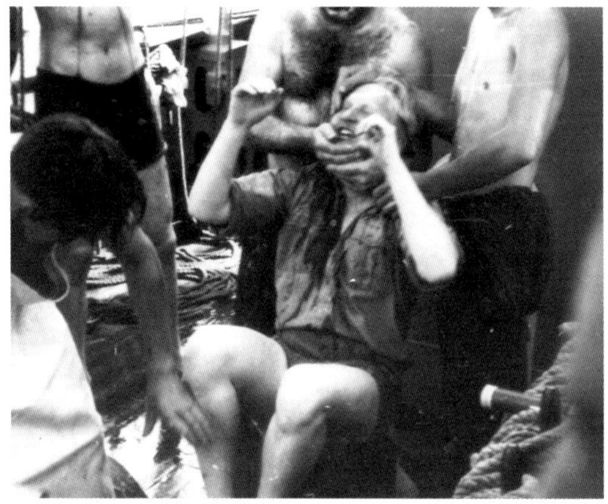

Neptun kommt an Bord, um die Neuen vom Schlick der Nordgewässer zu reinigen

In Odessa. Die Begrüßung ist freundlich, ja freundschaftlich. Das Opernhaus, darunter die Treppe von Francesco Boffo, die der sowjetische Filmregisseur Sergej Eisenstein in »Panzerkreuzer Potemkin« weltberühmt machte

Wind meist schon wieder aus einer anderen Richtung. Oder legte sich schlafen. Der Rudergänger kurbelte am Rad, als ob er Kaffee mahle. Aber es nützte nichts. Flaute. Es herrschte Ruhe. Man atmete plötzlich leiser. Endlich briste es. Wir kreuzten in langen Schlägen gegen den Wind. Bis er wieder abflaute. Die Segel schlugen wie Lappen hin und her. Kein Meter mehr. Das Wasser war türkisblau wie beste Füllhaltertinte. Delphine und Tümmler begleiteten uns, in Scharen eskortieren sie uns. Sie spielten mit der Bugwelle, die ihnen zu gefallen schien. Manchmal schossen sie wie Torpedos unter dem Kiel hindurch, schoben an der anderen Seite ihre Köpfe aus dem Wasser, prusteten die Luft aus und tauchten wieder ab. Andere wieder sprangen meterhoch aus dem Meer, klatschen hinein und spritzten. Einige der Jungs packten sich ins Klüvernetz, um den Tieren noch näher zu sein, die sie »Tiedverdrievers« nannten.

Dann ging es zwischen Italien und Sizilien hindurch, zwischen Reggio und Messina, das nächste Ziel hieß Adira und Durres in Albanien. Es herrschte Gedränge an den Bulleyes. Wenn sie in Lee untertauchten, schaute man

Mal Flaute, mal Sturm. Und immer wieder geht es hinauf. Oben: Bilder in Odessa

in ein großes Aquarium. Das Wasser war kristallkar.
Am 1. Pfingstfeiertag erschien Neptun mit Gefolge an Bord, um 29 Neulinge von Tang und Schlick nördlicher Gewässer zu reinigen. Eine Äquatortaufe ohne Äquator also. Im Maschinenraum hatten sie »Rasiercreme« aus Öl und Schmierseife angerührt und in der Kombüse eine teuflische Medizin gemixt, nach deren Zusammensetzung man besser nicht fragte.
Nach dem Backen und Banken begrüßte der Kapitän »Neptun«. Der griff sich gleich einen

Oben: Nordafrika, Cap Bon, der südlichste Punkt, den die WILHELM PIECK je erreichte.
Unten: die Schiffsführung auf der Brücke

Freudige Begegnung: Die THÄLMANN PIONIER hat frisches Brot an Bord. Das auf der WILHELM PIECK hat im Mittelmeer Schimmel angesetzt

zum Einseifen, es folgte eine Rasur ohne jede Zärtlichkeit. Der Täufling rang um Luft. Klatsch, schon kriegte er eine Bürste mit einem Senf-Schmierseifen-Gemisch in den Mund, das er schlucken musste. Danach flog er ins Taufbecken. Und nachdem er daraus wieder aufgetaucht war, wurde ihm per Urkunde bescheinigt, gereinigt worden zu sein. Anschließend gab es Reinschiff. Und eine tolle Feier.

Albanien blieb in unangenehmer Erinnerung. Wir hatten uns die Bäuche mit Obst vollgeschlagen und, da es sehr heiß war, auch viel Wasser getrunken. Beides vertrug sich nicht. Unsere Eingeweide stülpten sich nach außen. Der Kapitän ließ zu unserer Schonung das Schiff 24 Stunden im Marmarameer treiben. So verloren wir einen Tag. Friedrich jedoch sagte, er habe uns Gelegenheit geben wollen, in Ruhe die herrliche Bosporus-Passage genießen zu können. Nach reichlich dreißig Kilometern erreichten wir das Schwarze Meer.

Am Sonntag, dem 23. Juni, waren wir mit einem Lotsen durch die Meerenge gefahren, am 16. Juli, einem Montag, ging es wieder retour. Am anderen Tag, schon in der Ägäis, erreichte uns ein Telegramm aus Berlin. Präsident Pieck beglückwünschte uns in sehr warmen Worten zum glücklichen Verlauf der Reise.

In der Ägäis starb der Wind unter der Sonne. Mühsam kreuzten wir in langen Schlägen gegen westliche Winde. Unmut begann sich auszubreiten. Tag um Tag verging. Friedrich tröstete: »Als wir mit der PARMA 1927 von Iquique in Chile ausliefen, sahen wir nach drei Wochen harten Segelns noch immer die graue Gebirgskette der Anden. Und das noch immer in gleicher Höhe.«

Dann überraschte uns plötzlich Sturm mit kurzer, steiler See. Alle an Deck standen bis zum Hals in Wasser. Das Schiff schüttelte sich. Die Masten neigten sich rasch bis zu 50 Grad. Wild schlugen die Segel. Wir fürchteten, Stangen und Spieren zu verlieren. Von der Verankerung des Großmastes im Kielraum drangen merkwürdige Geräusche nach oben. Sollten wir La Valetta auf Malta ansteuern? Dann flaute plötzlich der Wind ab. Und wir trafen einen Damp-

Die QUEEN MARY, der britische Passagierdampfer, machte sich in der Biskaya an das Segelschulschiff heran, um die WILHELM PIECK aus der Nähe betrachten zu können. Linke Seite: Oben der Dampfer der DSR aus Rostock, die THÄLMANN PIONIER. Darunter Aufnahmen bei schwerer See und Kapitän Friedrich beim Peilen. Unten: Die Mannschaft salutiert

fer der DSR, die THÄLMANN PIONIER. Von denen bekamen wir Brot. Unseres hatte schon lange Schimmel angesetzt. Wir säuberten seit Tagen die Laibe und legten sie auf Tüchern zum Trocknen an Oberdeck. Dann schnitzten wir uns Essbares daraus.

Und wieder kam Sturm auf. Er trieb uns in die Kleine Syrte vor Libyen. Die Position 34° Nord, 11°3' Ost sollte der südlichste Punkt sein, den die WILHELM PIECK je erreichte.

Entlang der Küsten Tunesiens, Algeriens und Marokkos segelten wir weiter. Nach 20 Tagen seit Constanza erreichten wir Gibraltar.

Die längste Seestrecke war geschafft.

In der Biskaya zwangen uns ungünstige Winde zu einem ungewollten Westkurs. Erst bei 13° westlicher Länge fanden wir leichte Winde, die uns nördliche Kurse gestatteten. Die Dünung lief im Verhältnis zu den schwachen Winden enorm hoch. Der Segler wurde mit der Lage fertig, machte aber kaum Fahrt.

Dann aber brach die Hölle los. Uns wurde alles abverlangt. Unter minimaler Besegelung neig-

te sich das Schiff bedenklich leewärts. Die Fockrah schien in das Meer gleichsam hineingepresst zu werden. Mittschiffs tauchte die Reling zeitweilig tief in die Wogen. Im Takelwerk heulte der Sturm, die Masten richteten sich kaum noch auf. Trotzdem gab es da oben für die Männer genug zu tun. Der Mann am Ruder musste festgebunden werden. Der Steuermann um-

Gerettet. In letzter Not findet der kleine Vogel im Sturm auf der WILHELM PIECK ein sicheres Plätzchen.
Linke Seite: im Kampf mit den Elementen. Die Mannschaft behauptet sich ebenso wie das Schiff. Am Ruder: Helmut Sieger. Foto unten: Rudergänger mit Sonnenbrille Peter Weinhold, später Kapitän und Lotse. Kapitän Arthur Friedrich und Steuermann Horst Rickert freuen sich über die Pause

klammerte die Kompasssäule, verlor Windflögel, Kurs und Segelstellung keine Sekunde aus dem Auge. Das Schiff lag schließlich bei schwerster See sachgerecht beigedreht. Dabei wurde es mit kleinster Segelfläche so hart an den Wind gebracht, dass es langsam in der Windrichtung nach Lee wegtrieb. So wurde in Luv ein Sog erzeugt, an dem sich See und Sturm brachen und ihre Wucht verloren. Friedrich überlistete die Urgewalten. Die höllische Berg- und Talfahrt bewältigte der kleine Segler wie ein seeerprobter Meeresvogel.
Kapitän Friedrich verstand es, seinen Segler und dessen Möglichkeiten hervorragend zu nutzen. Das Schiff nahm keinen Schaden. »Es wäre auch an der Hoorn gut«, meinte Friedrich stolz.
Dieses Unwetter mit Windstärken 8 bis 11 dauerte 60 Stunden. Anschließend lagen wir alle erschöpft und doch befriedigt in den Hängematten und Kojen.
Nach 99 Tagen erreichten wir Greifswald. Die Heimkehr ging uns ans Herz. Hunderte begrüßten uns, als hätten wir die Welt umrundet. Im Vortop flatterten die Fahnen der Länder, in denen wir angelegt hatten: Albanien, Bulgarien, die britische Kronkolonie Gibraltar, Rumänien und Sowjetunion. An Bord waren noch 31 Mann. Der Kameramann hatte uns in Constanza verlassen, um seine Filme so schnell wie möglich nach Berlin zu bringen. Und ein Kursant war krank geworden. Er stieg nördlich von Sizilien auf unseren Dampfer WISMAR um.

Es geht heimwärts, die Flaggen der fünf besuchten Länder wehen im Vortop. In Greifswald-Wieck gibt es am 22. August 1957 ein herzliches Willkommen, alle sind im Wortsinne aus dem Häuschen, es gibt Blumen für alle

Kapitän Friedrich resümierte vor der Presse, dass die WILHELM PIECK ihren Härtetest erfolgreich bestanden habe, sie sei mehr als nur »die Perle des Boddens«.

Nachtrag zur PAMIR

Am 11. August 1957, wir befanden uns im Atlantik in diesem fürchterlichen Unwetter, lud die PAMIR Gerste in Buenes Aires für Hamburg. Die Viermastbark war dort 1905 gebaut worden, hatte 1932 die sogenannte Weizenregatta, eine Wettfahrt von Großseglern von Australien nach Europa, gewonnen und 1949 als letzter Windjammer ohne Hilfsmotor Kap Hoorn auf Frachtfahrt umrundet. In den 50er Jahren wurde die PAMIR wie das Schwesternschiff PASSAT als frachtfahrendes Segelschulschiff eingesetzt.
Am 21. September, wir waren bereits vier Wochen daheim, geriet das Schiff etwa 600 Seemeilen westsüdlich der Azoren in einen Hurrican. Noch bevor genügend Segel geborgen worden waren, erreichte der Sturm das Schiff. Einige Segel rissen, die anderen wurden von der Mannschaft von den Rahen geschnitten, oder wie es seemännisch heißt: Sie wurden geschlachtet.
Inzwischen hatte das Schiff eine Schlagseite von 30° nach Backbord, wofür wohl die verrutschte Ladung verantwortlich war. Die Windgeschwindigkeit betrug zu jener Zeit bereits 130 km/h, die Wellen gingen 12 bis 14 Meter hoch. Der Kapitän ordnete an, Schwimmwesten anzulegen. Die Schräglage der PAMIR erreichte 45°, so dass die Rahnocken wiederholt in die hochgehende See eintauchten.
Nach einer Funkpause bat die PAMIR um 11.54 Uhr in ihrem nächsten SOS-Ruf um Eile, da das Schiff zu sinken drohe. Drei Minuten später funkte sie, dass das Schiff Wasser mache. Um 12.03 Uhr wurde der letzte, nicht mehr dechiffrierbare Notruf gesendet. Gegen 12 Uhr Bordzeit kenterte die PAMIR: Für etwa eine halbe Minute lag sie flach im Wasser. Danach kenterte sie durch und schwamm noch etwa 20 bis 30 Minuten kieloben, bevor sie sank. Vorher war es aufgrund der Schlagseite nicht mehr möglich gewesen, Rettungsboote zu Wasser zu lassen. Nur drei beschädigte Rettungsboote, die sich vor oder während des Kenterns losgerissen hatten, trieben in der aufgewühlten See. Es gelang zunächst mindestens 30 Besatzungsmitgliedern, sich in zwei der Boote zu retten. Außerdem lassen spätere Berichte Überlebender von Leuchtsignalen vermuten, dass möglicherweise noch ein drittes Boot bemannt wurde.
Aufgrund ihrer Schäden hatten die zwei bezeugten Boote allerdings bereits Teile ihres Proviants und Frischwassers verloren, bevor die Schiffbrüchigen sie erreichten. Die verbliebenen Vorräte gingen in den nächsten Stunden großenteils verloren, als die Boote aufgrund ihrer

Die PAMIR, frachtfahrendes Segelschulschiff

Schäden und der schweren See wiederholt kenterten. Außerdem gab es an Bord keine trockenen – d. h. funktionierenden – Seenotraketen.
Insgesamt kamen 80 der 86 Besatzungsmitglieder der PAMIR ums Leben, darunter alle Offiziere und der Kapitän. 51 der 86 Besatzungsmitglieder waren Kadetten, 45 zwischen 16 und 18 Jahre alt.
Die PAMIR wurde am 17. Mai 1958 aus dem Lübecker Schiffsregister gelöscht.
Hauptursache des Untergangs des Schulschiffes war nach dem Spruch des Seeamtes Lübeck die falsche Lagerung der geladenen 3.780 Tonnen Gerste. Anstelle der traditionell üblichen Stauung in Säcken war das Getreide fast vollständig lose gelagert worden. Gerste aber hat von allen Getreidearten die höchste Fließgeschwindigkeit. Zudem hatte man auch in die Doppelbodentanks Getreide anstelle des stabilitätserhöhenden Wassers gegeben.
Sehr spät wurde die Segelfläche verringert: Bei Windstärke 9 und 10 lief die PAMIR noch unter einem Drittel ihrer Segelfläche. Ein möglicher Grund dafür war, dass der Kapitän damit dem Auge des Hurrikans zu entkommen versuchte. Allerdings blieben auch Schiffsöffnungen im Sturm unverschlossen, wodurch überkommendes Wasser ins Innere eindringen konnte und die Schlagseite erhöhte.
Insgesamt wird davon ausgegangen, dass die hohe Opferzahl maßgeblich durch das späte und wenig vorbereitete Verlassen des Schiffes sowie das Fehlen ausreichender und gut ausgestatteter Rettungsboote und Rettungsinseln verursacht wurde. Inwieweit das Kentern der PAMIR für Kapitän und Offiziere aber überhaupt rechtzeitig voraussehbar war, ist durch die strittige Ursache des Untergangs schwer zu beurteilen.
Nicht zuletzt muss die Opferzahl außerdem vor der Tatsache gesehen werden, dass die PAMIR im Auge eines starken Hurrikans – des stärksten des Jahres 1957 – und in einer Gegend sank, in der es viele Haie gab.
Der Untergang der PAMIR leitete das Ende der Pflicht-Segelausbildung in der Handelsschifffahrt der BRD ein. Nur wenige Wochen später wurde auch das andere große westdeutsche Segelschulschiff, die PASSAT, aus dem Dienst genommen.
Uns machte die Katastrophe auf dem Atlantik sehr betroffen. Allerdings stellte sich für die DDR nicht die Frage, ob das Segelschulschiff WILHELM PIECK aus dem Verkehr gezogen werden sollte. Gleichwohl, ich will das nicht ausschließen, waren unsere insbesondere im Atlantik gemachten Erfahrungen im Kontext des Untergangs der PAMIR Anlass, eine ähnlich lange Fahrt nicht zu wiederholen.
Helmut Sieger sprach in einem Beitrag für das *MarineForum* 9/2007 von einer »Dublette der Ereignisse der deutschen Segelschifffahrt«. Und der Korvettenkapitän a. D. bestätigte: »Das Unglück führte in beiden deutschen Staaten zu Entscheidungen sowohl über den Einsatz frachtfahrender Segelschulschiffe als auch über neue Sicherheitsstandards bei Segelschulschiffen.«

1 Helmut Sieger, Jahrgang 1931, geboren und aufgewachsen in Jena, Dreher-Lehre bei Carl Zeiss Jena. Teilnehmer des ersten Lehrgangs auf der WILHELM PIECK 1951. Studium an der Seefahrtsschule in Wustrow (Nautischer Offizier), an der Offiziersschule der Volksmarine in Stralsund (Kapitän für Kleine Fahrt), Fachschulabschluss am Institut für Lehrerbildung Putbus und Hochschulabschluss als Diplompädagoge in Postdam. Promotion an der Greifswalder Universität. Danach zwanzig Jahre Leiter an Seesport- und Marineschulen der GST, siebzehn Jahre im Zentralvorstand der GST und in dessen Sekretariat. Von 1973 bis 1990 Vizepräsident des Tauchsportverbandes der DDR und von 1983 bis 1991 Vertreter der DDR im Welttauchsportverband (CMAS). Nach 1990 stellvertretender Bereichsleiter in der Zentralen Geschäftsstelle des Bundes Technischer Sportverbände e. V. (BTSV)

2 Richard Staimer (1907-1982) war von 1955 bis 1962 Chef der GST, seit 1960 im Range eines Generalmajors. Seine Reaktivierung erfolgte am 1. April 1963. Er wurde zum Leiter der Abteilung für militärische Ausbildung beim Staatssekretariat beziehungsweise Ministerium für Hoch- und Fachschulwesen ernannt. Zum 1. Oktober 1969 wurde Staimer in die Reserve versetzt und ging in Rente.

35 Jahre
N
NNO
NO
ONO
O
OSO
SO
SSO
S
Marineschule der GST
»August Lütgens«

Die Marineschule »August Lütgens«

Das Segelschulschiff WILHELM PIECK ist ohne die Marineschule der Gesellschaft für Sport und Technik in Greifswald-Wieck nicht zu denken. Dort war und ist ihr Liegeplatz, auch wenn es die GST und damit deren Schule nicht mehr gibt. Aus diesem Grunde muss auch etwas über diese Einrichtung mitgeteilt werden.
Ihre Geburtsstunde schlug 1954, als am 1. Juli auf sieben Hochseejachten die Ausbildung angehender Seemänner begann.
Im August 1954 wurde die WILHELM PIECK nach Greifswald-Wieck verlegt, vorläufig, wie es hieß. Doch nachdem klar war, dass in Rostock-Warnemünde der Überseehafen der DDR entstehen würde, wurde aus dem vermeintlichen Intermezzo der Dauerzustand.
Zwischenzeitlich war 1955 auch die Zentrale Seesportschule der GST in Rechlin/Müritz geschlossen und der Bau einer Zentralen Seesportschule in Rostock am Breitling erwogen worden; es lagen bereits die Baupläne vor. Auch sie waren nunmehr Makulatur.
Man entschied sich, in Greifswald-Wieck die neue Seesport- bzw. Marineschule der GST zu errichten. Die Hochseejachtenstation wurde bereits 1959 in Seesportschule umbenannt und 1961 das Schul- und Verwaltungsgebäude auf der Eldenaer Ryck-Seite fertiggestellt. Im Jahr darauf, im zweiten Bauabschnitt, übergab man Werkstätten, Bootshalle, Slipanlage und Pier.
1968 wurde den Veränderungen im Ausbildungsprofil Rechnung getragen, was zur Umbenennung in *Marineschule* führte. Diese hieß seit dem Vorjahr »August Lütgens«[1].
Der Schiffs- und Bootsbestand veränderte sich im Laufe der Jahre und entsprach den jeweiligen Ausbildungsprofilen der Marineschule.
1956 wurden das 1945 von der Kriegsmarine in Dienst gestellte Räumboot (R-Boot 42) und ein Küstenschutzboot der Marine als Motorschulboote von der Hochseejachtenstation der GST übernommen.
1958/59 kamen der Fischerei-Forschungskutter F. L. JAHN (ex PROF. HENKINGS) und der umgebaute dänische Küstenminenleger FREUNDSCHAFT (ex FÜRSTENBERG) dazu. 1960 übergab die Volksmarine zwei ausgemusterte Küstenschutzboote, die bis 1967 als Motorschulboote PIONIER und PARTISAN im Einsatz waren. Von 1964 bis 1976 gehörte auch ein einstiges Zollkontrollboot als Schulboot PATRIOT zum Schiffsbestand.
Nach 1968 erfolgte eine Intensivierung der praktischen Seeausbildung, wozu auch Auslandreisen gehörten. Die Volksmarine übergab in jenem Jahr ein abgerüstetes Minenleg- und Räumschiff Typ »Habicht«, das als MS ERNST THÄLMANN bis 1974 im Einsatz war. 1971 erhielt die Marineschule den ausgemusterten Versorgungslogger RUDEN, der als MS ARTUR BECKER fuhr, 1974 kamen der Versorgungslogger RÜGEN und 1979 das Minen-Such- und Räumschiff (ex KONDOR 1) als MS ERNST THÄLMANN II hinzu. Flaggschiff und Schmuckschiff der Schulschiffflotte allerdings war von 1954 bis 1990 das Segelschulschiff WILHELM PIECK.
Die GST unterhielt für die Zulassung und Kontrolle der Schiffe und Boote eine eigene nauti-

sche Inspektion, die auf der Grundlage der Vorgaben des Seefahrtsamtes der DDR und der technischen Überwachungsorgane der Volksmarine handelte. Neben den Funkverbindungen der Schulschiffe über kommerzielle Seefunkstationen verfügte die Marineschule auch über ein internes Funknetz.

Die Schulschiffe waren entgegen anderslautenden Darstellungen keine Kriegsschiffe. Sie führten die Staatsflagge der DDR. Eigner und Reeder war die Gesellschaft für Sport und Technik.

Dr. Helmut Sieger gehörte 1951 dem ersten Lehrgang an, der auf der WILHELM Pieck fuhr. Danach übernahm er die Seesportschule in Rechlin/Müritz, später den Zentralen Marineklub Rostock-Gehlsdorf. Nach sechs Jahren Leitungstätigkeit wurde er mit 27 Jahren Chef der Hochseejachtenstation in Greifswald-Wieck. 1957 war er mit der PIECK nach Odessa gesegelt.

Die Schule sollte 35 Jahre bestehen. In ihrem letzten Jahr, 1989, beschäftigte sie 74 Mitarbeiter. Davon gehörten 40 zur Stammbesatzung der Schiffe, acht waren in der Ausbildung beschäf-

Korvettenkapitän d. R. Helmut Sieger (r.) mit Manfred Tomuschat. Sieger leitete die Schule seit Ende der 50er Jahre

tigt und 26 sorgten für die materiell-technische Sicherstellung und die Verwaltung. Sieger dazu: »Anfang der 50er Jahre waren das altgediente Fahrensleute mit reichen seemännischen Erfahrungen. Ihnen folgten die mittleren Jahrgänge, die in der Volksmarine oder in der zivilen Schifffahrt gedient hatten. Schließlich kamen die Jungen, meist ehemalige Kursanten, die für das Stammpersonal ausgewählt wurden. Einige von ihnen entwickelten sich vom Bootsmann bis zum Kapitän. Zum Erwerb von nautischen und technischen Patenten qualifizierten sie sich an der Seefahrtsschule der DDR oder an Lehreinrichtungen der Volksmarine. So spannte sich der Bogen der Generationen vom legendären ersten Kapitän der WILHELM PIECK, Ernst Weitendorf, einem Albatros, bis zu den jungen, in der DDR aufgewachsenen engagierten Seeleuten.«
Sieger vermerkte in einem Beitrag für ein Symposium der Schifffahrtsgeschichtlichen Gesellschaft Ostsee e. V. 2005 in Greifswald-Wieck, dass während der Ausbildungsfahrten und Auslandsreisen kein Besatzungsmitglied oder Kursant der DDR den Rücken gekehrt habe. Und dass es in den 35 Jahren bei der seemännischen

Ausbildung nie einen schweren Unfall gegeben hätte.
»Der Ausbildungsbetrieb der Schule fand in der Regel jährlich von März bis November statt. Etwa 40 Prozent der Ausbildung erfolgten an Land, 60 Prozent an Bord. Das Bordpersonal gestaltete auch einen großen Teil der theoretischen Landausbildung.
Der Finanzplan der Marineschule umfasste je nach Schwerpunkt der Schiffsreparatur jährlich etwa zwei Millionen Mark.
Die Vergütung des Bordpersonals erfolgte nach Tarifen der Seeschifffahrt, das Leitungs- und Lehrpersonal wurde nach Fachschultarif bezahlt.
Die Entlohnung der technischen und Verwaltungskräfte orientierte sich an analogen Tarifen vergleichbarer Berufsgruppen. Es gab Treue- und Erschwerniszulagen, Geldprämien und Auszeichnungen.
Mit der Auflösung der GST im April 1990 und der Bildung des Bundes technischer Sportverbände (BTSV) einschließlich der Veränderungen im Seesportverband und im Tauchsportverband der DDR wurde die Lehrtätigkeit der Schule eingestellt. Es folgte eine monatelange personelle und technische Abwicklung.«
Der promovierte Pädagoge Sieger äußerte sich auch zu den Ausbildungsprofilen der Marineschule. »Das Grundkonzept bestand von Anfang an darin, die theoretische Ausbildung mit der praktischen Bordausbildung effektiv zu verbinden. Die Marineschule der GST sollte in drei Hauptrichtungen wirksam werden:
Erstens: Für die Seestreitkräfte, die Volksmarine, und die zivile Schifffahrt der DDR wurden Schiffsoffiziere und Besatzungen gebraucht. Durch eine allgemein-seemännische und schiffstechnische Vorausbildung sollten junge Leute für die Seefahrt motiviert und für ihren späteren Beruf vorbereitet werden. Diesem Ziel dienten die Lehrgänge auf dem Segelschulschiff und den verschiedenen Motorschulschiffen. Begeisterung und Fähigkeit für die Seefahrt wachsen

ERNST THÄLMANN und JONNY SCHEER, zwei der sieben Jachten in Greifswald. Links: Am Ruder der THÄLMANN. Links oben: Am 1. Mai 1954 war die PIECK in Greifswald

bekanntlich mit den ersten Seebeinen und -stürmen. Jugendliche aus allen Bezirken der DDR – vorwiegend waren es Lehrlinge mit Berufsausbildung und Abitur bzw. Abiturienten der Erweiterten Oberschulen, die sich freiwillig als Offiziersbewerber für einen Beruf in der Volksmarine entschieden hatten sowie freiwillig längerdienende Unteroffiziersbewerber und Matrosenspezialisten der Marine – hatten die Möglichkeit, einen entsprechenden Vorbereitungslehrgang an der Marineschule zu belegen.

Darin eingeschlossen waren auch Lehrlinge der Betriebsberufsschule der Deutschen Seereederei. Mit dieser Einrichtung gab es eine besondere Vereinbarung.

Die Vorleistungen der Marineschule der GST wurden bei den Lehreinrichtungen der Volksmarine, der Offiziershochschule, der Flottenschule und der Schiffsstammabteilung erwartet. Jährlich fanden Abstimmungen über die jeweiligen Kapazitäten statt. Das betraf auch die Vorbereitungslehrgänge künftiger Marinetaucher, Kampfschwimmer und Pioniertaucher.

Die Marineschule von oben und die verschiedenen zivilen Schiffe und Boote der Einrichtung

Wir gestalteten damals die Ausbildung an der Marineschule nach Erkenntnissen des deutschen Pädagogen Adolph Diesterweg[2]. Die maritime Ausbildung schloss Momente der Erziehung ein und betonte neben dem Wissen, vor allem das Können, die Fähigkeiten und Fertigkeiten sowie deren praktische Anwendung.
Die Lehrgangsteilnehmer wurden entsprechend ihrer beruflichen bzw. schulischen Vorbildung und ihren persönlichen Neigungen für eine mögliche künftige Verwendung ausgebildet. Im Verlauf der Jahre wurden verschiedene Modelle der differenzierten Vorbereitung für die maritimen Laufbahnen ausprobiert. Am erfolgreichsten hatten sich bei den Vorbereitungslehrgängen die klassischen Formen, nämlich die seemännisch-nautische Laufbahn und die schiffsmaschinentechnische Laufbahn bewährt.
Die praktische Seeausbildung bei Tag und Nacht fand im Greifswalder Bodden und vorwiegend in der mittleren und östlichen Ostsee statt. Man lernte das Meer als künftigen Einsatzort kennen. Vor allem sollte das Bewusstsein der Kursanten gestärkt werden, als Seemann an Bord

Reinschiff mit Schrubber, geschwungen wird dieser kollektiv nach dem Kommando: »Jetzt nicht. Aber nun!« Oben: Das Flaggschiff an seinem Liegeplatz vor der Marineschule. Links: Reinschiff auf der Back

Inhaber einer festgelegten Rolle zu sein, die für die Sicherheit von Schiff und Besatzung eine hohe Bedeutung hat.

Die Seeausbildung prägte Charakter, Kollektivgeist und Selbstbewusstsein der seemännisch interessierten Jugendlichen.

Die Inhalte der politischen Schulung waren auf den Sinn des Soldatseins im Sozialismus ausgerichtet. In der allgemein-militärischen Vorausbildung wurden die ersten Schulübungen mit der Kleinkaliber-Maschinenpistole geschossen. Ein medizinischer Seetauglichkeitsnachweis und gültige Personaldokumente zum Passieren der Seegrenze der DDR waren gefordert.

Höhepunkte der praktischen Seeausbildung bildeten stets die Besuche in ausländischen Häfen. Noch heute wird mir von ehemaligen Kursanten, die ihren Lebens- und Berufsweg erfolgreich gingen, bestätigt, dass sie sich an diese Zeit gern erinnern.

Wie soziologische und sozialpsychologische Untersuchungen beweisen, nannten 85 Prozent der Lehrgangsteilnehmer als Motiv ihrer Ausbildung an der Marineschule die Vorbereitung auf einen maritimen Beruf. Sie wollen das Leben an Bord kennenlernen und die praktische Seefahrt erleben.

Hohe Erwartungen (95 Prozent) wurden an die zwischenmenschlichen, kollektiven Beziehungen gestellt. Man strebte nach Bewährungssituationen und Verantwortung: Einer für alle – alle für einen.

Zweitens: Für die Seesport- und Tauchsportsektionen der GST, für maritime Ausbildungszentren in den Kreisen und Bezirken der DDR, wurden Ausbilder, Übungsleiter, Tauchlehrer sowie Bootsführer für Binnen- und Seewasserstraßen gebraucht. Benötigt wurden Techniker und Wettkampfrichter, die ebenfalls an der Marineschule aus- und weitergebildet wurden. Beispielsweise bestanden 1989 in der DDR 400 Seesportsektionen mit 19.000 Mitgliedern und 180 Tauchsportsektionen mit 8.000 Mitgliedern. In jenem Jahr absolvierten 3.846 Seesportler eine der verschiedenen Stufen der Seesportprüfung und 1.658 Tauchsportler Prüfungen und erwarben Berechtigungen.

Neben Kreis-, Bezirks- und DDR-Meisterschaften beteiligten sich die See- und Tauchsportler der GST auch an internationalen Wettkämpfen. Vergleiche im Seesportmehrkampf gab es zwischen den Partnerorganisationen der GST der osteuropäischen Länder.

Der Tauchsportverband der DDR war seit 1967 ordentliches Mitglied des Sportkomitees und des Technischen Komitees des Welttauchsportverbandes CMAS. Der DDR-Tauchsport erwarb internationales Ansehen besonders in den Wett-

Die Kursanten und der Stamm der WILHELM PIECK waren keine elitäre Truppe. Sie nahmen am gesellschaftlichen Leben teil. Hier am Umzug in Saßnitz am 1. Mai 1958. Links in der ersten Matrosenreihe Robert Uecker, der später Kapitän wurde

Volle, geblähte Segel – damit macht man Fahrt. Anschließend aber heißt es wieder, die Segel zu reffen. Mit reiner Muskelkraft und in schwindelnder Höhe. Manche Übungen, das räumen die damals Verantwortlichen ein, galten allerdings nicht nur dem Training, sondern waren auch darauf gerichtet, die Jungs sinnvoll zu beschäftigen

Mitunter war die Lage auf See derart, dass man sie brauchte: Nerven wie Stahlseile

kampfdisziplinen Flossenschwimmen/Streckentauchen sowie im Orientierungstauchen. Von 1967 bis 1989 errangen Tauchsportler der DDR bei Europa- und Weltmeisterschaften 37 Gold-, 66 Silber- und 86 Bronzemedaillen. Wir belegten damals im Weltmaßstab in den genannten Disziplinen den 2. Platz hinter der Sowjetunion. Auch an der Marineschule Greifswald-Wieck wurde dafür mit der Grundstein gelegt.
Jährlich fanden entsprechende Lehrgänge für ehrenamtliche Funktionsträger des See- und Tauchsportes statt. Je nach Bedarf band er etwa 30 bis 40 Prozent der Kapazität der Schule. Die Lehrgangsteilnehmer wurden von ihrem Betrieb oder der Schule für diese Qualifizierung bei Weiterzahlung ihrer Einkommen freigestellt. Neben der fachlichen Ausbildung in den verschiedenen Profilen erwarben sie pädagogisch-methodische Kenntnisse und Erfahrungen für ihre künftige ehrenamtliche Tätigkeit.

Für Ästheten die WILHELM PIECK in ihrer schönsten Form: noch ohne Schriftzug und mit einem hohen Freibord, weil die gewichtigen späteren Ein- und Aufbauten noch fehlten. So ragte sie denn hoch aus dem Wasser, als sie im Juli 1951 ihre Probefahrten absolvierte

Alte Kapitänsregel: Die Stimmung an Bord wird in der Kombüse gemacht. Georg Brandt sollte später anderthalb Jahrzehnte als Kapitän zur See fahren

Die Basis der Marineschule, die Kabinette, die Boote, Geräte usw. waren auch auf die Ansprüche des See- und Tauchsportes ausgerichtet. Die Mitarbeiter der Schule waren präsent bei der Unterstützung der maritimen Ausbildungszentren in den Kreisen und Bezirken, bei der Organisierung von Erfahrungsaustauschen und Wettkämpfen sowie bei der Erarbeitung von Ausbildungsprogrammen, Lehr- und Schulungsmaterialien.
Die Marineschule hatte gewissermaßen auch eine Leitfunktion für den See- und Tauchsport. Ein typisches Beispiel war der Freundschaftsvertrag mit den Seesportlern von Grimma im Bezirk Leipzig, heute Sachsen.
Drittens: Das hauptamtliche maritime Stammpersonal der GST wurde durch spezielle Lehrgänge, Schulungen, Lehrvorführungen, Erfahrungsaustausche, methodische Konferenzen, Navigationsbelehrungsfahrten fachlich und pädagogisch an der Marineschule aus- und weitergebildet.
Darüber hinaus fanden Aus- und Weiterbildungslehrgänge im Auftrage des Seefahrtsamtes der DDR für Personal der Küstenschifffahrt. insbesondere der Fischerei- und Technischen Flotte zum Erwerb von Berechtigungen und Patenten als Schiffsführer und -maschinist der Küstenfahrt sowie als Rettungsbootsmann, Feuerlöschbootsmann und der Seefunksprecherlaubnis an der Marineschule statt.
Das seemännisch-nautische und schiffsmaschinen-technische Personal der Stammbesatzungen der Schulschiffe war im Besitz der laut Schiffbesetzungsordnung geforderten Berechtigungen und Patente. Sie hatten ihre Qualifikationen als Offizier bzw. Unteroffizier bei der Marine, in der zivilen Schifffahrt sowie durch Aus- und Weiterbildung an der Seefahrtschule erworben.
Neben Fachkompetenz und Seeerfahrung waren pädagogische Kenntnisse gewünscht. Viele erwarben den Abschluss als Ingenieur-Pädagoge bzw. Lehrmeister. Das leitende Personal der Schule und die Fachlehrer waren im Besitz eines Hochschul- bzw. Fachschulabschlusses. Die lehrmethodische Arbeit und Ausstrahlung der Marineschule, durch pädagogische Lesungen, wissenschaftliche Belegarbeiten, moderne Gestaltung der Lehrkabinette sowie die Mitarbeit von Angehörigen der Schule in Beiräten und Kommissionen hatte eine gute Tradition. Es gab Kooperationen mit dem Seefahrtsamt der DDR, mit Lehreinrichtungen der Volksmarine, mit der Betriebsschule der Deutschen Seereederei, mit dem Institut für Ingenieur-Pädagogik Magdeburg, mit dem Pädagogischen Kreiskabinett Greifswald und nicht zuletzt mit der Ernst-Moritz-Arndt-Universität Greifswald.
Unter Traditionen versteht man bekanntlich die Überlieferung und das Weitergeben von Kulturbesitz als Normen des Handelns an nachfolgenden Generationen. Mir kommen meine eigenen Erlebnisse der Jugendzeit in den Sinn. 1951 im Mai war ich beim Stapellauf des Schiffes der Jugend und im August desselben Jahres als Kursant des ersten Lehrganges dabei. Kapitän Ernst Weitendorf lehrte uns: Tradition der Seefahrt heißt Abenteuer, heißt Mut und Neugierde, heißt den Kampf aufnehmen mit den Elementen.
Viele meiner Freunde und Kameraden und ich empfanden Dankbarkeit, dass dieser junge Staat, die DDR, uns die Möglichkeit gab, sich politisch zu orientieren und beruflich solide auszubilden. Deshalb waren wir später bemüht, mit Herz und Verstand diese positive Grunderfahrung an unsere Schüler weiterzugeben.
Die Traditionspflege an der Marineschule war von zwei Grundrichtungen geprägt. Das waren erstens jene Traditionen, die den gesellschaftlichen Bedingungen jener Jahre entsprachen, und zweitens die jahrhundertalten Traditionen der Seefahrt, des Lebens und Dienstes an Bord.
Dazu gehörten die Tage der Bewährung und Begeisterung auf See und an Land. Die Traditionen, die sich aus dem politischen Profil der DDR ergaben, wurden bestimmt von Antifaschismus, vom Stolz auf den Staat, von der Sehnsucht nach Frieden und Sozialismus.
Im August 1967 erhielt die Marineschule der GST den Namen August Lütgens. Der Hamburger Schiffsjunge, Matrose der Kaiserlichen Marine und Kommunist, gehörte zu den ersten Opfern der Naziherrschaft. Am 1. August 1933 wurde

er in Altona mit dem Handbeil hingerichtet. Sein Leben wie auch das Leben und Wirken der Namensgeber der Schulschiffe Wilhelm Pieck, Ernst Thälmann und Artur Becker waren Inhalt und Bestandteil der Traditionspflege an der Marineschule. Dazu gehörten auch Traditionen jener Greifswalder antifaschistischen Opposition, die im April 1945 Oberst Rudolf Petershagen[3], damals Wehrmacht-Kampfkommandant von Greifswald, es ermöglichten, seine persönliche mutige Entscheidung für die kampflose Übergabe der Stadt an die Truppen der Roten Armee zu treffen. Damit wurde nicht nur die ehrwürdige Universitätsstadt vor der Zerstörung, sondern auch das Leben Zehntausender Menschen gerettet. Oberst Petershagen, seine Frau Angelika von Lindequist und sein Adjutant, Major Johann Schönfeld, waren mehrmals zu Gesprächen an der Marineschule. An ihre patriotische Tat erinnerte auch Generalleutnant S. N. Borstschew, der seinerzeit das Kapitulationsangebot der Greifswalder Parlamentäre entgegennahm, als er 1963 im Hafen von Leningrad an Bord unseres Segelschulschiffes WILHELM PIECK war.
Die Traditionen der Volksmarine der DDR wurden an der Marineschule durch Freundschaflsverträge und Besuche von Lehreinrichtungen und Flottillen sowie durch das Gelöbnis der Soldaten von morgen vermittelt und gepflegt. Heute künden Dokumente und Spielfilme davon, dass wir auch altes seemännisches Brauchtum wachhielten. Ich erinnere an *Martin der 13.* mit Herbert Köfer in der Rolle des Kapitäns vom Segel schulschiff oder an *Segel in Sonne und Sturm*, ein Buch von Götz R. Richter.«

1 August Lütgens (1896-1933), ein Hamburger Seemann, wurde 1916 von einem Kriegsgericht wegen Friedenspropaganda zu Militärhaft verurteilt, 1919 neuerlich zu 15 Jahren Zuchthaus wegen Teilnahme an der Novemberrevolution. Er floh und emigrierte in die Sowjetunion, kehrte 1932 nach Deutschland zurück und engagierte sich in Hamburg im Kampf gegen den Faschismus. Am 2. Juni 1933 verurteilte das Sondergericht Altona auf der Grundlage gefälschter Beweisstücke und manipulierter Zeugen August Lütgens, Bruno Tesch, Karl Wolff und Walter Möller zum Tode. Im Falle des Hauptangeklagten August Lütgens hieß es im Urteil sogar wörtlich: »Es ist nicht erwiesen, dass der Angeklagte Lütgens sich selbst am Nachmittag des 17. Juli 1932 an Gewalttätigkeiten gegen den SA-Umzug beteiligt hat.«
Am 1. August wurden die Verurteilten im Innenhof des heutigen Hamburger Amtsgerichtes in der Max-Brauer-Allee geköpft. Der Hauptangeklagte August Lütgens wurde nur 35 Jahre alt. Der jüngste – Bruno Tesch – war gerade 20 Jahre alt. Arnold Zweig verarbeitete diese Bluttat in seinem Roman Das Beil von Wandsbek. Die Namensverleihung an die Schule erfolgte am 1. August 1967, am Tag seiner Ermordung mit dem Handbeil 1933.

2 Adolph Diesterweg (1790-1868) war ein deutscher Pädagoge. Als Anhänger Johann Heinrich Pestalozzis und Verbreiter seiner Ideen vertrat er Anschauung und Selbsttätigkeit als didaktische Grundsätze. Er gab diesen Grundsätzen jedoch eine politische Note durch das von ihm festgesetzte Ziel der Heranbildung eines mündigen und kritischen Staatsbürgers. Die Volksbildung gewann für Diesterweg den Charakter der Volksbefreiung. Er forderte eine pädagogisch-fachliche (und nicht mehr geistliche) Schulaufsicht und eine einheitliche Schulorganisation, das heißt, er wollte eine Professionalisierung des Lehrerstandes erreichen. Aus politischen Gründen wurde er 1850 aus dem Staatsdienst in den Ruhestand versetzt. Von 1858 bis 1866 kämpfte Diesterweg als Abgeordneter der Fortschrittspartei im Preußischen Landtag gegen die Volksschulerlasse Preußens.

3 Rudolf Petershagen (1901-1969) stammte aus einer Hamburger Kaufmannsfamilie, war Berufsoffizier und heiratete Angelika von Lindequist in der Garnisonskirche zu Potsdam. In Stalingrad als Kommandeur des 92. Panzergrenadierregiments aus Greifswald schwer verwundet, am 1. Januar 1945 zum Stadtkommandanten von Greifswald ernannt. In der Nacht vom 28. auf den 29. April 1945 kampflose Übergabe. Im Unterschied zum benachbarten Anklam konnte dadurch die Stadt vor der Zerstörung bewahrt werden. 1948 Rückkehr aus sowjetischer Kriegsgefangenschaft nach Greifswald. 1950 Stadtrat in Greifswald, später Kreisrat der Insel Usedom als Mitglied der NDPD. 1951 wurde Petershagen bei einer Reise nach München vom US-Geheimdienst wegen Spionage verhaftet und von einem Militärgericht der amerikanischen Besatzungstruppen zu zweimal sechs Jahren verurteilt, von denen er vier Jahre in München, Landsberg und Straubing absaß. Nach seiner Rückkehr 1955 ernannte ihn die Stadt Greifswald zum Ehrenbürger. Seine erfolgreiche Autobiographie »Gewissen in Aufruhr« wurde von der DEFA 1961 in fünf Teilen fürs Fernsehen verfilmt.

WILHELM PIECK

Die WILHELM PIECK in allerlei Gestalt

Wie jede Muse, so inspirierte auch das weiße Schiff, der stolze Schwan aus Greifswald, von manchem Ignoranten auch »Perle des Boddens« geheißen, sehr viele Menschen. Den Kuss, den mancher dabei empfing, hatte zuweilen auch merkwürdige Folgen. Aber auch das spricht für die Popularität des Schiffes. Denn nicht nur Profis, sondern auch sogenannte Volkskünstler verspürten ihn. Das Schiff regte nahezu jeden an, auf diese Weise entstand manches, was den Ruhm der Schonerbrigg aus Greifswald mehrte.

So findet sich die WILHELM PIECK nicht nur auf Münzen und Medaillen, auf Stempeln und Briefmarken, auf Postkarten und Kapitänsbildern, sondern auch auf Biergläsern und Pokalen und ähnlich profanen Gegenständen. Etwa auf dem Grabstein des zweiten Kapitäns der WILHELM PIECK, der sie mit sicherer Hand über achttausend Meilen nach Odessa steuerte. Sie reckt den Bug nicht minder steil in den Wind wie das Schiff auf dem Kapitänsbild, das 1971 Horst Fritsch aus Wismar in Öl malte.

Das Segelschulschiff schmückt den Grabstein und die Wohnung von Dr. Helmut Sieger (r.)

Wismar, die Wiege des Schiffs der Jugend, hat eine besondere Affinität zur WILHELM PIECK. Und deshalb machte sie dort oft fest. So etwa, wie auf dem Bild auf der vorhergehenden Seite zu sehen ist, im Jahre 1979, als die Hansestadt ihren 750. Geburtstag feierte.
In den 50er Jahren stand die Kirche St. Marien noch, wie das Foto von Horst Rickert aus dem Jahr 1958 bezeugt, welches er vom Großmast der Schonerbrigg schoss. Daraus wurde ein Aquarell. Im August 1960 wurde das Bauwerk abgetragen. Was oft verschwiegen wird: Die Kirche war von britischen Bomben Mitte April 1945 irreparabel getroffen worden, als diese vermeintliche Hafensilos erfolgreich zerstörten, was anderentags von der BBC vermeldet wurde. Die Ruine des Gotteshauses musste wie so viele andere Kriegsopfer auch abgetragen werden.
Natürlich fand auf dem begehrten emaillierten Hochseeleistungsabzeichen, welches erst von der FDJ, dann von der GST verliehen wurde, das bekannte Motiv Verwendung.

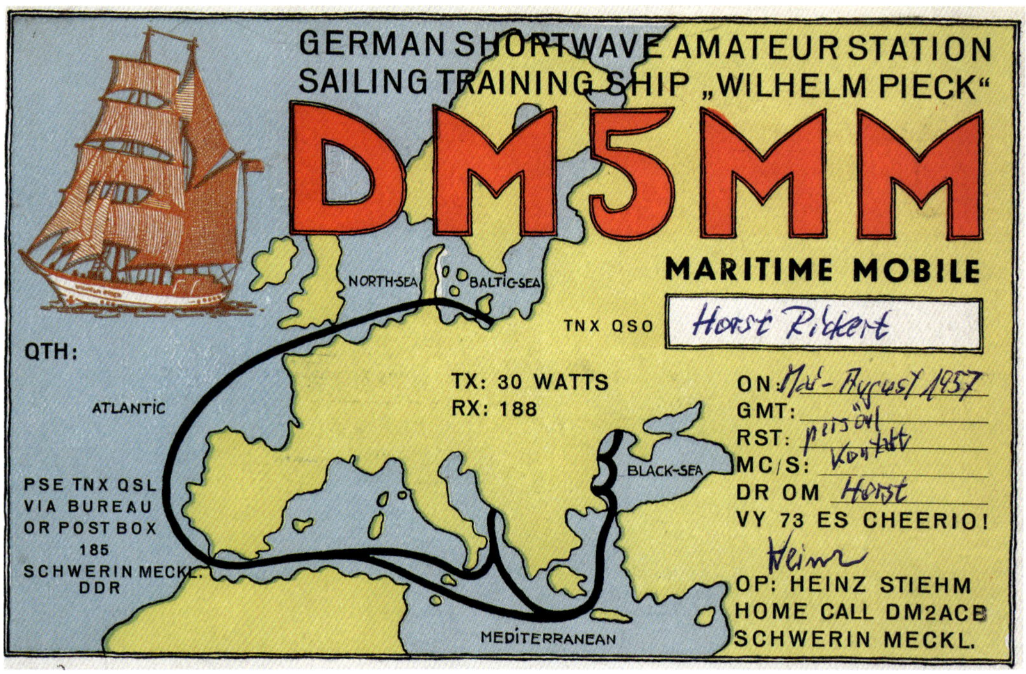

Begehrte Sammlerobjekte waren und sind die QSL-Karten. Mit dem Versand wird eine erfolgreiche Funkverbindung bestätigt. Neben den Funkamateuren verschicken auch die meisten Rundfunksender, insbesondere solche, die im Lang-, Mittel- und Kurzwellenbereich senden, als Bestätigung für erhaltene Empfangsberichte solche QSL-Karten. Auch die WILHELM PIECK funkte von Bord und verschickte QSL-Karten an jene Amateurfunker, die sich meldeten

Stempel, mit denen an Bord Postkarten und andere Erinnerungsstücke markiert wurden. Unten: Briefmarkenserie der DDR. Der höchste Wert betrug 35 Pfennig und war für die WILHELM PIECK reserviert

2005 bildete die Deutsche Post die Schonerbrigg aus Greifswald unter ihrem neuen Namen ab. Auch ein privater Anbieter verewigte sie auf einer Marke. Aber Probleme mit der Farbe hatten beide. Unten: ein Kapitänsbild, ganz in blau, von einem unbekannten Maler, im Besitz von Horst Rickert

Zu ihrer Serie »Großsegler« edierte die Post auch noch dieses Blatt, auf dem das Winkalphabet abgebildet wurde. Die polnische Post hingegen brachte 1985 zwei Umschläge heraus, auf der die WILHELM PIECK mal in Gold geprägt, mal blau gedruckt worden war.
Unten: Stempel jenes rührigen Fördervereins, der ab 1990 die Rettung des Schiffes intensiv verfolgte. Daneben das Spenderabzeichen von 1951

Bevor die selbstklebenden Sticker erfunden wurden, gab es Abziehbilder, die man im Wasser löste und blasenfrei auftrug. Oben ist so ein Abziehbild von 1986.
Links eine Bronzemedaille, das andere sind Holzschnittarbeiten unbekannter Herkunft

Dieses Kapitänsbild jüngeren Datums hängt bei Helmut Stolle an der Wand im Wohnzimmer, er führte das Schiff von 1973 bis 2000. Das Gemälde ist von einer unbekannten Künstlerin aus den USA.
Unten: die »Kolbenringe« eines Kapitäns des Segelschulschiffes. Rechts: eine Holzarbeit

Auch an Bord der WILHELM PIECK wurde die hierzulande übliche Schwarzweiß-Malerei betrieben. 1966 kam man auf die Idee, den weißen Schiffskörper schwarz zu malen, worin man auswärtigen Vorbildern folgte. Die Farbe, auch noch aus dem Westen, hielt nur wenige Wochen. Dann zog man es vor, wieder zum traditionellen Weiß zurückzukehren

Kapitän Gerhard Samuel war nach Weitendorf und Friedrich der dritte Kapitän der WILHELM PIECK. Er führte das Segelschulschiff von 1959 bis 1967. Der ehemalige Kapitänleutnant der Volksmarine qualifizierte sich 1963 an der Seefahrtsschule in Wustrow. In jenen neun Monaten war Horst Rickert Kapitän auf dem Schiff. Rechts: Gerhard Wulff, Kursant des ersten Lehrgangs 1951, als der Reeder noch FDJ hieß

ulschiff „Wilhelm Pieck"

Oben: GST-Poster aus dem Jahr 1972. Es zeigt die WILHELM PIECK nach umfangreichen Umbauarbeiten, insbesondere wurden die Deckshäuser erneuert.
Darunter das Schiff in seiner heutigen Form als GREIF

Alles befindet sich noch am gewohnten Platz, auch die Schiffsglocke.
Unten: Aktuelle Postkarte von der Schonerbrigg aus Greifswald und ein Abzeichen, das es heute überall an den Souvenirständen an der Küste von Mecklenburg-Vorpommern gibt

WILHELM PIECK

Wissenswertes über das Schiff

Die Kapitäne

Die Schonerbrigg hatte seit ihrer Indienststellung sechs Kapitäne, der aktuelle ist ihr siebter. Kapitäne sind nicht nur einfach Chefs auf der Brücke und sorgen dafür, dass ihr Schiff von A nach B gelangt. Sie sind Schiffs- wie Menschenführer, müssen eine Mannschaft formen, die auch in extremen Situationen ihre Aufgaben beherrscht. Das ist heute, wie wir wissen, nicht mehr vorrangige Aufgabe. Da geht es meist nur darum, so schnell und so preiswert eine Ware von A nach B zu befördern.
In dieser Reihenfolge führten das Schiff:

Ernst Weitendorf (1951-1955)

Er war 68, als er das Kommando übernahm. Mit 24 Jahren hatte er das Kapitänspatent erworben. Er umrundete das Kap Hoorn und segelte zwischen 1923 und 1931 als Kapitän mit dem Fünfmaster KARL VINNEN um die Welt. Er formte Schiff wie Besatzung und gilt zu Recht als einer der Väter der Schifffahrt der DDR.
Weitendorf starb 1975 mit 92 Jahren. Sein Grab existiert nicht mehr.

Arthur Friedrich (1956-1959)

Er war ein Cap-Hoornier wie Weitendorf und unter ihm 1. Offizier auf der WILHELM PIECK. Unter seiner Leitung machte das Schiff seine weiteste Reise. 1957 fuhr man nicht nur über sieben Meere, sondern erreichte mit den Schiff auch den südlichsten Punkt vor der Küste Afrikas. Friedrich wechselte zur Handelsschiffahrt, wo er als Kapitän benötigt wurde.
Friedrich starb 1970 im Alter von 62 Jahren.

Gerhard Samuel (1959-1967)

Der Kapitänleutnant der Volksmarine kam 1957 als Ausbildungsoffizier an Bord. An ihm schätzte man seine Sachlichkeit und die maritim-militärischen Kenntnisse.
Nach seiner Tätigkeit auf der WILHELM PIECK übernahm er ein Forschungsschiff. Später war er Nautiker und Kapitän auf Fährschiffen.
Samuel lebt heute als Rentner in Greifswald.

Horst Rickert (1963)

Er war die kürzeste Zeit Kapitän auf der WILHELM PIECK und das vertretungsweise für Samuel, als dieser an der Seefahrtsschule in Wustrow studierte. Er war bereits als Kursant auf dem Schiff gefahren, danach Kommandant der Hochseejacht ERNST THÄLMANN. Unter Friedrich und Samuel war er nautischer Offizier. 1960 ging er als Kapitän zur Deutschen Seereederei.
Rickert lebt heute als Rentner in Rostock.

Karl-Heinz Schaefer (1967-1973)

Er kam 1959 an die Marineschule und begann als Gehilfe des Kommandanten eines Motorschulschiffes, dessen Kapitän er später wurde.

1963 stieg er auf die WILHELM PIECK auf und wurde 1. Offizier unter Kapitän Samuel.
Nach seiner Tätigkeit auf dem Schulschiff wurde er Stellvertretender Leiter und 1976 Leiter der Abt. Maritime Ausbildung des Zentralvorstandes der GST.
Schaefer lebt heute als Rentner in Rostock.

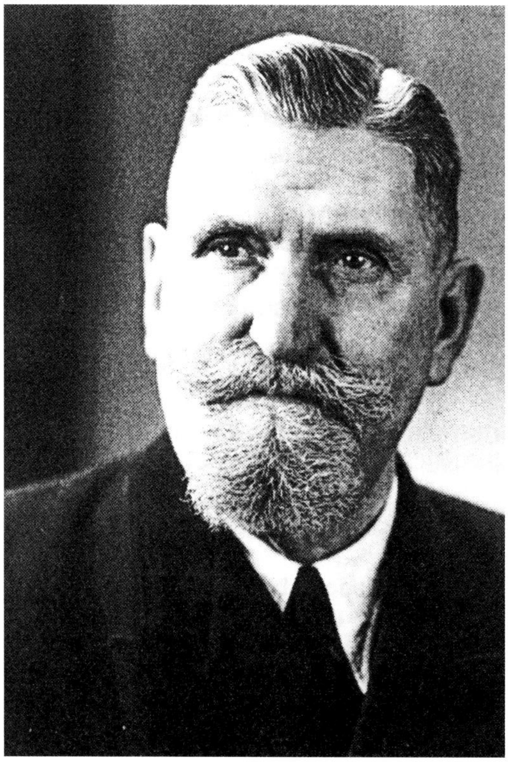

Ernst Weitendorf (1883-1975) in den 40er Jahren beim Eintritt ins Pensionsalter.
Unten: Arthur Friedrich (1908-1970)

Helmut Stolle (1973-2000)

Er war am längsten Kapitän des Schiffes und blickte bei seinem Ausscheiden auf eine 40-jährige Tätigkeit auf der Schonerbrigg zurück.
Mit 18 Jahren hatte Stolle als Stammmatrose auf der WILHELM PIECK unter Samuel begonnen. Dann war er Bootsmann, schließlich, nach einem Studium in Wustrow, übernahm er die Führung des Schiffes.
Stolle steuerte es auch durch die Brandung der Jahre 1989/90. Der Ing.-Pädagoge setzte sich nachhaltig für die Weiterführung des Schiffes als Freizeitsegler ein, was unter dem neuen Eigner, die Hansestadt Greifswald, und unter neuem Namen auch gelang.
Stolle lebt heute als Rentner in Greifswald.

Wolfgang Fusch (seit 2000)

Er übernahm als erfahrener Nautiker das Schiff von Kapitän Stolle und führt es mit einer kleinen Besatzung und mit Unterstützung des Fördervereins *Rahsegler GREIF e. V.* nach marktwirschaftlichen Gesichtspunkten.

Helmut Stolle (links), Horst Rickert (Mitte) und Karl-Heinz Schaefer (rechts), 70er Jahre.
Unten: Gerhard Samuel im Jahr 2008 (links), Karl-Heinz Schaefer in den 60er Jahren

Vier Kapitäne und Seefahrer von der WILHELM PIECK im Jahre 1997: Hermann Westphal, Horst Rickert, Gerhard Wulff, einst auch Lotse in Algerien, und Georg Müller

Ehemalige Fahrensleute der WILHELM PIECK bei einem Treffen im Jahre 2008
Sitzend: Georg Müller (links), einst Chefinspekteur der DSR, und Heinz Born, Politoffizier auf dem Schulschiff. Hintere Reihe (von links nach rechts): die Kapitäne Georg Brandt, Horst Rickert, Hermann Westphal, Gerhard Wulff und Horst Müller, Koch auf dem Schiff

Karl-Heinz Schaefer 2008
Oben: sein Nachfolger auf der Brücke der WILHELM PIECK Helmut Stolle 2008 und 1974 in Uniform (rechts)

Auf der PIECK nach Polen

Die Schiffsglocke der WILHELM PIECK wurde 1951 in einer Gießerei in Schwerin gefertigt. Sie war eine Spende für das Schiff der Jugend. Einer der Former-Lehrlinge dort hieß Hans Schmidt. Er war keine 17 Jahre alt. Die Familie teilte das Schicksal vieler Familien in jener bitteren Nachkriegszeit: der Vater in Kriegsgefangenschaft, die Mutter allein verantwortlich für die Kinder, in diesem Falle für vier, die Wohnverhältnisse waren katastrophal ...
Auch in Schwerin hatte sich eine IG Wasserfahrtsportgemeinschaft gebildet, deren Kopf hieß Günter Sensfuß. Er vermochte mutlose, desinteressierte junge Menschen aufzuschließen, für den Seesport zu gewinnen und zu begeistern. Auch den Lehrling Hans Schmidt.
Diesen delegierte Sensfuß zu einem dreimonatigen Lehrgang nach Rechlin an der Müritz, den Schmidt mit der Leistungsprüfung »Seemännisch C« beendete. Die Metallgießerei spendete nicht nur die Glocke für die WILHELM Pieck, sondern auch drei Monatsgehälter für ihren Lehrling. Und sie war auch bereit, drei weitere zu geben, als es hieß, Hans Schmidt solle auch einen Lehrgang an Bord eben jener WILHELM PIECK absolvieren. In jene Zeit fiel die Fahrt des Schiffes nach Polen.
»Als erstes besichtigten wir die Westerplatte. Wir mussten durch ein Waldstück auf der sandigen, langgestreckten Halbinsel bei Danzig laufen. Der Wald war vom Feuer der Schiffsgeschütze gespenstisch zerfetzt worden. Noch immer sahen wir die Spuren jenes 1. September 1939. Bekanntlich hatte das Schulschiff SCHLESWIG-HOLSTEIN Ende August 1939 über zweihundert Marinesoldaten aufgenommen und den Danziger Hafenkanal angesteuert. Dort warteten die Soldaten unter Deck, bis am 31. August der Befehl kam, am nächsten Morgen 4.45 Uhr Polen anzugreifen. In der Nacht zum 1. September verholte das Schulschiff im Kanal, um ein besseres Schussfeld auf die Westerplatte zu haben. Dort waren 218 polnische Soldaten stationiert. Sie verfügten über ein Feldgeschütz, zwei Panzerabwehrkanonen, 18 schwere und 23 leichte Maschinengewehre. Und ihren Mut.
Befehlsgemäß erfolgte der deutsche Angriff. Es sollten die ersten Schüsse des Zweiten Weltkrieges sein, der am Ende über 55 Millionen Menschen das Leben kosten würde.
Die ersten Toten gab es auf der Westerplatte. Die polnischen Soldaten verteidigten sich derart tapfer, so dass am Abend des zweiten Tages

60 Sturzkampfflugzeuge, die sogenannten Stukas, mehrere Angriffe fliegen mussten. Beschuss und Bombardement der Westerplatte zogen sich tagelang hin. Die militärischen (Vorkriegs-)Planungen der polnischen Führung sahen vor, dass die Besatzung der Westerplatte lediglich sechs Stunden aushalten könnte oder müsste, dann würden polnische Truppen Danzig besetzen und die Soldaten auf der Westerplatte befreien.

Diese Überlegung war obsolet. Hitlerdeutschland rückte mit anderthalb Millionen Soldaten ein, ein Großteil des Landes war bereits besetzt, als die polnischen Soldaten am 7. September die weiße Fahne hissten.

Die Verteidigung der Westerplatte war jedoch nicht irgendeine Kriegsepisode für die Polen, sondern ein Fanal: Trotz auswegloser Lage hatten sich die Soldaten dort nicht aufgegeben, sondern mutig gekämpft. Und angesichts des schweren Feuers aus den 28-cm- und 15-cm-

Die WILHELM PIECK wird auf den ersten Seemeilen von den Segelschuljachten begleitet (l.) und vor Gdynia von der DAR POMORZA begrüßt (oben). Am Mahnmal für die Opfer des Warschauer Ghettos, im April 1948 errichtet, legte die Besatzung einen Kranz nieder. Die dreisprachige Inschrift lautet: »Dem jüdischen Volk – seinen Kämpfern und Märtyrern«

Ehrendes Gedenken ostdeutscher Jugendlicher an einem Ort, der erst Jahrzehnte später ins westdeutsche Bewusstsein treten sollte: als Bundeskanzler Willy Brandt am 7. Dezember 1970 dort einen Kranz niederlegte und auf die Knie fiel.
Die Besatzung der WILHELM PIECK bewies bereits 1952 auch ohne politisches Amt jene moralische Reife, an der sich spätere Generationen orientieren konnten. Sie schlug eine Brücke zu unserem östlichen Nachbarn

Schiffsgeschützen und der Angriffe aus der Luft waren ihre Verluste überdies gering. Es gab auf polnischer Seite 15 Tote und ein halbes Hundert Verwundete. Die Westerplatte aber war dadurch gleichsam zu einem nationalen Heiligtum, ein Symbol für den Widerstand gegen den deutschen Aggressor geworden. Und das war der Ort 1952 noch immer.
Dorthin lenkten wir Kursanten der WILHELM PIECK unsere ersten Schritte auf polnischem Boden. In einer Uniform, die jener glich, die die Deutschen damals hinter den Schiffsgeschützen trugen. Es war kein leichter Gang, sieben Jahre nach diesem verbrecherischen Krieg.

Man konnte ihn weder ungeschehen machen noch vergessen. Auch wenn wir Kursanten zu jung waren, um daran beteiligt gewesen zu sein: unsere Väter, Brüder, Onkel waren es. Das war uns sehr wohl bewusst.

Doch es kam noch härter. In Auschwitz, so schien es, waren wir die ersten Deutschen überhaupt, die das Vernichtungslager nach seiner Befreiung am 27. Januar 1945 aufsuchten. Auf etwa vierzig Quadratkilometern befanden sich mehrere Konzentrationslager, wurden durch Arbeit Menschenleben vernichtet, es wurde vergast und gemordet. Millionen Menschen aus ganz Europa starben hier seit Mai 1940.

Wir standen nur stumm und schwiegen.

Und schließlich Warschau.

Dort massakrierten unsere Landsleute im August 1944 über 150.000 Zivilisten, weil sich die Warschauer gegen die Besatzer erhoben hatten. Bei der Niederschlagung des Aufstandes wurde die Stadt nahezu dem Erdboden gleichgemacht, kein Stein blieb auf dem anderen.«

Hans Schmidt legte mit seinen erschütterten Kameraden am Ort des einstigen Ghettos einen Kranz und Blumen nieder. Für sie alle war klar: Niemals wieder!

Schmidt ging nach seiner Rückkehr zur Volkspolizei See, absolvierte eine dreijährige Ausbildung an der Seeoffiziers-Lehranstalt in Stralsund und räumte dann Minen in der Ostsee. Als Kommandeur von Minenräumschiffen holte er die Hinterlassenschaften des Krieges aus dem Meer und machte die Seewasserstraßen wieder befahrbar. Das war sein unmittelbarer Beitrag zur Wiedergutmachung.

In den frühen 60er Jahren besuchte Schmidt in Leningrad die Seekriegsakademie. Diese drei Jahre prägten ihn wie jene Reise nach Polen. Sie markierten die Koordinaten von Hans Schmidts politischem Leben.

Nach seiner Rückkehr wurde er Kommandeur einer Einheit von Raketenschnellbooten der Volksmarine, später übernahm Schmidt einen Lehrauftrag an der Militärakademie »Friedrich Engels« in Dresden. Es ging darin um Strategie und Taktik des Seekrieges. Dann Promotion und erneut Leningrad, zur Weiterbildung an der dortigen Militärakademie.

Mit 56 schließlich in den Ruhestand abgeschoben. Man schrieb das Jahr 1990 und brauchte keinen Kapitän zur See Dr. rer. mil. Hans Schmidt. Und vielleicht auch keine Personen, die seinerzeit in Polen und auch anderenorts zu der Überzeugung kamen, dass von deutschem Boden nie mehr Krieg, sondern nur noch Frieden ausgehen dürfe. Und danach handelten.

Präsident Wilhelm Pieck empfing nach ihrer Rückkehr die Besatzung in seinem Amtssitz in Berlin und unterstrich damit, wie wichtig diese Reise für die DDR war. Und zugleich bekundete er Dankbarkeit für die Souveränität der Polen, die diese Geste der Demut und des Neubeginns nicht ausgeschlagen hatten, wozu sie allen berechtigten Grund gehabt hätten

Operation Sail 1974 oder The next generation

Drei Jahre, nachdem die WILHELM PIECK nach Polen fuhr, und zwei Jahre, bevor sie über sieben Meere nach Odessa segelte, kam in Döbeln Berndt Gückel zur Welt. Döbeln liegt bekanntlich in Sachsen. Und Sachsen, auch das hat sich herumgesprochen, ist eine Seefahrernation. Vielleicht ist die Sehnsucht nach Seefahrt in Gegenden, wo es weder Meer noch Möwen gibt, besonders groß. Wissenschaftlich untersucht wurde das vermutlich noch nicht, aber es ist empirisch bezeugt, das viele Matrosen auf Schiffen der DDR mit sächsischer Zunge sprachen.

Folglich überrascht es wenig zu lesen, dass eben jener Gückel an die Güste eilte, um sich zum Vollmatrosen mit Abitur ausbilden zu lassen. Nachdem er Facharbeiterbrief und Reifezeugnis in der Tasche hatte, bewies er Reife auch im realen Leben: Er ging für vier Jahre zur Volksmarine und fuhr dort als Steuermann auf einem Schiff der Grenzbrigade Küste.

Der ab- und aufgeklärte Westdeutsche wird jetzt wie üblich bestätigend nicken: Er traf ja stets auf Sachsen in Uniform, wenn er die DDR-Grenze passierte: »Machen Se ma das Oahr frai!«

Nun, eine kleine Anmerkung sei hier erlaubt: Die Grenzbrigade Küste kontrollierte keine Reisenden, sondern die Seegrenze. Und die war auch in der DDR offen. Man könnte die Grenzbrigade Küste etwa mit der *United States Coast Guard* vergleichen, der Küstenwache der Vereinigten Staaten. Diese ist ein Zweig der US-Streitkräfte und als solche wie andere Küsten-

Am Mastende stützt die Saling die höherführenden Wanten. Hier verbindet das stählerne Eselshaupt Fockmast und hölzerne Stenge. Die Bramrah ist mittels Tonnenrack eingefiert und wird durch zwei Topnanten gehalten. Über das Tonnenrack ist die Bramrah an der Stenge horizontal und vertikal beweglich ... Alles verstanden? Jedes Detail am Schiff hat einen speziellen Namen, der zunächst erlernt werden muss. Und dann hat man dessen Funktion zu kennen und zu beherrschen.

Links: Über Unterwant, Püttingswant, Marssaling über ein Zwischenwant und die Püttingswant der Bramsaling gelangt man zu Bram und Royal oder noch weiter hinauf zum Masttop

Verwirrende Details: Die senkrechten, maststützenden Hoftaue mit den quergewebten Webleinen bilden eine Want. Um das Entern zu erleichern, wurden Latten in die Webleinen gebunden

wachen für die Einhaltung des Seerechts, für Schiffsunterstützung oder Such- und Rettungsmissionen zuständig.
Wie in den United States also auch im Osten.
Nach der Dienstzeit bei der Marine wechselte der gelernte Vollmatrose Gückel zur Handelsschifffahrt, fuhr dort als Nautiker und erwarb irgendwann auch mal das Patent als Kapitän auf Großer Fahrt.
Wo er seine maritimen Wurzeln sah, verriet Berndt Gückel in einem Buch, das er 2006 unter dem hymnischen Titel »Seemanns Braut. Geschichten von Liebe und Seefahrt« veröffentlichte. Natürlich befinden sich auch Gückels Wurzeln auf der WILHELM PIECK. Sonst würde in diesem Buch auch nicht aus seinem zitiert werden, völlig klar.
Es gibt darin eine interessante Passage, in der es um die Teilnahme der WILHELM PIECK an der *Operation Sail 1974* geht. In regelmäßigen Abständen versammelten sich die letzten verbliebenen Windjammer zu einer Wettfahrt, und erstmals wurde auch die WILHELM PIECK eingeladen, nachdem – nicht zum ersten Male – die polnischen Freunde sich als solche erwiesen hatten. Dank ihrer brüderlichen, solidarischen Unterstützung durfte die DDR mit den Großen mitsegeln.
Bei Gückel liest es sich so, als habe ein kleiner FDJ-Funktionär das verhindern wollen, und Kapitän Helmut Stolle hätte dessen Veto energisch zu verhindern gewusst. Diese Bemerkung hat zwar eine hübsche Pointe, wie auch der gesamte Text von feiner Ironie durchzogen ist. Doch da offenbart Kamerad Gückel eine gewisse Unwissenheit über die politischen Ebenen und Gepflogenheiten in der DDR zu Zeiten Erich Honeckers. Die Teilnahme oder Nichtteilnahme an der *Operation Sail 74* wird so wenig in der Offiziersmesse der WILHELM PIECK entschieden worden sein wie von der FDJ. Im übrigen: Sie war seit 1952 nicht mehr der Reeder. Wieso also hätte sie da dem Kapitän Stolle auf dessen seemännische Füße treten können und sollen? Nun, für eine gute Pointe soll mancher Schreiber selbst seine Braut schon gemeuchelt haben ...

Aber was Berndt Gückel mit flotter Feder sonst so mitteilt, wo es also weniger um Politik als um Fakten und Atmosphäre an Bord geht, da ist er richtig gut und verdient, ausführlich zitiert zu werden.
Er steckte in den Abiturvorbereitungen, als ihn die Nachricht erreichte. »Im Sommer soll mal wieder das größte Windjammertreffen der Welt, die *Operation Sail*, mit allen noch aktiven Großseglern stattfinden. Unser Segelschulschiff, die Schonerbrigg WILHELM PIECK, ist eingeladen, das Rennen über die Ostsee und die Abschlussparade in der Kieler Bucht mitzufahren.
Im 2. Lehrjahr hatten wir vierzehn Tage Ausbildung auf der WILHELM PIECK absolviert. Ich

Der sogenannte Schwanenhals verbindet Mast und Rahen, Fock und Mars. Auf diese Weise lassen sich die Rahen über zwei Zapfen horizontal bewegen (brassen) und vertikal verstellen (dumpen). Letzteres ist beispielsweise bei Brückenpassagen erforderlich

erinnere mich noch gut an das morgendliche *Über alle Masten – enter auf!*, und wie wir alle hintereinander, nur mit Arbeitsschuhen und Turnhose bekleidet, in die Steuerbordwanten hoch zum Top des Fockmastes und backbord wieder runterkrabbelten. Danach war der Großmast dran, und zurück zum Deck – da waren wir munter. Die Beine breit in die Fußperd gestellt, die Ellenbogen nur hielten den Körper an der Rah, so packten wir mit beiden Händen die Segel aus und anfangs *Schweine* wieder ein. Das war Seefahrt für richtige Männer.
Dann war mir der Arbeitsplatz an der Marsrah nicht mehr mannhaft genug. Ich durfte bis ganz nach oben in die Royal. Vom höchsten der Rahsegel grüßte der kleine Sachse mutig die See und die weite Welt.
Majestätisch glitt die WILHELM PIECK mit vollem Tuch über die Ostsee, brachte Wieck, Lauterbach, Saßnitz und sonstwo die Urlauber zum Staunen und machte uns stolz auf unseren Beruf. Da konnte es schon passieren, dass man die Mädchen vergaß. Kurz nur, na klar, aber immerhin! Der König des Tampenplans war der *Großstengestagsegelschothornaufundbeiholer*. Wer den zur Landgangsmusterung kannte, durfte zum Wirtshaus nach Eldena.«
Ja, ich kann es bestätigen: Dieser Zungenbrecher war tatsächlich im Prüfungsrepertoire, und wer ihn nicht beherrschte, hatte schlechte Karten bei der Musterung.
»Nun wurden also tapfere und disziplinierte Männer gesucht. Die sollten auf der WILHELM PIECK das Rennen mit der GORCH FOCK, der KRUSENSTERN, der DAR POMORZA und anderen Großsegelschiffsschwestern aufnehmen. Ich will Seefahrt und Segelschiffe hoch im Royal erleben und melde mich.«
Zunächst macht der Autor seine Abiturprüfungen, »glanzlos«, wie er selbstkritisch bekennt. Und schon geht es los.
»Dann steigen die Windjammerjagdwilligen in Wieck auf das Segelschulschiff auf. Kapitän Stolle hat einen guten Stamm und ist bald auch

Signalgast auf dem Vorschiff der PIECK. Am unteren Rand ist das Ankerspill zu erkennen, über das mittels Ketten die beiden Anker gehievt werden. Links: die Ankerkettenarretierung

Ausgeschwunges Rettungsboot, bereit zum Fieren. Später wurden diese Boote durch aufblasbare Rettungsinseln ersetzt, die in weißen Tonnen verstaut sind und sich im Notfall automatisch öffnen. Nicht zuletzt Katastrophen wie der Untergang der PAMIR, bei denen die Rettungsboote nicht mehr ausgesetzt werden konnten, führten zu solchen Entwicklungen

mit uns zufrieden.« Aber schließlich kommt es zu einem Malheur in Shakespearscher Dimension, welche überzeugend erklärt, weshalb die WILHELM PIECK das Rennen nicht gewann.

»Nach einer Woche Training holt uns ein Bus ab, und wir fahren in Erster Geige – also in blauen Schlaghosen, weißen Exerzierblusen, mit Mützen, deren schwarze Bänder goldbestickt die Aufschrift *Segelschulschiff Wilhelm Pieck* tragen – und mit stolzer Brust nach Lütten Klein ins *Baltic*. Hier hätte es nun die Facharbeiterzeugnisse geben müssen. Doch das Wettkampf-Reglement schreibt vor: keine Berufsseeleute. Die Zeugnisse können wir uns nach der *Operation Sail* abholen, erfahren wir.

Also erhalten wir nur die Zeugnisse, die unsere Reife bestätigen sollen. Wir kriegen mit auf den Weg: Für die Hochschule wird es reichen, für das Leben nicht ganz.

Wie sehr das stimmt, zeigt sich bald.

Am Abend feiern wir mit Eltern, Lehrern und Erziehern. Literweise schütten wir Bier in uns rein, und auf den Ruf *Schot vor Mast!* kippen wir Klaren hinterher. Bald dunkelt manch Jungseemannshirn der Abenddämmerung voraus.

Am Nachmittag des nächsten Tages soll uns der Bus zurück zum Segelschiff bringen. Wir haben ein Gegenbrennen dringend nötig. So trinken wir uns zum Frühschoppen nüchtern und also kritikunfähig. Das soll sich bitter rächen.

Der Bus sammelt uns ein. Wir beschließen, den letzten Tropfen vor der *Operation Sail* nun heute und im Eldenaer Wirtshaus zu trinken. An der WILHELM PIECK angekommen, treibt die Müdigkeit einen Teil der Truppe in die Hängematten. Der andere Teil marschiert zum Ausnüchterungstrinken und ist kurz darauf hackedicht.

Am nächsten Morgen weckt uns die Boots-

Die WILHELM PIECK an ihrem Liegeplatz in Greifswald-Wieck vor der Schule, vor ihr das Schulschiff ARTUR BECKER. Rechts: Das Quarterdeck des Segelschulschiffes vom Vortop aus gesehen. Die Grätings auf dem Kartenhaus verraten dessen Verlängerung, welche bereits im Winter 1952/53 in der Werft erfolgte

mannspfeife, und keiner traut sich, uns hoch in die Masten zu schicken. Der wankende FDJ-Sekretär läuft mir über den Weg und hat ein Rätsel für mich: Das war aber mutig gestern Abend. Wenn da mal nichts nachkommt.
Was meint er?
Zum Morgenappell erfahren wir, dass sich am Abend zuvor mehrere Kursanten dienstuntauglich gesoffen, den Zeitplan an Bord ignoriert, die Gesellschaft für Sport und Technik als eine versoffene Truppe und somit in der Öffentlichkeit völlig falsch dargestellt hätten. Besonders hervorgetan habe sich der Genosse Gückel. Er habe dem Bootsmann Prügel angeboten, was nicht hingenommen werden könne. Deshalb erginge folgender Befehl: Der Genosse Gückel mustert umgehend ab, die anderen schrubben fünf Tage lang in der Freizeit das Deck!
Jetzt hänge ich da wie ein Schluck Wasser.
Mir ist kotzelend, und nicht nur wegen der WILHELM PIECK und der *Operation Sail.*
Die Ohren am Boden und den Seesack hinter mir herschleifend, irre ich zum Bahnhof.
Die Fahrt von Greifswald nach Hause gerät zur Tortour. Immer wieder kreisen die Gedanken um die letzten Tage und den gestrigen Abend. Eigentlich ist es lachhaft. Der Bootsmann, ein Kerl wie ein Baum, und ich ein winziger Zwerg. Hätte er mir nicht ein Paar aufs Maul hauen können? Dann wäre ich eben für zwei Wochen mit einem blauen Auge rumgelaufen, und es wäre gut gewesen. Aber so?
Dieser Schlag hat gesessen.
Die WILHELM PIECK gewinnt das Rennen nicht, und auch nicht das Kampfsaufen gegen die GORCH FOCK.
Wie auch, wenn man die besten Leute nach Hause schickt.«

Das Segelschulschiff im Trockendock, frühe 50er Jahre. Rechts: Arbeit am Unterwasserschiff

Maritime Begriffe

auf- bzw. abbacken	Auf- bzw. abdecken des Tisches durch den Backschafter
aufgeien	Heranziehen des Segels an die Rah
aufschießen	das Tauwerk richtig hinlegen
Back	sowohl der Aufbau des Vorschiffes als auch ein Tisch
backbrassen	die Rahsegel so stellen, dass der Wind von vorn in die Segel drückt
Bändsel	kurzes Stück dünnes Tauwerk
Baum	Stange, die am unteren Teil des Mastes drehbar angebracht ist
Beiholer	Tampen, mit dem etwas herangeholt (beigeholt) wird
belegen	kreuzweises Befestigen von Tauwerk auf einem Poller, einer Klampe oder einem Belegnagel
Belegnagel	herausnehmbarer Dorn aus Holz oder Eisen zum Belegen von Leinen
Blauer Peter	blaue Flagge mit einem weißen Rechteck in der Mitte, die 24 Stunden vor dem Auslaufen gesetzt wird

Block	Gehäuse mit einer oder mehreren drehbaren Seilscheiben zur Führung von Tauwerk, d. h. zum Umlenken von Tauen
Brasse	Tau an der Rahnock, um sie horizontal zu drehen
brassen	Drehen der Rahen in horizontaler Richtung
dippen	ehrenbezeigender Gruß auf See beim Passieren von Schiffen durch das Niederholen der Flagge um zwei Drittel der Länge der Leine
Dirk	Haltetau des Baumes
dirken	Anheben oder Senken des Baumes
dumpen	Drehen der Rahen in vertikaler Richtung
Dumper	Tau am Ende der Rah, um sie vertikal zu drehen
durchsetzen	einen losen Tampen straffziehen (auch stritschen)
Fall	Tau zum Heißen von Schratsegeln oder Rahen
Fender	Polster, das zum Schutz zwischen Pier und Schiff gehängt wird
fieren	Herunterlassen, Nachlassen oder Gleitenlassen einer Leine oder Kette
Flögel	Windrichtungsanzeiger auf dem Top eines Mastes (auch Verklicker)
Fußperd	Tau, das unterhalb der Rah angebracht ist und zum Ausentern in die Rah dient

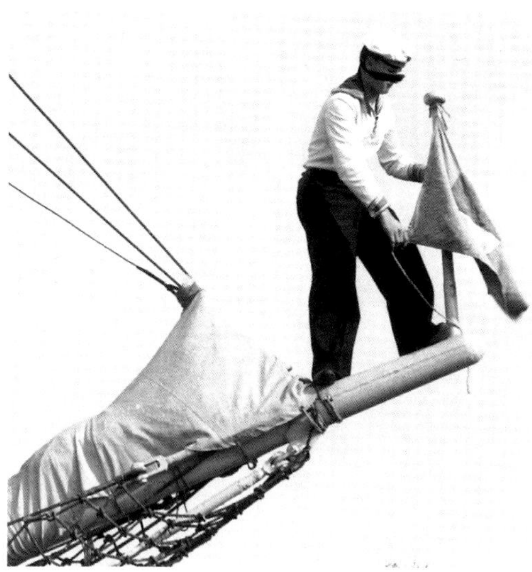

Kursanten in der Fußperd stehend. Rechts: Setzen der Gösch

Gaffel	oben am Mast angebrachte oder heißbare, nach hinten aufwärts ragende Stange, an der Segel oder Flaggen angebracht werden
Gangway	Landgangssteg
Geitau	Tau zum Aufholen des Schothorns an die Rah
glasen	Läuten mit der Schiffsglocke zur Angabe der Uhrzeit. Eine halbe Stunde nach Wachbeginn = 1 Schlag mit der Glocke = 1 Glas
Gording	Tau zum Aufholen des Segels an die Rah
Gösch	Flagge mit dem Wappen des Heimathafens, die am Vorsteven oder an der Spitze des Klüverbaums gesetzt wird
Hals	untere vordere Ecke von Dreieckssegeln, die mit dem Schiff fest verbunden wird, oder Tau an der Fock, das am Schothorn befestigt ist und mit dem das Segel zusammen mit der Schot in den Wind gestellt wird
Halse	das Schiff wird mit dem Heck durch den Wind gedreht
Heck	hinteres Teil des Schiffes
heißen	hochziehen
Kabelgatt	Lagerraum für verschiedene Materialien, etwa Reinschiffgeräte
Kausch	Metallschutz in den gespleißen Augen von Tauwerk
Klampe	Vorrichtung zum Belegen von Tauwerk
Kettenlänge	Längenmaß der Ankerkette. Eine Kettenlänge beträgt 25 bis 27 cm
Knoten	Geschwindigkeitsmaß. 1 Knoten = 1 Seemeile/Stunde
Kombüse	Wirtschaftsraum für die Zubereitung und Aufbewahrung von Speisen
Kopf	obere Ecke eines Dreieckssegel, in dem das Fall und der Niederholer befestigt sind
Lasching	breites Band zum Festmachen des Segels
Last	Vorratsraum. Auf dem Segelschulschiff WILHELM PIECK gab es die Proviantlast, Gemüselast, Getränkelast, Mittellast (für Ersatzsegel, Ersatztauwerk etc.), Hängemattenlast, Farbenlast, Ruderquadrantenraum und Achterlast (für Ersatzteile)

laufendes Gut	das gesamte bewegliche Tauwerk an Bord eines Schiffes
Lecksegel	großes verstärktes Tuch zum Abdichten von Lecks
Lee	die dem Wind abgewandte Seite
Liek	Kante eines Segels
Lögel	offene Ösen, mit denen Stagsegel mit den Stagen beweglich verbunden werden
loggen	Messen der Schiffsgeschwindigkeit
Loten	Messen der Wassertiefe
Luv	die dem Wind zugewandte Seite
Musing	Sicherung eines Schäkelbolzens gegen selbständiges Herausdrehen mittels Draht
Messe	Raum zum Einnehmen der Mahlzeiten
Nagelbank	Halterung für die Belegnägel
Niedergang	Treppe auf Schiffen
Niederholer	Tau zum Wegnehmen von Dreieckssegeln
Nock	äußerste Spitze einer Rah, Gaffel oder eines Baumes
Pantry	Raum zur Geschirrreinigung und -aufbewahrung
Pardune	Abspannung der Masten seitlich nach hinten
Piek	vorderster und hinterster Raum eines Schiffes
Poller	an Deck oder auf der Pier befestigte Vorrichtung zum Belegen von Festmacherleinen
Rah	runde Stange, die horizontal, querschiffs und drehbar am Mast befestigt ist und Segel trägt
Rahsegel	Segel, das an der Rah befestigt ist
Reffbändsel	Bändsel am Segel zur Verkleinerung der Segelfläche
reffen	Verkleinerung der Segelfläche

Refftau oder Refftalje	Tau zum teilweisen Reduzieren von Segelfläche
Rollenplan	Plan, in welchem die Tätigkeit jedes einzelnen Mannes an Bord exakt festgelegt ist
Ruder	flächenförmiger, drehbar gelagerter Körper zum Steuern eines Schiffes, welcher durch das Ruderrad bewegt wird
Saling	Arbeitsplattform am Mast
Schanzkleid oder Schanzing	Erhöhung der Außenhaut um das Außendeck
Schäkel	U-förmges Verbindungs- und Befestigungsglied aus Metall für Tauwerk und Ketten
Schlagpütz	Wassereimer mit am Henkel eingespleißtem Tampen zum Aufschlagen (Aufholen) von Außenbordwasser
Schot	Tau, mit dem das Segel an die darunterliegende Rah geholt wird bzw. Schratsegel-Tau, mit dem das Segel in die gewünschte Richtung gestellt wird
Schothorn	untere Ecken der Rahsegel bzw. untere achtere Ecke bei Dreieckssegeln, an denen die Schoten, Geitaue und bei der Fock zusätzlich die Hals befestigt sind
Schratsegel	alle Segel, die nicht an den Rahen befestigt sind
Schwoien	Drehbewegung des Schiffes um den Anker, die durch Wind und Strömung hervorgerufen wird
Seemeile	1 Seemeile = 1.852 Meter
Speigatt	Öffnungen zum Ablaufen von Wasser
Spleißen	Ineinanderflechten der Kardele eines oder zweier Tauwerksenden
Spill	senkrecht stehende Winde, die mittels Spaken oder Motor gedreht wird, um Tauwerk oder Ankerketten einzuholen
Spillspake	Holz- oder Eisenstange zum Drehen des Spills per Hand
Spring	Festmacherleine, die vom Vor- oder Achterschiff in Richtung Mittschiff an der Pier festgemacht wird
Stag oder Stagen	Abspannungen der Masten nach vorn

stritschen	einen durchgesetzten Tampen noch einmal durchholen
stehendes Gut	das gesamte unbewegliche Tauwerk an Bord
Stellage oder Stelling	Brett mit zwei Querhölzern, das mit Tampen außenbords gehängt wird, um dort Arbeiten auszuführen
Stenge	abnehmbare Verlängerung eines Mastes
Strecktau	über Deck gespanntes Tau zum Festhalten
Syll	erhöhte Türschwelle, um das Eindringen von überkommendem Wasser zu verhindern
Takelage	Sammelbegriff für Masten, Bäume, Rahen, Stengen, Gaffeln und das dazugehörende laufende und stehende Gut
Talje	Tauwerk, das zur Kräfteersparnis durch ein- oder mehrscheibige Blöcke läuft
Takling	Sicherung am Ende von Tauwerk gegen Aufdrehen
Tonnenrack	heißbare Halterung von Rahen am Mast
Top	äußerstes Ende von Masten und Stengen
Topnant	Tau, das die gefierte Rah trägt und in der Waagerechten hält
Wanten	seitliche Abspannung der Masten
Wasserpforte	verschließbare Öffnung im Schanzkleid zum schnellen Abfluss des Wassers an Deck
Webelein	zwischen den Wanten angebrachte Leinen, die als Sprossen zum Besteigen der Masten dienen
Wende	Schiff mit dem Bug durch den Wind drehen
Zeising	dünnes Tauwerk zum Befestigen eingeholter Segel

Das Segelschulschiff WILHELM PIECK im Trockendock

Kurkonzert auf dem Achterdeck

Das Schiff lief 1951 vom Stapel und schwimmt immer noch. Die DDR ging unter. Und mit ihr ihre Flotte. Am 1. Juli 1952 war der VEB Deutsche Seerederei Rostock (DSR) mit zwei Dampfern gestartet, die 1954 aus dem Verkehr gezogen werden mussten. Damit war die Reederei ohne Schiff, aber es gab als einzigen Schiffsneubau der DDR das Segelschulschiff WILHELM PIECK. Im Herbst 1954 stellte die DDR bzw. die DSR wieder drei Schiffe in Dienst. Und nahm ein gewaltiges Flottenprogramm in Angriff. Bis zum Ende der DDR fuhren 370 Schiffe für die Republik. Damit war die DSR die größte deutsche Reederei der Nachkriegsgeschichte.
Im letzten Jahr der DDR stand zu befürchten, dass unter den erwarteten gesellschaftlichen Veränderungen auch das letzte Stündlein für das Segelschulschiff geschlagen haben könnte. Prophylaktisch erkundigte sich »das Volk« als Eigentümer in Berlin, ob der Denkmalschutz bestehen bleibe. Er blieb.

Auf dem Quarterdeck spielt eine Kapelle, auf der Pier drängen sich Neugierige.
Unten: Stapellauf in Rostock, 26. Mai 1951

MINISTERRAT
DER DEUTSCHEN DEMOKRATISCHEN REPUBLIK
Ministerium für Kultur

Abt. Museen und Denkmalpflege

Herrn
Bernd Merten
Maxim-Gorki-Str. 8 B
Greifswald
2 2 0 0

V/3 wi-schu 17. 04. 1990

Werter Herr Merten!

Ihre Anfrage zum Segelschulschiff "Wilhelm Pieck" haben wir erhalten und können Ihnen bestätigen, daß das Segelschulschiff als Denkmal der Produktions- und Verkehrsgeschichte in der Bezirksdenkmalliste des Bezirkes Rostock lt. Ratsbeschluß 34-4/76 vom 12. 03. 1976 registriert ist.

Eine Aufhebung des Denkmalschutzes könnte nur durch den Minister für Kultur erfolgen. Das ist bis zum heutigen Tag nicht geschehen und es gibt auch keine Anzeichen dafür, daß ein entsprechender Antrag gestellt werden könnte.

Mit freundlichem Gruß

Werner Wolf
Abteilungsleiter

00 Telegramm-Anschrift: Kulturministerium Berlin ... der Geschäftszeichen gebeten Betriebs-Nr.: 9018 5110

1990 erstmals Teilnahme an der Kieler Woche

1951

1952/53

1953-1971

1972-1990

Spreizgaffelketsch oder die Segelschuljacht JONNY SCHEER

1955 wurde die Flotte der Segelschuljachten in Greifswald-Wieck durch die JONNY SCHEER verstärkt. Horst Rickert übernahm das Kommando der 15 Meter langen und vier Meter breiten Jacht. Der Großmast ragte 20 Meter in den Himmel, der Besanmast 15 Meter.
Jachtführer Rickert schrieb in einem Beitrag für die GST-Presse damals: »Die Zeit der großen Segelschiffe ist vorbei, aber unsere Schuljachten haben viele Eigenschaften mit den Windjammern gemeinsam, die sie für die Ausbildung so brauchbar machen.«
Er befand, dass der Innenausbau der Jacht »gut, solide und dem Zweck entsprechend« sei. Im Vorschiff gebe es eine Kammer mit zwei Kojen, und alles andere wäre in einem Mannschaftsraum untergebracht. »Acht feste Kojen und drei Backskisten stehen den Schülern zur Verfügung. Die Kojen sind einander gleich, und die Backskiste des einen Kameraden ist so groß wie die des anderen.« Zwei Skylights, also Oberlichter, spendeten genügend Licht und Luft. »Eine Ecke dieses Mannschaftsraumes ist als Kombüse ausgebaut. Waschbecken, Wasserleitung und Propangaskocher sind hier wohl das einzig Erwähnenswerte.«
Der Autor und Jachenführer merkte allerdings kritisch an, dass die Werft »außer Skizzen und

Seesportler der Wismarwerft an Bord der Hochseejacht KNECHTSAND auf der Heimreise. Zuvor hatten sie an der ersten DDR-Meisterschaft im Seesport in Stralsund teilgenommen, 1953

Abbildungen keinerlei Zeichnungen oder Unterlagen zur Verfügung gestellt« hatte.
Und mit diesen arbeiteten sich das Stammpersonal und die Kursanten ein. Hier also noch einmal die Anordnung und Bezeichnung der Segel und Details der JONNY SCHEER.

I Flieger
II Fock
III Großsegel
IV Besanstagsegel
V Besan
1 Spreizgaffel
2 Ausholer
3 Großschot
4 Besanstag
5 Spreizgaffeldirk
6 Seereling

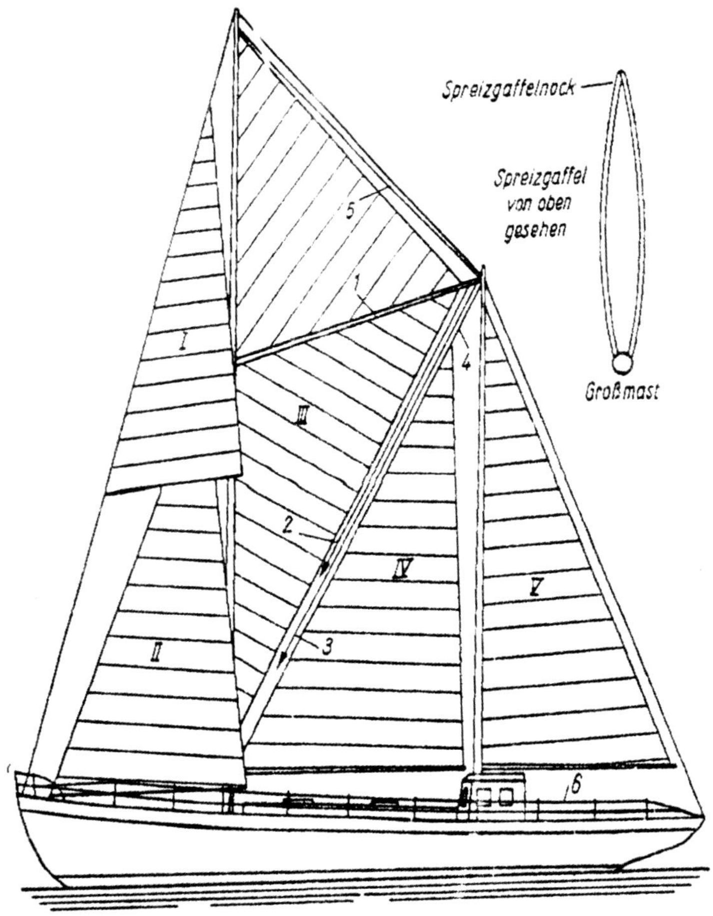

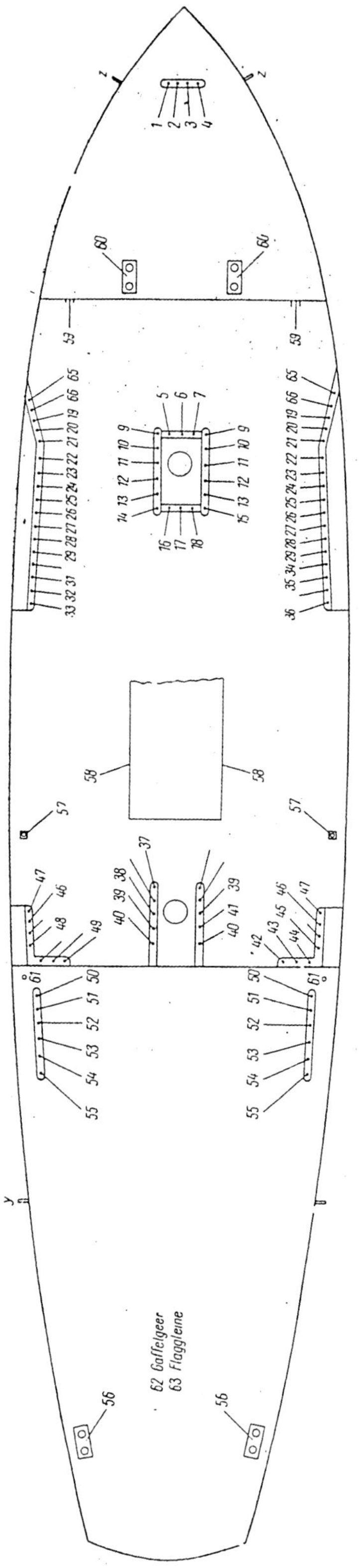

1 Außenklüverniederholer
2 Innenklüverniederholer
3 Stagfockniederholer
4 Mittelklüverniederholer
5 Fockgeitau
6 Stagfockfall
7 frei
8 Fockgeitau
9 Marsschoot
10 Fockdumper
11 Marsdumper
12 Bramschoot
13 Royalschoot
14 Großstagsegelniederholer
15 Royalrackniederholer
16 Fliegerniederholer
17 Großstengestagsegelschoothorn-Bei- und -Aufholer
18 Großstengestagniederholer
19 Fockinnengording
20 Fockaußengording
21 Focknockgording
22 Marsgeitau
23 Marsinnengording
24 Marsaußengording
25 Bramgeitau
26 Braminnengording
27 Bramaußengording
28 Royalgeitau
29 Royalgording
30 frei
31 Innenklüverfall
32 Außenklüverfall
33 Bramfall
34 Mittelklüverfall
35 Flaggleine
36 Royalfall
37 Großstagbaumdirk
38 Klaufall
39 Pieckfall
40 Großdirk
41 Gaffeltoppsegelschoot
42 Gaffeltoppsegelfall
43 Gaffeltoppsegelniederholer
44 Flaggleine
45 Großstengestagfall
46 Großstengestagschoot
47 Fliegerschoot
48 Großstagfall
49 Fliegerfall
50 Großdirkaufholer
51 Fockbrasse
52 Marsbrasse
53 Brambrasse
54 Royalbrasse
55 Flaggleine
56 Großschoot
57 Fockschoot
58 Großstagsegelschoot
59 Außenklüverschoot
60 Fockhals
61 Bullentalje
62 Gaffelgeer
63 Flaggleine
64 Ankerballfall
65 Mittelklüverschoot
66 Innenklüverschoot
67 Flaggleine
68 Gaffeltoppsegelhals

Belegplan und Segelriss der WILHELM PIECK

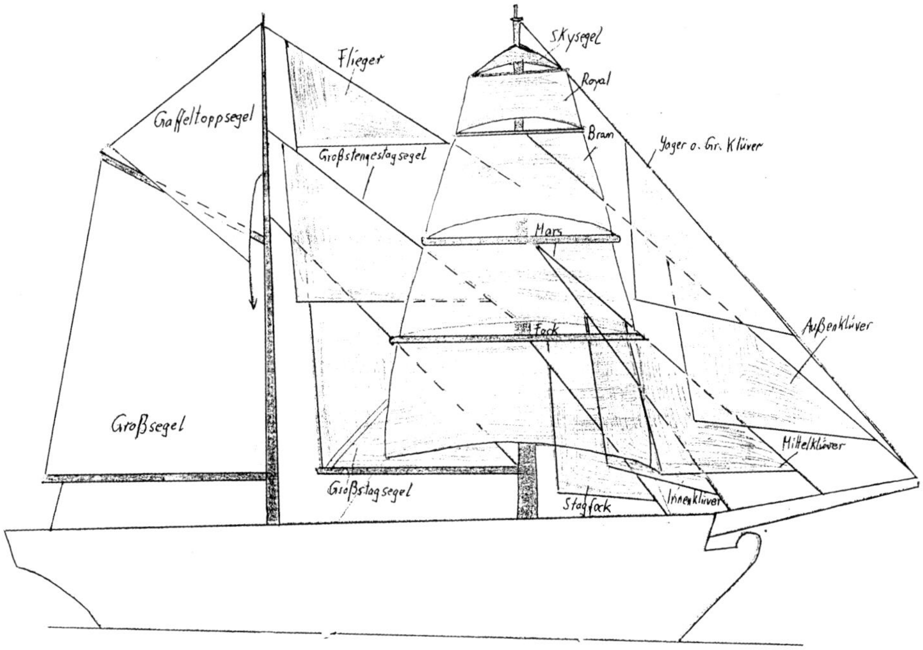

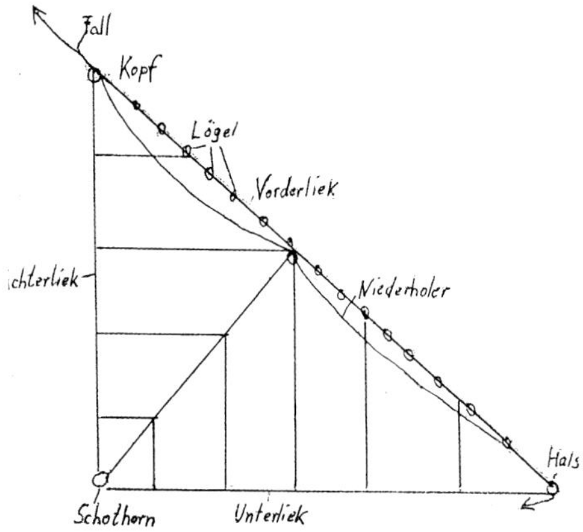

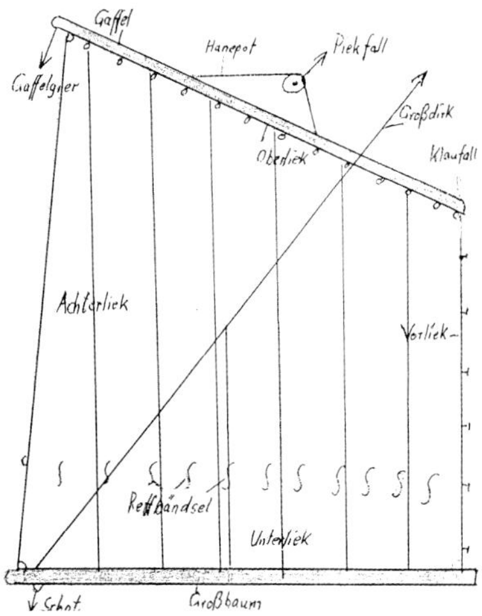

Klüver und Zwischenstagsegel in der Skizze und real (links und oben)

Darunter Großsegel

Unten: Rahsegel

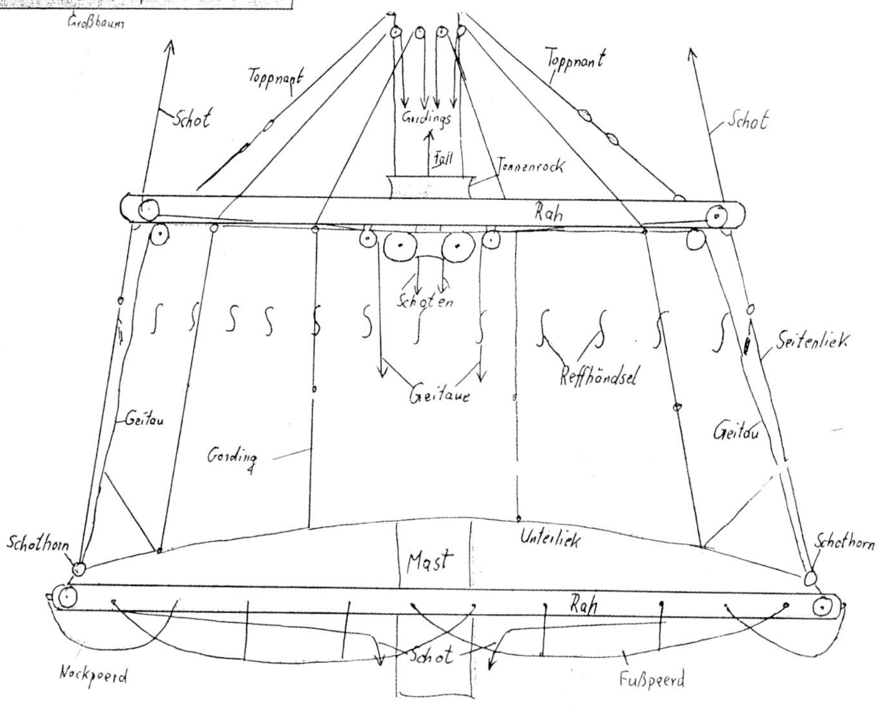

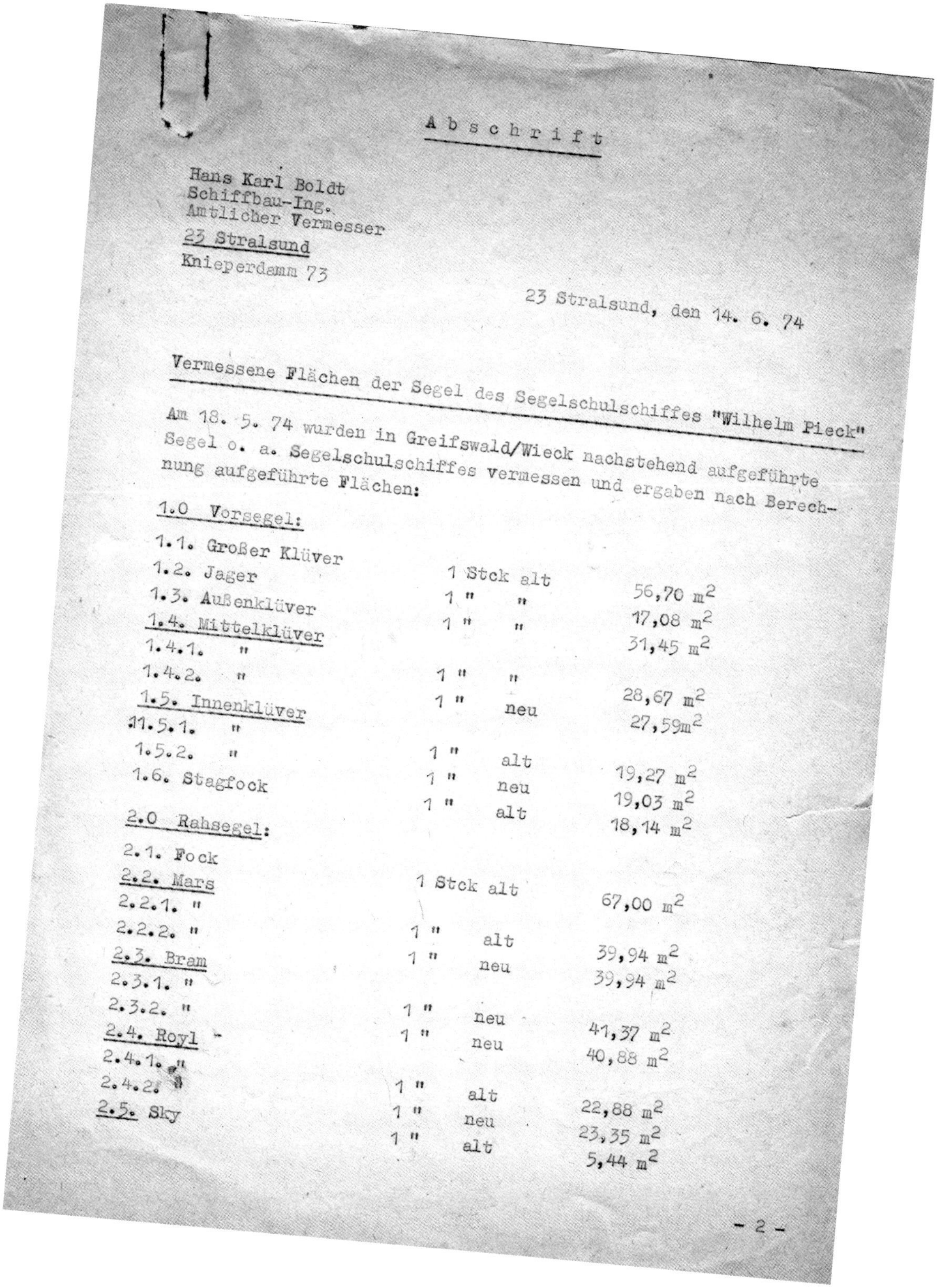

A b s c h r i f t

Hans Karl Boldt
Schiffbau-Ing.
Amtlicher Vermesser
23 Stralsund
Knieperdamm 73

23 Stralsund, den 14. 6. 74

Vermessene Flächen der Segel des Segelschulschiffes "Wilhelm Pieck"

Am 18. 5. 74 wurden in Greifswald/Wieck nachstehend aufgeführte Segel o. a. Segelschulschiffes vermessen und ergaben nach Berechnung aufgeführte Flächen:

1.0 Vorsegel:

1.1. Großer Klüver	1 Stck	alt	56,70 m^2
1.2. Jager	1 "	"	17,08 m^2
1.3. Außenklüver	1 "	"	31,45 m^2
1.4. Mittelklüver			
1.4.1. "	1 "	"	28,67 m^2
1.4.2. "	1 "	neu	27,59 m^2
1.5. Innenklüver			
11.5.1. "	1 "	alt	19,27 m^2
1.5.2. "	1 "	neu	19,03 m^2
1.6. Stagfock	1 "	alt	18,14 m^2

2.0 Rahsegel:

2.1. Fock	1 Stck	alt	67,00 m^2
2.2. Mars			
2.2.1. "	1 "	alt	39,94 m^2
2.2.2. "	1 "	neu	39,94 m^2
2.3. Bram			
2.3.1. "	1 "	neu	41,37 m^2
2.3.2. "	1 "	neu	40,88 m^2
2.4. Royl			
2.4.1. "	1 "	alt	22,88 m^2
2.4.2. "	1 "	neu	23,35 m^2
2.5. Sky	1 "	alt	5,44 m^2

- 2 -

1974 wurde die Segelfläche der WILHELM PIECK neuerlich vermessen und auf den Quadratzentimeter genau amtlich bestätigt

3.0 Zwischenstagsegel:

3.1. Großstagsegel		
3.1.1. " "	1 Stck alt	37,98 m^2
3.1.2. " "	1 " neu	38,66 m^2
3.2. Großstengestagsegel		
3.2.1. " " "	1 " alt	31,75 m^2
3.2.2. " " "	1 " neu	29,88 m^2
3.3. Flieger		
3.3.1. "	1 " alt	27,12 m^2
3.3.2. "	1 " neu	27,91 m^2

4.0 Großsegel:

4.1. "	1 (klein)	1 Stck alt	71,67 m^2
4.2. "	2 (groß)	1 " "	91,63 m^2
4.3. "	3 (klein)	1 " neu	77,93 m^2

5.0 Gaffeltoppsegel:

5.1. "	1 Stck alt	31,62 m^2

gez. Hans Karl Boldt

F.d.R.d.A.

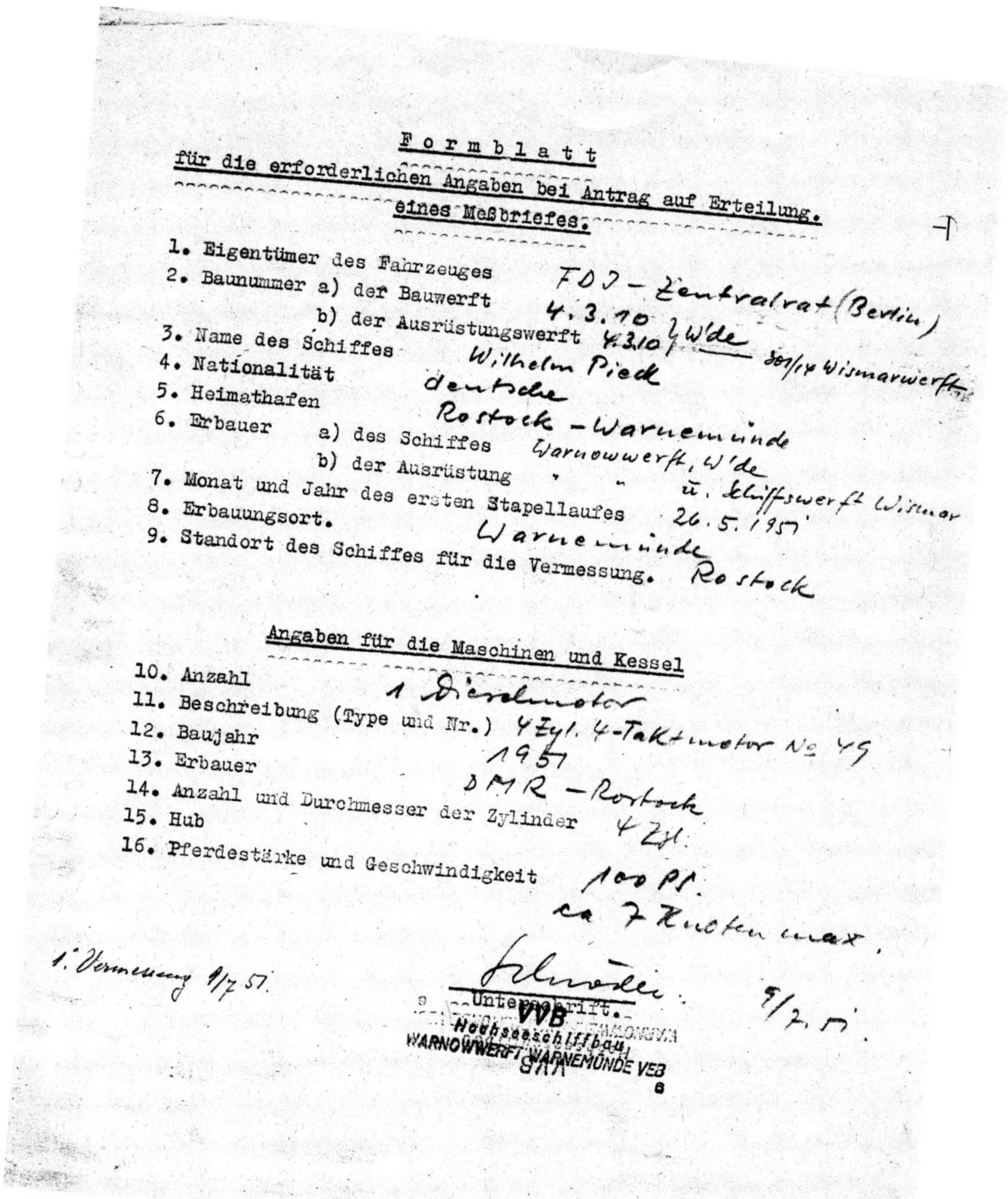

F o r m b l a t t
für die erforderlichen Angaben bei Antrag auf Erteilung eines Meßbriefes.

1. Eigentümer des Fahrzeuges FDJ – Zentralrat (Berlin)
2. Baunummer a) der Bauwerft 4.3.10
   b) der Ausrüstungswerft 4.3.10 } W'de — 301/14 Wismarwerft
3. Name des Schiffes Wilhelm Pieck
4. Nationalität deutsche
5. Heimathafen Rostock – Warnemünde
6. Erbauer a) des Schiffes Warnowwerft, W'de
   b) der Ausrüstung " " u. Schiffswerft Wismar
7. Monat und Jahr des ersten Stapellaufes 26.5.1951
8. Erbauungsort. Warnemünde
9. Standort des Schiffes für die Vermessung. Rostock

Angaben für die Maschinen und Kessel

10. Anzahl 1 Dieselmotor
11. Beschreibung (Type und Nr.) 4 Zyl. 4-Taktmotor № 49
12. Baujahr 1951
13. Erbauer DMR – Rostock
14. Anzahl und Durchmesser der Zylinder 4 Zyl.
15. Hub
16. Pferdestärke und Geschwindigkeit 100 PS. ca 7 Knoten max.

1. Vermessung 9/7 51.

Unterschrift.
9/7. 51.

VVB Hochseeschiffbau
WARNOWWERFT WARNEMÜNDE VEB

Am 9. Juli 1951 wurde der Antrag auf Erteilung eines Messbriefes gestellt. Das Papier weist den Zentralrat der FDJ als Eigentümer sowie die Warnowwerft in Warnemünde und die Schiffswerft Wismar als Erbauer aus

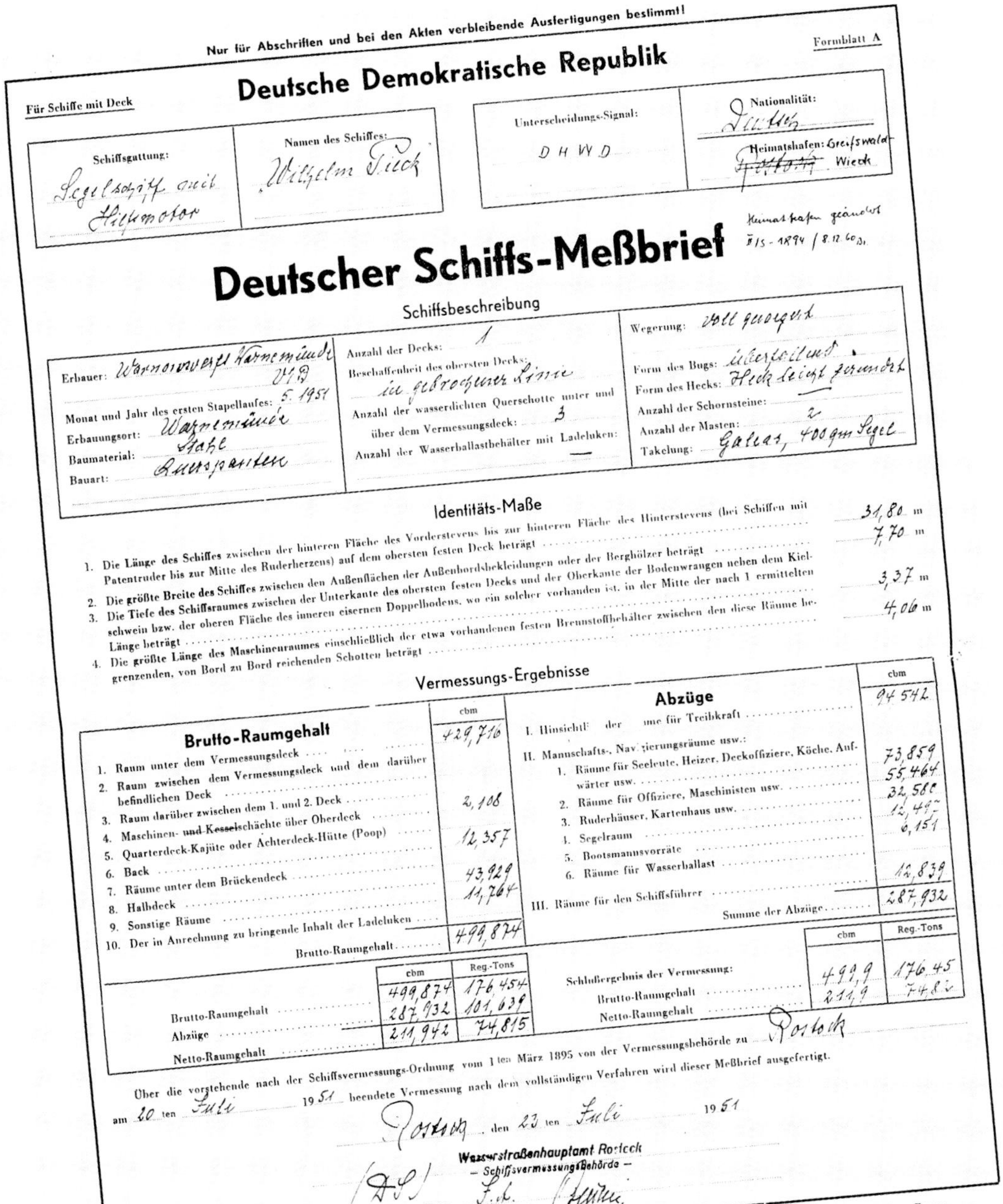

Nur für Abschriften und bei den Akten verbleibende Ausfertigungen bestimmt!

Formblatt A

Für Schiffe mit Deck

Deutsche Demokratische Republik

Schiffsgattung: Segelschiff mit Hilfsmotor

Namen des Schiffes: Wilhelm Pieck

Unterscheidungs-Signal: D H W D

Nationalität: Deutsch

Heimatshafen: ~~Rostock~~ Greifswald Wieck

Heimatshafen geändert ... 8.12.60

Deutscher Schiffs-Meßbrief

Schiffsbeschreibung

Erbauer: Warnowwerft Warnemünde VEB

Monat und Jahr des ersten Stapellaufes: 5. 1951

Erbauungsort: Warnemünde

Baumaterial: Stahl

Bauart: Querspanten

Anzahl der Decks: 1

Beschaffenheit des obersten Decks: in gebrochener Linie

Anzahl der wasserdichten Querschotte unter und über dem Vermessungsdeck: 3

Anzahl der Wasserballastbehälter mit Ladeluken: —

Wegerung: voll gewegert

Form des Bugs: überfallend

Form des Hecks: Heck leicht gerundet

Anzahl der Schornsteine:

Anzahl der Masten: 2

Takelung: Galeas, 400 qm Segel

Identitäts-Maße

1. Die Länge des Schiffes zwischen der hinteren Fläche des Vorderstevens bis zur hinteren Fläche des Hinterstevens (bei Schiffen mit Patentruder bis zur Mitte des Ruderherzens) auf dem obersten festen Deck beträgt ... 31,80 m
2. Die größte Breite des Schiffes zwischen den Außenflächen der Außenbordsbekleidungen oder der Berghölzer beträgt ... 7,70 m
3. Die Tiefe des Schiffsraumes zwischen der Unterkante des obersten festen Decks und der Oberkante der Bodenwrangen neben dem Kielschwein bzw. der oberen Fläche des inneren eisernen Doppelbodens, wo ein solcher vorhanden ist, in der Mitte der nach 1 ermittelten Länge beträgt ... 3,37 m
4. Die größte Länge des Maschinenraumes einschließlich der etwa vorhandenen festen Brennstoffbehälter zwischen den diese Räume begrenzenden, von Bord zu Bord reichenden Schotten beträgt ... 4,06 m

Vermessungs-Ergebnisse

Brutto-Raumgehalt	cbm
1. Raum unter dem Vermessungsdeck	429,716
2. Raum zwischen dem Vermessungsdeck und dem darüber befindlichen Deck	
3. Raum darüber zwischen dem 1. und 2. Deck	2,108
4. Maschinen- ~~und Kessel~~schächte über Oberdeck	
5. Quarterdeck-Kajüte oder Achterdeck-Hütte (Poop)	12,357
6. Back	
7. Räume unter dem Brückendeck	43,929
8. Halbdeck	11,764
9. Sonstige Räume	
10. Der in Anrechnung zu bringende Inhalt der Ladeluken	
Brutto-Raumgehalt	499,874

Abzüge	cbm
I. Hinsichtl. der ... me für Treibkraft	94,542
II. Mannschafts-, Nav... ierungsräume usw.:	
1. Räume für Seeleute, Heizer, Deckoffiziere, Köche, Aufwärter usw.	73,859
2. Räume für Offiziere, Maschinisten usw.	55,464
3. Ruderhäuser, Kartenhaus usw.	32,580
4. Segelraum	12,497
5. Bootsmannsvorräte	6,151
6. Räume für Wasserballast	
III. Räume für den Schiffsführer	12,839
Summe der Abzüge	287,932

	cbm	Reg.-Tons
Brutto-Raumgehalt	499,874	176,454
Abzüge	287,932	101,639
Netto-Raumgehalt	211,942	74,815

Schlußergebnis der Vermessung:	cbm	Reg.-Tons
Brutto-Raumgehalt	499,9	176,45
Netto-Raumgehalt	211,9	74,82

Über die vorstehende nach der Schiffsvermessungs-Ordnung vom 1ten März 1895 von der Vermessungsbehörde zu Rostock am 20ten Juli 1951 beendete Vermessung nach dem vollständigen Verfahren wird dieser Meßbrief ausgefertigt.

Rostock, den 23ten Juli 1951

Wasserstraßenhauptamt Rostock
– Schiffsvermessungsbehörde –

(DS) I. A. [illegible]

... und daher in obigen Brutto- und Netto-Raum-...

Bemerkung: Folgende Aufbauten auf bzw. i... gehalt nicht eingemessen worde...

Die Gesamtgröße der in...

AG 598 - A 2 - 0,8 - 151 - 1261

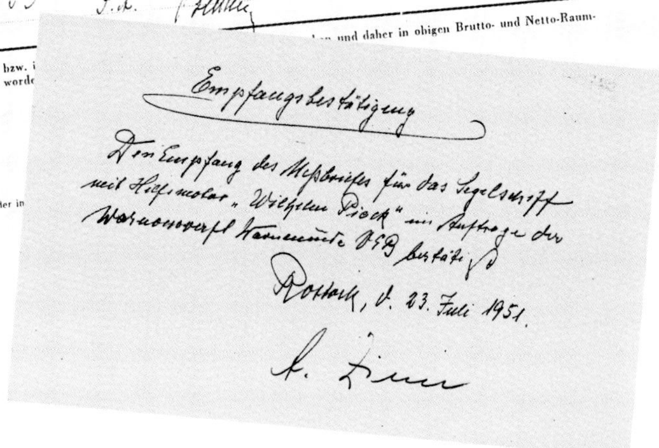

Empfangsbestätigung

Den Empfang des Meßbriefes für das Segelschiff mit Hilfsmotor „Wilhelm Pieck" im Auftrage der Warnowwerft Warnemünde VEB bestätigt

Rostock, d. 23. Juli 1951.

[illegible]

Der Messbrief vom 23. Juli 1951, so etwas wie der erste »Personalausweis« der WILHELM PIECK

DEUTSCHE DEMOKRATISCHE REPUBLIK

SCHIFFSZERTIFIKAT

In dem vom Seefahrtsamt der Deutschen Demokratischen Republik geführten Seeschiffsregister ist das Schiff " W i l h e l m P i e c k "
unter Nr. 1 8 9 4
eingetragen wie folgt:

1. Name des Schiffes: " W i l h e l m P i e c k "
2. Unterscheidungssignal: D H W D
3. Gattung: Segelschulschiff
4. Bauwerft, Ort und Jahr des Stapellaufs: VEB Warnowwerft Warnemünde, 1951
5. Heimathafen: G r e i f s w a l d - W i e c k
6. Ergebnisse der amtlichen Vermessung:
   a) Länge: 31,80
   b) Breite: 7,70
   c) Tiefe: 3,37
   d) Länge über alles: 35,40
   e) Maschinenleistung: 100 PS

	Kubikmeter	Registertonnen
f) Bruttoraumgehalt:	501,55	177,04
g) Nettoraumgehalt:	85,62	30,22

h) Meßbrief: vom 15. Juni 1972; ausgestellt vom Seefahrtsamt der Deutschen Demokratischen Republik - Schiffsvermessung - in Rostock.

Dann kam das Schiffszertifikat, in welchem jede Veränderung vermerkt wurde. Wechselte der Eigentümer oder dessen Adresse, der Name des Schiffes, die Ausrüstung usw., wurde dies vom Seefahrtsamt Rostock offiziell in das Dokument eingetragen

7. Eigentümer:

Lfd. Nr.	Eigentümer, Korrespondentreeder	Schiffsparten	Erwerbsgrund
1	Eigentum des Volkes, Rechtsträger: Gesellschaft für Sport und Technik, Seesportschule Greifswald-Wieck.	-	Durch Stiftung erworben. Eingetragen am 25. November 1960.

Es wird bescheinigt, daß das Schiff " Wilhelm Pieck " gemäß Verordnung vom 1. Oktober 1959 über die Einführung einer Handelsflagge der Deutschen Demokratischen Republik — GBl I, S. 691 — in Verbindung mit der Verordnung vom 1. Oktober 1959 über Flaggenführung und Kennzeichnung der Schiffe — GBl I, S. 692 — berechtigt ist, die Staatsflagge/~~Handelsflagge~~ der Deutschen Demokratischen Republik zu führen und daß ihm alle Rechte und Eigenschaften eines deutschen Schiffes zustehen.

Rostock, den 28. November 1960

Das Seefahrtsamt
der Deutschen Demokratischen Republik
— Seeschiffsregister —

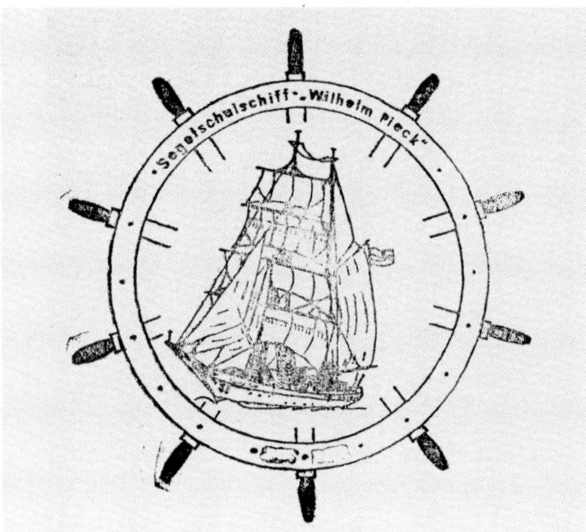

Im Zertifikat vom 28. November 1960 wurde das Schiff als »Volkseigentum« geführt, das von der GST und deren Seesportschule Greifswald-Wieck verwaltet wurde.
Links: Ein auf der WILHELM PIECK seinerzeit verwendeter Stempel

7. Eigertümer:

Lfd. Nr.	Eigentümer, Korrespondentreeder	Schiffsparten	Erwerbsgrund
1	Eigentum des Volkes, Rechtsträger: Gesellschaft für Sport und Technik, Marineschule "August Lütgens" ~~Greifswald-Wieck~~. Zentralvorstand Neuenhagen /b.Berlin, Langenbeckstraße 36-39	-	Durch Stiftung erworben. Eingetragen am 25. November 1960. Froelich als Beurkunder. Die Bezeichnung des Eigentümers ist geändert auf Grund des Antrages vom 30.Januar 1976 am 9.Februar 1976. Froelich als Beurkunder

Es wird bescheinigt, daß das Schiff " Wilhelm Pieck " gemäß Anordnung vom 23. Januar 1973 über die Flaggenführung und Kennzeichnung der Schiffe berechtigt ist, die Staatsflagge der Deutschen Demokratischen Republik zu führen und daß ihm alle Rechte und Eigenschaften eines Schiffes der Deutschen Demokratischen Republik zustehen.

Rostock, den 27. August 19 73

Das Seefahrtsamt
der Deutschen Demokratischen Republik
– Der Leiter –

Froelich
als Beurkunder

Neuer Eintrag und Ergänzung am 27. August 1973: Die Einrichtung, die das Schiff führt, heißt jetzt Marineschule »August Lütgens« und der Zentralvorstand der GST hat seinen Sitz in Neuenhagen bei Berlin

Typ: Schonerbrigg (Brigantine)

Die Schonerbrigg ist in Niet- und Schweißkonstruktion in Querspantbauweise gebaut.
Das Deck in gebrochener Linie gliedert sich in ein Mitteldeck (Spantbereich 18 bis 46), sowie zwei Halbdecks (Breaks), bestehend aus einer 0,70 m hohen Back (12,35 m^3, Spantbereich 46 bis 53) und dem 0,70 m hohen Quarterdeck (43,9 m^3, Spantbereich 18 bis 5).
Durch fünf Querschotten wird das Schiff in elf Abteilungen geteilt, davon sind neun wasserdicht.

Ein fester Ballastkiel von 40 t erhöht die Krängungsstabilität.

Das Schiff ist mit einer handbetriebenen Quadrantruderanlage und einer mittels Taljen betriebenen Notruderanlage ausgerüstet.

Es gibt zwei ungedeckte Ruder-/Steuerstände mit je einem Magnetkompaß.

Lüa. m. Bugspriet:	40,72 m
LL :	29,80 m
Größte Breite:	7,70 m
Tiefgang max.:	3,40 m
Deplacement:	290 t
Höhe Großmast:	27,20 m
Höhe Fockmast:	26,80 m
Anzahl der Segel:	13 Stck.
Segelfläche:	ca. 500 m^2
Antriebsanlage: getriebe	S 4 DV 224 mit Schiffswende-
Antriebsleistung:	100 PS bei 750 U/min.
Geschwindigkeit	
m. Motor:	5 sm/h (Stillwasser, Wind < 2 Beaufort)
unter Segeln:	11 kn
Hilfsdiesel:	2 NVD 14 DU 20 mit 20 PS
Bordnetz:	110 V
Notstromversorgung:	12 Batterien mit 185 A/h für 24-Volt-Notstromanlage
Patentanker:	2 Stck. je 430 kg - ein dazu

gehörendes vertikales Ankerspill (Gangspill), das mittels 11 Handspaken das Ankerhieven im Handbetrieb gewährleistete, das aber auch als Verholspill und zum Aufbringen der Rahen genutzt wurde.

Kettenlänge:	9 Stck. mit 25, bzw. 15 Faden
Reserveanker:	2 Stockanker
Besatzung max.:	50 Personen

Ausrüstung:
1 100-Watt-Sende- und Empfangsstation
1 Echolotanlage (bis 100 m Tiefe)
2 Stck. Magnetkompaß
1 Kühlschrank für 600 l

Vorräte:

Trinkwasser:	12 t
Tank f. Brennstoff:	4 300 l
Kohlebunker:	4 t
Öl	200 l

Die taktisch-technischen Daten der Schonerbrigg namens WILHELM PIECK, Segelschulschiff der DDR, gebaut in der DDR und Schule von über siebentausend Seeleuten der DDR

1 — Klüverbaum
2 — Innenklüver
3 — Mittelklüver
4 — Außenklüver
5 — Fockrah
6 — Marsrah
7 — Bramrah
8 — Royalrah
9 — Fockstenge
10 — Großstenge
11 — Antenne
12 — Sky
13 — Royal
14 — Bram
15 — Flieger
16 — Großstengestagsegel
17 — Mars
18 — Gaffeltoppsegel
19 — Gaffel
20 — Großsegel
21 — Großstagsegel
22 — Fock
23 — Großstagbaum
24 — Großbaum
25 — Ankergeschirr
26 — Niedergang
27 — Rettungsfloß
28 — Gemüselast
29 — Kohlenbunker
30 — Kombüse
31 — Brotschrank
32 — Schwimmwesten
33 — Ruderhaus
34 — Funkraum
35 — Offiziersmesse
36 — alte Messe
37 — Gästekabine
38 — I. und II. Offizier
39 — Maschinenraum
40 — WC
41 — Tanks
42 — Zwischendeck
43 — Tank
44 — WC und Waschraum
45 — Bootsmann

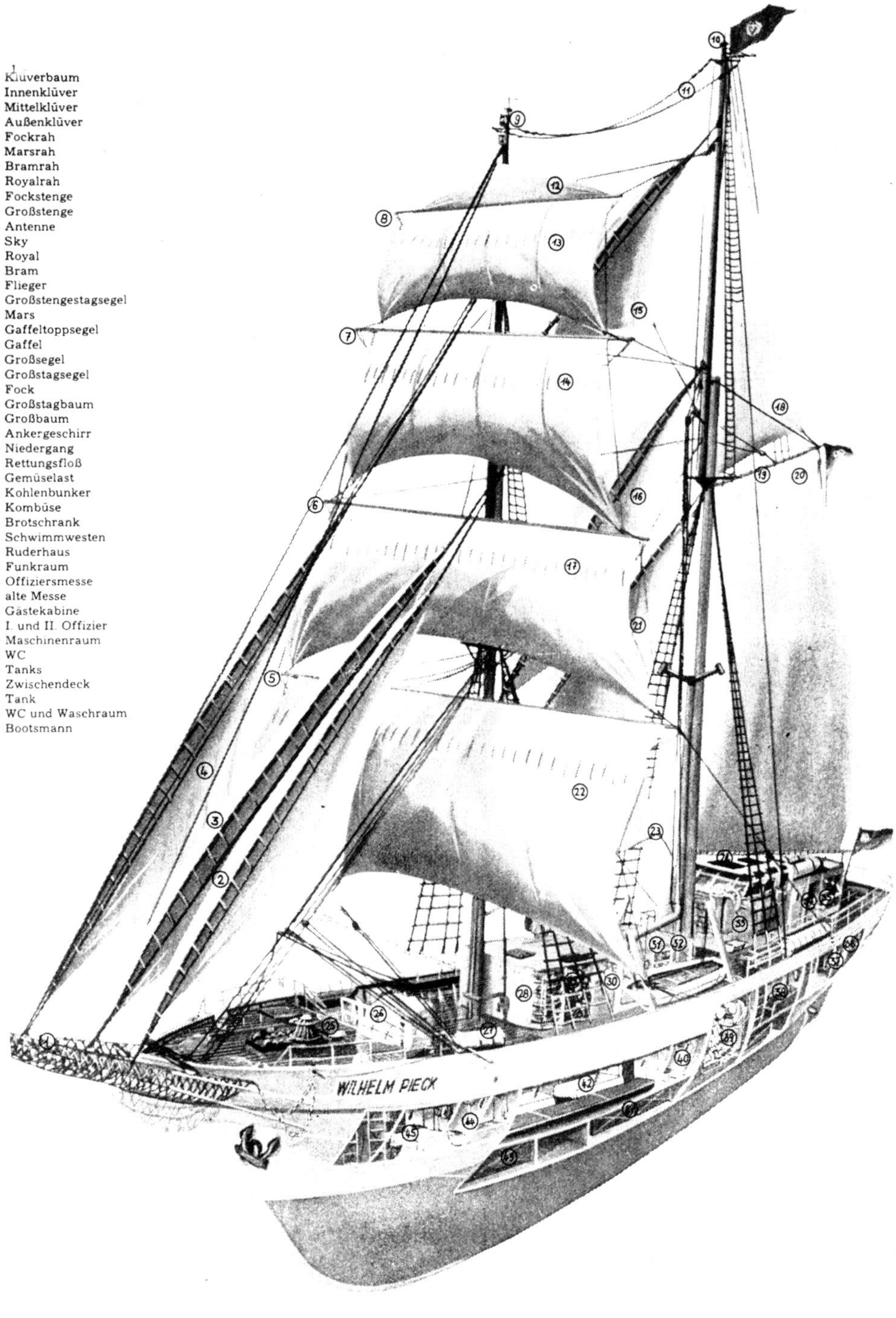

Übersicht nach Umbau und Renovierung 1972

BUNDESREPUBLIK DEUTSCHLAND

Schiffszertifikat

In dem vom unterzeichneten Gericht kraft gesetzlicher Anordnung geführten Schiffsregister ist das

Schiff "G R E I F"

auf Grund glaubhafter Nachweisungen unter Nr. 1 8 9 4

eingetragen wie folgt:

1. Name des Schiffs: "G R E I F"
2. Unterscheidungssignal: D Q F D
3. Gattung, Hauptbaustoff: Segelschulschiff
4. Jahr des Stapellaufs, Bauort, Schiffswerft: 1951, Warnowwerft, Warnemünde
5. Heimathafen: GREIFSWALD
6. I. Ergebnisse der amtlichen Vermessung (a–d in Metern):
   - a) Länge: 31,80 m
   - b) Breite: ~~7,70 m~~ 3,37 m
   - c) aa) Tiefe:
     - bb) Umfang:
     - cc) Seitenhöhe:
   - d) Länge über alles: 35,40 m

	Kubikmeter	Registertonnen
e, f) Bruttoraumgehalt:	507,68	179,20
g, h) Nettoraumgehalt:	82,55	29,13

   - i) Bruttoraumzahl:
   - k) Nettoraumzahl:
   - l) Meßbrief:
   - II. m) Maschinenleistung:

Art.-Nr. 10.301 Einzelstück

Das neue Schiffszertifikat, ausgestellt vom Kreisgericht Rostock-Stadt im Bundesland Mecklenburg-Vorpommern vom 4. Juli 1991

7. Eigentümer

Laufende Nummer	Eigentümer, Korrespondentreeder	Schiffsparten	Erwerbsgrund
1,2	gelöscht		
3	Hansestadt Greifswald		Auf Grund der Einigungserklärung vom 31.01.1991 (UR.Nr.50/1991) des Notars Dr.Frank Roitzsch Berlin Eingetragen am ...04.1991 Sobisch i.V. Dr.Müller Umgeschrieben am 14.05.1991 i.V. Dr.Müller

LAND MECKLENBURG-VORPOMMERN Kreisgericht Rostock-Stadt

Es wird bezeugt, daß das

Schiff "G R E I F"

nach § ______ des Flaggenrechtsgesetzes das Recht hat, die Bundesflagge der Bundesrepublik Deutschland zu führen, und daß ihm alle Rechte, Eigenschaften und Privilegien eines deutschen Schiffs zustehen.

Rostock, den 4. Juli 1991

LAND MECKLENBURG-VORPOMMERN Kreisgericht Rostock-Stadt

Kreis- ~~Amts~~gericht
Rostock-(Stadt)

Dr.Müller
Richter

Fotonachweise

Sammlung Horst Rickert (S. 9, 10, 11, 13, 14, 15, 16, 18, 20, 21, 28, 29, 30, 31, 32, 33, 34, 35, 36, 37, 38, 39, 40, 41, 43, 44, 45, 46, 47, 50, 51, 52, 53, 56, 57, 58, 59, 60, 61, 62, 65, 66, 67, 68, 70, 71, 72, 74, 75, 76, 77, 78, 79, 80, 81, 82, 83, 84, 85, 88, 89, 90, 91, 92, 93, 94, 95, 96, 97, 98, 99, 100, 102, 103, 104, 105, 106, 107, 110, 111, 112, 113, 115, 116, 117, 118, 119, 120, 121, 122, 123, 124, 125, 126, 127, 128, 129, 130, 131, 132, 133, 135, 136, 137, 138, 139, 140, 142, 144, 145, 146, 147, 148, 149, 151, 152, 154, 155, 156, 157, 160, 161, 162, 163, 164, 166, 168, 172, 173, 174, 175, 176, 177, 178, 179, 180, 181, 183, 184, 185, 186, 187, 188, 189, 190, 191, 192, 194, 195, 196, 197, 198, 199, 200, 201, 202, 203, 206, 207, 209, 211, 212, 213, 217, 218, 219, 220, 222, 226, 227, 228, 229, 230, 231, 232, 233, 234, 235, 236, 237, 238, 239, 242, 243, 244, 245, 246, 247, 248, 249, 250, 251, 252, 253, 254, 255, 256, 257, 258, 259, 260, 261, 262, 267, 268, 269, 270, 271, 272, 273, 274, 275, 277, 278, 279, 280, 281, 282, 283, 284, 285, 286, 287); Sammlung Gerhard Samuel (S. 6, 69, 170, 220); Sammlung Karl-Heinz Schaefer (S. 17); Sammlung Helmut Stolle (S. 22, 23, 24, 25, 26, 48, 54, 55, 60, 101, 103, 108, 109, 114, 134, 167, 182); Archiv der Hansestadt Rostock (S. 42, 276); Arppe (S.150, 165); Batöt, Kurt (S. 153), Eschenburg, Wolfhard (S. 221), Heinecke, Carl-Lothar (S. 12), Hitze, Franz Karl (S. 171), Hübscher, Karl-Heinz (S. 73), Peters, Gerd (S. 131), Macpolowsky, Lothar (S. 134), Mannchen, Klaus (S. 169), Schmidt, Hans (S. 140, 141), Sieger, Helmut (S. 142, 149, 204, 205, 214, 215), Sindermann, Jürgen (S. 143), Stein, Kurt (S. 225), Thienel, Siegfried (S. 216), Volster, Hanjo (S. 171, 240), Wenzel (S. 193), Willmann, Lothar (S. 243)
Nicht in allen Fällen gelang es, die Bildautoren zu ermitteln. Honoraransprüche bleiben gewahrt.

ISBN 978-3-360-01974-5

Umschlaggestaltung: Buchgut, Berlin
unter Verwendung eines Fotos von Klaus Hauke, Juni 1990 in Travemünde.
Auf seinen Wunsch wurden die Segel von der Mannschaft so gedreht, um das von ihm gewünschte Profil zu zeigen.

Gestaltung & Satz: edition ost, Berlin
Druck und Bindung: Salzland Druck, Staßfurt

Ein Verlagsverzeichnis schicken wir Ihnen gern:
Das Neue Berlin Verlagsgesellschaft mbH
Neue Grünstr. 18, 10179 Berlin
Tel. 01805/30 99 99
(0,14 Euro/min, Mobil abweichend.)

Die Bücher des Verlags Das Neue Berlin erscheinen in der Eulenspiegel Verlagsgruppe.

www.das-neue-berlin.de